1497. Rouen (Raulin Gaultier)

1561

585. Cy est enseigne et demonstre le kalendrier || et compost des bergiers. Au quel sont || adioustez plusieurs nouvelles augmentations ꝛ correcti||ons, tout autrement qu'il nestoit par auant.|| *On les vent a Rouen a prix competent chiez Raulin gaultier demou||rant en la rue de grant pont, pres lenseigne du fardeau.|| s. d.* (1493 ?) in-4 goth. nombr. fig. gr. sur bois, carton. couverture en velours noir.

Edition extrêmement rare, non citée, ornée de très curieuses figures sur bois et portant au bas du v° du 6e f. du cahier B la date d'impression (?)... *pour lan de ce pset kalendrier qui est Mil iiii.c.iiiixxꝛc.* xiii... Le titre contient la seconde marque de Raulin Gaultier encadrée de montants de bordures gravés sur bois. Le présent exemplaire, grand de marges, a en tout 92 ff. et est incomplet de plusieurs ff. — Petites piqûres de vers et taches. Vente Lormier.

Cy est enseigne et demonstre le kalendrier et compost des bergiers Auquel sont adioustez plusieurs nouuelles augmentations et correctiōs/tout autrement quil nestoit par auant.

Raulin gaultier

On les vent a Rouen/a prix competent chiez Raulin gaultier demourant en la rue de grant pont/pres lenseigne du fardeau

¶ Prologue de lacteur qui par escript a mis ce kalendrier

Vng bergier gardant brebis aux chāps qui nestoit clerc ⁊ si nauoit aucune congnoissance des escriptures/ mais seullement p son sens naturel ⁊ entēdement ⁊ disoit/ cōbien que viure ⁊ mourir soiēt au plaisir ⁊ voulente de nostre seigneur: si doit lhōme naturellemēt viure iusques a .lxxii. ans ou plus sa raison estoit: autant de temps que lhōme met a venir en sa force/ vigueur/ ⁊ beaute/ autant en doit mettre pour enuieillir affoiblir ⁊ tourner a neant/ mais le terme de croistre ⁊ venir homme en beaute/ en grandeur/ force ⁊ vigueur/ est .xxxvi. ans donc lui en conuient autant pour enuieillir ⁊ tourner a neant ⁊ sont .lxxii. ans que doit viure par cours de nature. Ceulx qui meurent deuant cestui terme souuent est par violence ⁊ oultrage faicte a leur complexion ⁊ nature/ mais ceulx qui viuēt plus longuement est par bon regime ⁊ les enseignemēs selon q ont vescu ⁊ se sont gouuernez. A ce propos de viure ⁊ mourir disoit ce bergier que la chose laquelle desiroit plus au monde estoit viure longuement ⁊ celle que craignoit le plus estoit tost mourir/ si trauailloit son entendemēt ⁊ mettoit diligence ⁊ cure grāde de scauoir faire les choses possibles ⁊ requises pour viure longuement/ sainnement ⁊ ioyeusement: il disoit aussi que son desir de longuemēt viure estoit en son ame laqlle tousiours durera pourquoy vouloit ql fust acōply apres sa mort cōme deuant disoit. Puis q lame ne meurt point en elle soit le desir de viure lōguement seroit vne paine laquelle durroit sans fin/ qui ne viuroit apres la mort corporelle nauroit point ce ql auroit desire/ cest assauoir viure longuement ⁊ demourroit en peine sans fin quant nauroit son desir acōpli. Si cōclusoit celui bergier choses necessaires pour lui ⁊ pour autres/ scauoir faire ce que appartiēt pour viure apres la mort cōme deuant ⁊ mieulx quāt on scait que verite est que celui qui ne viuroit que la vie de ce monde seullement ⁊ vesquist il cent ans ou plus ne viuroit pas longuement propremēt/ mais viuroit longuement celui a qui la fin de ceste vie mortelle seroit cōmencement de vie eternelle. Si parforcoit a viure vertueusemēt en ce monde pour apres mort corporelle viure pardurablement/ car cōme disoit/ lors on viura sans iamais mourir quāt on aura vie pardurable ⁊ sera parfaict ⁊ acōpli par ce point ⁊ nō autrement le desir de viure longuement. Congnoissoit aussi celui bergier q la vie de ce monde est tost passee ⁊ pose quelle soit grande pour celui qui viuroit .lxxii. ans ou plus. si est elle trespetite ⁊ sās cōparaison a la vie qui tousiours dure ⁊ ne finera poīt a laquelle tendoit puenir pour laqlle chose faire viuoit sobrement des petis biens temporelz quil auoit quil ne perdist point les grās biens du ciel eternelz.

¶ Finist le prologue de lacteur du compost ⁊ kalendrier des bergiers

¶ Ensuyt autre prologue du maistre bergier lequel prouue par autres raisons ce que cy deuant est dit.

On peut aussi scauoir ⁊ cōgnoistre par les douze moys de lan ⁊ par quatre saisons/ cestassauoir. printemps/ este/autompne/ ⁊ yuer: que lhomme doibt viure naturellement. lxxii. ans ou plus. Nous bergiers disons q̃ laage de lhomme lxxii. ans est cōme vng an seul cōprenant tousiours six ans pour chascun moys de lan. Car cōe lan se change en xii. manieres diuerses par les xii. moys ainsi lhōme se change en son aage pareillemēt de six ans en six ans iusques a xii. foys qui sont iustement lxxii. ans quil peut viure par cours de nature ¶ Ou quon veult ce congnoistre par les quatre saisons doit scauoir que laage de lhōme lxxii. ans est diuisee par quatre parties qui sont Jeunesse Force Sagesse ⁊ Vieillesse. Et sont chascune partie de xviii. ans q̃ toutes ensemble sont lxxii. ⁊ se raportēt aux quatre saisōs de lan p leurs cōuenances ⁊ similitudes. cestassauoir. Jeunesse plaisante au printemps gracieux. Force vigoureuse a este chaloureux. Sagesse prouffitable a autōpne de biēs plātureux. Vieillesse debilite a yuer froidureux. Ainsi sont par les xii. moys de lan ou par ces quatre saisons appert que laage de lhomme de lxxii. ans est semblable par comparation a vng seul rapportant six ans a vng moys/ou xviii. ans a vne de ses saisons de lan/desq̃lles chascune a iii. moys. Printēps a feurier/mars/auril. Este may/iuing/iuillet. Autompne aoust/septembre/octobre Yuer nouēbre/decēbre/ianuier ¶ Si venōs au ppos de mōstrer cōe selō les xii. moys lhōe se chāge xii. foys en sō tēps ⁊ prenōs premieremēt six ans pour ianuier lequel na chaleur vertu ne vigueur pourquoy en luy nul bien ne croist. la terre ne fait aucun prouffit de valeur ainsi lhōme apres quil est nay ses six premiers ans est cōme impotēt sans force vertu ne science pour soy regir ne gouuerner/ne faire chose q̃ puisse pfiter Mais aps vient feurier q̃ le tēps cōmēce a eschauffer les iours croistre ⁊ la terre a reuerdir: auql moys vers la fin cōmēce le printēps plaisant. ainsi lhōe en autres vi. ās cōmēce a venir grāt vng peu soy cōgnoistre doulx ⁊ obeyssāt. ⁊ lors il a des ans xii. ¶ Si vient mars auql on laboure seme la terre. on plāte la terre ⁊ fait len edifices/car le temps y est propice. ainsi lhomme autres six ans est dispose pour receuoir doctrine ⁊ pour apprendre sciences. En ce temps doibt en soy planter vertu ⁊ science et edifier sa vie quelle soit bonne ⁊ honneste. ⁊ adonc a des ans xviii. ¶ Puis vient auril que terre & arbres sõt couuers de verdure & rẽplis de fleurs & de toutes pars biẽs yssent de terre habũdãment Ainsi lhõme autres six ans est couuert de grãt beaulte. en fleur de sa ieunesse: cõmence venir fort & hardi & estre vigoureux si doit fleurir & prẽdre bon cõmencement: car fleurs font demonstrance des fruitz aduenir. & se doit garder de vens mauuais & de froidures parquoy si les fleurs perissent fruitz ne viendront poĩt / mauuais vens & froidures sõt les vices qui empeschent lhõme venir a hõneur lors il a des ans. xviii. Si viẽt le moys de may gracieux q̃ toute nature sesiouist: oysillons chãtẽt au boys iour & nuit. Arbres se chargent de fruitz & terre aussi. Le soleil est fort chault & vers la fieste fait sõ cõmencemẽt Aĩsi fait lhõme en autres six ans se voit ieune beau vertueux / & entre en chaleur: cerche esbatemens / danser / saulter iour & nuit si entre en sa grãt force & a des ans. xxx & viẽt le moys de iuing que le soleil est monte en grãt haulteur / chaleur / force & vertu / les iours sont longs plus que peulent estre. Ainsi est lhõme a. xxxvi. ans en grant force chaleur vertu & haulteur de sõ aage q̃ plus ne peut monter. Et vient iuillet que le soleil cõmence a decliner iours appetissent & fruitz viẽnent a maturite, ainsi lhomme autre six ans congnoist estre en sa force & q̃l cõmẽce a aller de sa ieunesse: sõ aage appetisser: si se meurt: q̃rt estre sage & amasser pour sa vieillesse & a des ans. xlii. Puis vient aoust tẽps de cueillir & serrer a lhostel les biens de terre / faucher fener auquel moys cõmence autõpne quõ doit amasser les biẽs: aussi lhõme est en autre six ans sage & prudent & prent diligence dacq̃rir richesses pour viure le tẽps que ne pourra gaigner si a des ans. xlviii. & viẽt septẽbre que vendenges et fruitz des arbres veullẽt estre cueillis. hõe prudent garnist sa maison fait prouision des choses necessaires pour viure en yuer qui approche. ainsi lhomme autre six ans prosperant en sagesse propose desployer le tẽps q̃ lui reste a viure en faisãt bonnes oeuures & despendant sans faire exces de biens quil a tant qui lui doiuent suffire / car biẽ scait que le tẽps approuche quil deuera reposer sans pouoir gaigner & a des ans. liiii. Puis viẽt octobre quãt tout est amasse a lhostel. de rechef on se prent a labourer & semer la terre pour lan aduenir: & qui ne semeroit, ne cueilliroit riẽs. ainsi lhõme autres six ans a ce quil peut auoir. cõuiẽt quil se contente / car plus riens ne gaignera. se prent seruir dieu. fait penitance & oeuures telles quelles soiẽt semẽce de fruitz q̃l cueillira la apres sõ trespas. Si vient nouẽbre que les iours sont petis. & le soleil a peu de chaleur arbres se despoillẽt / terre pert sa verdeur. yuer cõmẽce venir. ainsi lhõme autre six ans se cõgnoist viel. a perdu sa chaleur. despoille sa beaulte. sa force / sa vigueur / ses dens lochent / sa veue est debilitee & plus na espoir de viure en ce monde, son desir est viure apres la mort peruerer pensant de son salut ⁊ a des ãs lxvi. Puis vient decẽbre plain de froidures ⁊ de neiges ⁊ de vens si q̃ on trẽble de froideur ⁊ ne peult on labourer. Le soleil est le plus bas qui peult descẽdre / arbres sont couuers de bruine blãche ⁊ nest q̃lque chaleur / ⁊ force est de se tenir pres des tisõs ⁊ despendre les biẽs a amasser en autõne. Ainsi lhõme autres six ans est enfroidy q̃ mẽbres lui tremblẽt les cheueulx blãs ⁊ chenꝰ ⁊ ne peult eschauffer / quiert le feu ⁊ le soleil sil fait chault veult tost coucher ⁊ tart leuer / cõgnoyst que le temps d̃ son aage est passe / car il a des ans lxxii. Et sil vit plus lõguement tousiours affieblist ⁊ sera de bõ gouuernemẽt de son ieune aage pourquoy ie dy moy bergier parlant / plus longuement viure ou plus tost mourir que les corps celestes y peuent faire auancemẽt auecq̃s le bon gouuernement ou mauuais des hõmes par ce quil senclinẽt a faire mal cõbien que lhõme y soit cõtraint / mais peut resister par la voulẽte frãche de faire ce q̃l veult ⁊ lasser ce quil ne veult. Sur lesq̃lz inclinatiõs est le vouloir de dieu tout puissãt allõgnant la vie par bonte a qui il veult / ou lappetisse par sa iustice pquoy en nostre cõpost ⁊ kalẽdrier sera monstre cõme nous auons cõgnoissane dieulx corps celestes de leurs mouuemens ⁊ vertus. Et est ce present liure nõme compost car il comprent tout le cõtenu du compost ⁊ plꝰ pour les iours heures ⁊ minutes des nouuelles lunes aussi des esclipses de soleil ⁊ de lune ⁊ du signe auq̃l la lune est chascũ iour que le cõpost ne enseigne pas. Et est dit des bergiers / car il est extraict quãt a la plus part de nos kalẽdriers des bergiers est facille a cõprendre pour gẽs clercz ou non / ⁊ si cõtient doctrine que bergiers ⁊ simples gẽs doyuẽt scauoir ensemble ⁊ plusieurs autres enseignemens adioustez p celuy qui la mis en liure cõme il est. Lequel compost ⁊ kalendrier est diuise en v. parties principales. La premiere est nostre sciẽce de compost ⁊ kalendrier. La secõde est larbre des vices ensemble la cominatiõ des peines pour ceulx qui les auront cõmis. La tierce est la voye salutaire des hemmes larbre des vertus pour paruenir a sapience refuge des bons. La quatriesme est phisique ⁊ regime de sãte de nos bergiers. La cinquiesme nostre astrologie ⁊ phizonomie pour congnoistre plusieurs falaces ⁊ cautelles du mõde: ceulx qui par nature y sõt enclins ⁊ les scauent faire. Lesq̃lles parties declarees cõme les entendõs sera la fin du present compost ⁊ kalendrier.

Ensuit comment on doit entendre ce present compost.

POur auoir cõgnoiſſãce comme bergiers de leur compoſt ⁊ kalẽdrier on doit ſcauoir que lan eſt meſure du temps q̃ le ſoleil paſſe par les xii. ſignes retournãt en ſõ premier poĩc Et eſt diuiſe ptr xii. moys q̃ ſõt. Jãuier. Feurier. Mars. Auril. May Juing. Juillet. Aouſt. Septembre. Octobre. Nouẽbre. Decembre. Ainſi le ſoleil en ces xii. moys paſſe par les douze ſignes en lan vne foys. Les iours de ſon entree es ſignes au Kalendrier. Les iours auſſi q̃l en part. Lan donc a xii moys/ des ſepmaines lii. ⁊ des iours troys cẽs lxv. Et quaut il eſt biſſexte troys cens lxvi. Vng iour a xxiiii heures ⁊ chacune heure lx. minutes. Apres ceſte diuiſiõ cõuiẽt ſcauoir pour chaſcun an troys choſes. La premiere eſt le nombre dor La ſecõde eſt la lettre dominicalle. Et la tierce la lettre tãbulaire ou giſt toute la praticq̃ de ce compoſt ⁊ kalendrier. pour lequel nombre ⁊ lettre trouuer ⁊ entẽdre pour tous tẽps quon voul dra ſcauoir ſoit paſſe ou a venir ſerõt miſes trois figures tantoſt apres le kalẽdrier deſq̃lles la ſecõde mõſtrera la valeur ⁊ declaratiõ des deux autres Conuiẽt auſſi ſcauoir quen quatre ans en y a vng biſſexte qui a vng iour pl9 q̃ les autres/ ⁊ auſſi il a deux lettres dominicalles ſignees en vne des figures ⁊ ſe chãge ceſte lettre le iour ſainct mathias auq̃l ſa vigile eſt miſe auec le iour vne meſme lettre. Conuient ſcauoir auſſi que les lettres ferialles de ce kalendrier ſentendent cõe celles des autres kalẽdriers deuãt leſquelles ſõt troys nombres ⁊ autres troys apꝰ celles lettres ferialles. Le p̃mier nõbre deuãt les lettres deſcendãt bas eſt le nombre dor droictemẽt ſur les iours de la nouuelle lune ⁊ auſſi les deux qui ſõt auec font lheure ⁊ la minute dicelle lune leſq̃lz quant ſõt rouges ſeruẽt pour deuãt midy du iour meſme/ mais o en lieu de nombre ſignifie que ny a point de nombre ou il eſt. Le iour eſt entendu depuis minuit iuſq̃s a lautre minuit ⁊ ſeruirõt leſditz nombres deuãt les lettres ferialles. xix. ans cõpletz de puis lan de ce p̃ſent kalendrier mil cccc. lxxxxvii. iuſques a lan mil v. cens xvi. du quel an cõmencera ſeruir le nõbre dor ⁊ ſes deux auts nõbres apꝰ les lr̃es feriales tout en la maniere comme ceulx deuant deuãt pour autres xix. ãs tout le demourãt du ꝯpoſt ⁊ kalẽdrier eſt perpetuel fors ces deux nombres dor ſi seront ilz xxxviii. ans entiers. deſquelz lan mil cccc. lxxxxvii. eſt le premier Les feſtes au kalendier ſont ſur les iours deſquelles les ſollẽpnitez ſont eſcriptes ꝺ rouges ⁊ hyſtoriees en la vignette: pres laquelle vignette en fin des lignes ſur chacũ iour eſt vne lettre de la b/c. pour ſcauoir en la lune en celui iour ꝗ est ditte lettre des signes pour laqlle sera mise vne figure deuãt le kalendrier qui monstrera cõme on la doit entendre lan de ce present cõpost ꝗ kalendrier quil a cõmẽce auoir cours Le p̃mier iour de iãuier est. M. cccc. lxxxvi. auql court pour nõbre dor xvi. Et a la lettre dominicale ꝗ la lettre tabulaire. F. noyre. lesqlles lettres dñicales ꝗ tabulaires sõt es p̃mieres lignes de leurs figures ꝗ pchaine au nõbre dor xvi. pour lã q̃ dit de ce p̃sẽt ꝯpost ꝗ kalẽdier

Ceulx qui scaiuẽt le cõpost pratiquẽt la lettre dominicale par les vers cy dessoubz.

Filius Esto Dei Celum Bonus Accipe Gratis.
Ou par autres vers.
Fructus allit canos et gellica bellica danos
Et genitrix bona dat finis amara cadat
Dat flores anni color eius gaudia busti.
Cambit edens griffo boabel dicens fiet augur
pour situer les moys
A/Dam/De/Ge/Bat/Er/Go/Ci/Fos/A/Di/Fos.
pour le nombre dor ꝗ la premiere lune

Ter/nus/vn/dix/nod/oc/fo/sex/qui/q3/tred/am/bo/de/cem/doc
Sep/tẽ/quĩ/qua/ter/du/io/ta/no/uem/ deps/vi/quart.

pratique ingenieuse ou kalendrier des bergiers

Nouuellement bergiers ont trouue pour scauoir le nombre dor. la lettre dñicale ꝗ tabulaire vne pratique breue qui sensuyt. Laqlle pour sa subtilite nestoit premierement monstree de ceulx qui biẽ len tendent ne pourroit estre entendue/maisa ce ne conuient pas sarrester ne trauailler pour les figures qui tout enseignent/ ꝗ monstrent trouuer ꝗ scauoir la dicte pratique

Finis canos augur cinus bona fructus
Dicens anni ꝗ bellica griffo dant amara
Et cambit gaudia dat allit fiet color
Genitrix danos boabel flores cadat gellica.
Edens busti

Quattre segretz du compost des bergiers

Mobilis alta dies C. currens aureus octo
Sex deno cum D. non erit inferior.
B/ Veneris sancta/ sed quiqz tres ambo maria.
Nec erit in octo dicens similis simul octo.

pour scauoir le kalendrier sur la main
& les festes & en quel iour elles sont.

Qui veult scauoir le kalndrier
Sur la main cõme le bergier.
Quant & quel iour il sera feste.
Ce qui sensuyt mettre en la teste.
Auant tout oeuure sans songe.
A. b. c. d. e. f. g.
Les iours de lan tout p ses sept.
Lettres sont cõgnus chascũ scet.
Vne est pour dimẽche tousiours
six autres sõt pour les vi. iours.
Et sur ioinctures doyuẽt estre
Assises en la main senestre.
Des iiii doys cest tout a point
Le poulce comprins ny est point:
Toucher on les doit de la main
Dextre/ pour estre plus certain
A. b. c sont hors main g. sus
D. e. f. dedens sont inclus
Apres tantost cõuient scauoir
Quel lieu chascũ moys doit auoir.
A petit seggond dam de g/ b
E g. sõt au moys en doy
F a. metz au medecin
D f. au petit prẽnent fin
Ianuier est sus a. du petit
Doy: ass is a son appetit
Feurier & mars se me semble
Sur doy du second doy ensẽble
Auril sur g/ sur le b may
Qui tout temps ioyeux & gay
Iuing est sus e. du doy meilleu
Iuillet sur g/ son droit lieu
Et aoust sur. c puis apres vie[nt]
Septembre qui loger cõuient
Sur f. du quatriesme doy
Octobre sur a. ceste est pour soy
Aps il me fault mettre nouẽbre
Sus d/ & sur f. decembre
Du petit doy pour abreger
Douze moys fault aĩsi loger

Aps/ bran/ pen/ crois/ luce/ quattre temps
As pour ieuner sans faillir en nul temps

En deux des signes cydessoubz sõt autãt de sillabes cõe il ya de iours au moys auquel elles seruẽt: on les doit asseoir sur autãt de ioinctures de la main senestre/ chascune sillabe sur vne ioicture

Ianuier.

En ian uier que les roys ve nus sõt: glau me dit fre min mor font
An thoy ne seb ag vin ceut boit pol doit plus quon ne luy doit

Feurier

Au chan de keut a gath dient A pa ris il mey sou uient
Et ui ki ey de poys si pier re ma thi as auf si

¶ Mars.

Au biy dit que mars est pril leux Cest moy fait gre gor ꝛ frilleux
Quen fe rôs nous be noist a dit Ma ri e point ne res pon dit

¶ Auril

En a uril am broi se si beu uoit Du meilleur biy quil a uoit
Quant dint qui tout a che ta Ge or ge mar chât il le pay a

¶ May.

Jac ques croix dient que iehay ses may Ni co las dit il est vray
Sa ges ꝛ sotz ho no rez sont Quant br bay ꝛ ger may le sont

¶ Juing

En iuing on a bien sou uent Grant soif ou bar na be ment
En ce temps bin drent de mir re Dou ie hay e loy son filz pier re

¶ Juillet

En iuillet mar tiy se com bat. Et du be noi stier sainct bast bat.
La sur uint mar guet mag de lay Cri sto fle ba ston en main

¶ aoust.

Pier res esti en ne get toit. a pres lau rens quil brulloit
Ma rie print cri er ꝛ brai re Que bar the le mi fist ie hay fay re

¶ Septembre

Gilles a ce que ie boys Ma ri es toy se tu me croys
Et pri e des nopces ma thieu Son filz fre miy cos me mi chel

¶ Octobre

Re mis sont fran coys en bigueur De nis ney est pas biey asseur
Car luc est pri sô nier a hay Cres pin ꝛ sy mon a caen

¶ Nouembre

Sainct mors sont les gens bien eureux Quon dit mar tiy bri ci eux
Lors ay gney dint de mi lay Cle ment Ka the ri ne sat and

¶ Decembre

E loy fait bar ba ro lart Ma rie se plaint que lu ce art
Dont par grant y re tho mas meut De no el ie hay in no cent fut

¶ Sensuiuêt les ditz des douze moys de lay ꝛ comme chascũ moys se loue daucune belle propriete quil a

¶ Premierement ianuier dit ce qui sensuit

¶ Janvier

¶ Je me fais ianuier appeller le plus froit de toute lannee

Mais si me puis ie bien vanter/que ma saison fut approuuee.
La foy de dieu y fut ordonnee/car en mon temps fut circoncis
Jesus/& si fut demōstree: au troys roys lestoille de prix

Feurier

Et ie suis feurier le hardy: auquel moys la vierge royal
Alla au temple des iuifz: faire vng present espicial
La presenta le doulx aignal/dedēs les bras de symeon
Prions la maieste royal/quil garde de france le nom

Mars

Je suis noble mars florissant/tresgentil & tresuertueux
En moy vient bien fructifiant/car ie suis large & plantureux
Et caresme le glorieux/est en mō resgne. si vous diz
Que ie suis en mon temps vigoureux/pour auancer tous mes amis

Auril

Je suis auril le plus ioly/de tous en bonneur & vaillance
Car en mō temps fut affranchi/le monde du fer dune lance
Par la saincte digne souffrance/de dieu qui ce monde crea
On len doit auoir souuenance. Que en mō temps ressuscita

May

De pareil a moy encor point na/en toute ceste assemblee
Car qui bien nōmer me scaura/ie suis le franc roy de lannee
Je suis le may par qui paree/est mainte belle damoiselle
Et en mō temps fut approuuee. des docteurs toute la querelle

Juing

Chacun scait ma saison est belle/ie suis le moys de iuing nomme
Qui fais tondre la chose est telle. brebis moutons a grant plante
En mō temps doibt estre loue/celuy qui tant de biens enuoye
Car en mō temps en verite/abundent les biens a montioye

Juillet

Et ie croy que se vous disoye/les valeurs qui sont en mon faict
Que point creu de vous ne seroye/moy qui suis le moys de iuillet
Je suis ioyeux a peu de plet. pour trestous biens faire murir.
Si doibt on bien de cueur parfait. en mon temps resuchrit, ervir

Aoust

Je suis aoust auquel nul loisir/ne doibt prendre ne seiourner
Faucher fener sans grant loysir: mettre en granche battre venner
Et si deuez matin leuer. pour prier le roy redempteur

Jesus qui vous doint seiourner Pour avoir des cieulx laleneur

¶ Septembre

Je me fais septẽpre appeller. plain de tous biens a tous endroitz
On peut en ma saison trouuer. Froment vin avoynes ⁊ poys
Pour abreger par vne fois. Si doit chascun par grant raison
Auiser quil soit tant peu soit pourueu de toute garnison

¶ Octobre

Celui qui de moy se remembre Se doit resiouyr grandement
Car nomme suis le moys doctobre Qui fais cueillir vin de ferment.
Dont on fait le sainct sacrement Sur lautel en mainte contree
Et quant ie fais bon vin vrayement Ma saison doit estre louee

¶ Nouembre

Je fais allumer maint tison Nouembre suis qui regne a plain
Toute personne de facon Doit penser dauoir vin ⁊ pain.
Et doit prier au souuerain Roy des cieulx pour son sauuement
Car en mon temps est tout certain Que tout meurt naturellement.

¶ Decembre

Je suis decembre le courtois. qui sir tous doys estre loue
Quant en mon temps le roy des roys. fut de la vierge enfante
Et deliure de son coste Dont le monde se resiouyt
Dhonneur ay tous autres passe Quant en mon temps iesus nasquit

¶ Nombre des iours de chascun

Auril iuing ⁊ aussi septembre. Ont. xxx. iours auec nouembre
Sept en ont plus vng iour Feurier deux moins cest son droit cours.

¶ Les quatre saisons de lan ⁊ leurs commencemens

Quatre saisons tu as en lan. La premiere cest le printemps
Doulx ⁊ apres le temps deste. autompne a biens a plante
Mais quatriesme est le temps diuer a poures gens fier ⁊ diuers
Quant printemps vient couuert de fleurs
Il est de diuerses couleurs
Et veult faire commencement a lamy feurier droictement
Et en my may commence este Plain de chaleur ⁊ beaute
Autompne en aoust vers le meillieu Commence / car cest son droit lieu
Juer ne fault poit ⁊ ny ment
Tous les ans le iour sainct clement
Et qui veult du compost plus scauoir. le kalendrier doit veoir
Ou par figure sans tarder verra tout quon peut demander

¶ Figure pour scauoir en quel signe la lune est chascun iour/et est declaratiue de la lettre des signes du kalendrier cy apres

	i	ii	iii	iiii	v	vi	vii	viii	ix	x	xi	xii	xiii	xiiii	xv	xvi	xvii	xviii	xix
Aries	y	n	c	v	l	9	ſ	h	z	p	e	v	m	a	s	i	&	q	f
Aries	z	o	d	u	m	a	s	i	&	q	f	x	n	b	t	k	9	r	g
Aries	&	p	e	x	n	b	t	k	9	r	g	y	o	c	v	l	a	ſ	h
Taurus	9	q	f	y	o	c	v	l	a	ſ	h	z	p	d	u	m	b	s	i
Taurus	a	r	g	z	p	d	u	m	b	s	i	&	q	e	x	n	c	t	k
Gemini	b	s	h	&	q	e	x	n	c	t	k	9	r	f	y	o	d	v	l
Gemini	c	ſ	i	9	r	f	y	o	d	v	l	a	ſ	g	z	p	e	u	m
Cancer	d	t	k	a	ſ	g	z	p	e	u	m	b	s	h	&	q	f	x	n
Cancer	e	v	l	b	s	h	&	q	f	x	n	c	t	i	9	r	g	y	o
Leo	f	u	m	c	t	i	9	r	g	y	o	d	v	k	&	ſ	h	z	p
Leo	g	x	n	d	v	k	a	ſ	h	z	p	e	u	l	b	s	i	&	q
Leo	h	y	o	e	u	l	b	s	i	&	q	f	x	m	c	t	k	9	r
Virgo	i	z	p	f	x	m	c	t	k	9	r	g	y	n	d	v	l	a	ſ
Virgo	k	&	q	g	y	n	d	v	l	a	ſ	h	z	o	e	u	m	b	s
Libra	l	9	r	h	z	o	e	u	m	b	s	i	&	p	f	x	n	c	t
Libra	m	a	ſ	i	&	p	[illegible]	[illegible]	n	c	t	k	9	q	g	y	o	d	v
Scorpio	n	b	s	k	9	q	g	y	o	d	v	l	&	r	h	z	p	e	u
Scorpio	o	c	t	l	a	r	[illegible]	z	p	e	u	m	b	ſ	i	&	q	f	x
Sagittari⁹	p	d	v	m	b	ſ	i	&	q	f	x	n	c	s	k	9	r	g	y
Sagittari⁹	q	e	u	n	c	a	k	9	r	g	y	o	d	t	l	a	ſ	h	z
Sagittari⁹	r	f	x	o	d	t	[illegible]	l	a	h	z	p	e	v	m	b	s	i	&
Capricorn⁹	ſ	g	y	p	e	v	m	b	[illegible]	i	&	q	f	u	n	c	t	k	9
Capricorn⁹	s	h	z	q	f	u	n	c	t	k	9	r	g	x	o	d	v	l	a
Aquarius	t	&	a	r	g	x	o	d	v	l	a	ſ	h	y	p	e	u	m	s
Aquarius	v	k	9	ſ	h	y	p	e	u	m	b	s	i	z	q	f	x	n	c
Pisces	u	l	a	s	t	z	q	f	x	n	c	t	k	&	r	g	y	o	d
Pisces	x	m	b	t	k	&	t	g	y	o	d	v	l	9	ſ	h	z	p	e
Pisces	y	u	c	v	l	9	ſ	h	z	p	e	u	m	a	s	i	&	q	f

¶ Par la figure cy dess⁹ on congnoist en ql signe la lune est chascun iour ⁊ est declaratiõ des lettres dung a b c q sõt au kalẽdrier vers la fi des lignes ⁊ sõt nõmees les lettres des lignes parquoy soit premierement biẽ notee la lettre du kalẽdrier sur le iour quõ veult scauoir aps soit trouuee ycelle lettre en la figure cy dessus en la ligne descẽdãt bas soubz le nõbre dor q court: puis on regarde en teste des lignes ou sõt escripts les nõs des lignes ⁊ celui q regarde du trauers de la figure droictemẽt laditte lettre cest celui auql la lune est celui iour: ⁊ ainsi cõe vng nõbre dor seul sert pour vng an aussi sert la ligne seulle dessus celui nõbre pour le mesme cõe lan de ce kalẽdrier nous auõs .xvi. pour nõbre dor: la ligne soubz .xvi. seruira tout ledit an: ⁊ quant no⁹ aurons .xvii. la ligne soubz .xvii. seruira lã de .xvii. pour nõbre dor ⁊ ainsi des autres

Pocula ianus amat

In iano claris calidisqꝫ cibis potiaris
Atqꝫ decens potus post fercula sit tibi notus
Ledit enim medo tunc potatus vt bene credo
Balnea tute intres. (venam findere cures

KL Januier a.xxxi.iour
La lune xxx.

iii	A	La circoncision	a	vii	c	S. anthoine cõf	r
	b	s. machaire abbe	b		d	s. prisce vierge	ſ
xi	c	Saincte geneuiefue	c	xv	e	s. põcian martir	s
	d	s. affrose	d	iiii	f	Fabië et sebaistan.	t
xix	e	s. symeon	e		g	s. agnes vierge	v
viii	f	Epiphaine	f	xii	A	S. vincêt martir.	u
	g	s. lucian martir.	g	i	b	s. machaire mar	x
xvi	A	s. seucrin cõf.	h		c	s. thimothee	y
v	b	s. iulian martir	i	ix	d	Cõuersiõ saït pol	z
	c	s. guillaume cõf.	k		e	s. policarpe mar	ꝛ
xiii	d	s. saline cõfes.	l	xvii	f	s. iehã crisostome	9
ii	e	s. satir martir.	m	[illegible]	g	s. agnes. ii.	a
	f	s. hylaire cõfes	n		A	s. valere euesq	b
x	g	s. felix cõfesseur	o	[illegible]	b	s. aldegõde vier	c
	A	s. mor cõfesseur	p	iii	c	s. metran martir	d
xviii	b	s. marcel pape	q				

Pour trouuer les festes.

En/ian/uier/gi/les/roys/ve/nus/sont
Glau/me/dit/fre/min/mort/font
Am/thoi/ne/seb/ag/vint/cent/boit
Pol/doit/plus/quon/ne/lui/doit.

De lestat de lhõme humain

Les six premiers ans que vit lhomme au monde
Nous comparons a Januier droictement
Car en ce moys vertu ne force habonde
Non plus que quãt six ans a vng enfant

Februus algeo clamat
Nascitur occulta febris februario multa.
Potibus et escis si caute viuere velis,
Tunc caue frigora de pollice funde cruorem
Suge fauū mellis q̄ morbos pectore pellis

KL Feurier a. xxviii.
iours. La lune. a. xxix

	d	s. brigide vierge	e	vii	d	s. craton martir	s
vi	e	La purification	f		e	s. onesin martir	t
xix	f	s. blaise euesque	g	xv	f	s. siluain euesque	v
viii	g	s. gilbert	h	iiii	g	s. symeon martir	u
	A	s. agathe vierge	i		A	s. gabin martir	x
xvi	b	s. dorothee vierge	k	xii	b	eluthere euesque	y
v	c	s. pelage martyr	l	i.	c	lxxix martirs	z
	d	s. salomon martir	m		d	Chaire saincte pierre	&
xiii	e	s. apoline vierge	n	ix	e	s. policarpe ꝯfesseur	ꝯ
ii	f	s. scolastique virge	o		f	S. mathias apostre	a
	g	s. didier euesque	p	xvii.	g	s. victorin et ses cōsors	b
x	A	s. eulalie vierge	q	vi	A	s. nestor martir	c
	b	s. lucein euesque	r		b	s. iulien martir	d
xviii	c	s. valentin martir	s	xiiii	c	s. romain abbe	e

Pour congnoistre les festes

Au/cha/de/pier/A/ga/the/beut
Mais/le/vin/si/fort/les/meut
Quil/tu/a/pres/dau//si
Pier/re/Ma/thi/as/au/si

De lestat de lhomme humain

Les six apres resemblent a feurier
En fin du quel commence le printemps
Car lesprit est prest a enseigner
Et doulx deuient lenfant quant a douze ans

Martius arua colit

Martius humores gignit variosqz dolores
Sume cibum pure cocturas si placet vte
Balnea sunt sana sed que superflua vana
Vena nec obenda nec potio sit tribuenda

KL Mars a .xxxi. iour
La lune .xxx

iii	d	s. albin confesseur	f
	e	plusieurs martyrs	g
xi.	f	s. martin martir	h
	g	s. adrian	i
xix	A	s. eusebe martyr	k
viii	b	s. iulien euesque	l
	c	s. thomas daquin	m
xvi	d	s. arian martyr	n
v	e	quarante martirs	o
	f	s. gourgon martir	p
xiii	g	s. constantin confesseur	q
ii	A	S. gregoire pape	r
	b	s. eufrase	z
x	c	s. pierre confesseur	ſ
	d	s. longin martir	s
xviii	e	s. patrice confesseur	t
vii	f	s. gertrudre	v
	g	s. alexandre confesseur	u
xv	A	s. iulian	x
iiii	b	s romain	y
	c	s. benoist abbe	z
xii	d	s. affroidile confes	ꝛ
i	e	s. teodorique pre.	ꝯ
	f	s. agapit martir	a
ix	g	Annunciatiõ nr̃e dã	b
	A	s. montan martir	c
xvii.	b	s. marceau	d
vi	c	s. gourtran martir.	e
	d	s. eustache abbe	f
xiiii	e	s. regule cõfesseur	g
iii	f	s. sabine vierge	h

Pour congnoistre les festes

Au/bin/dit/que/mars/est/peril/leux
Cest/mon/fait/gre.goir/il/est/feux /
Et/tout/prest/de/don/ner/des/eaux
Ma/ri/c/dit/il/est/ caux

De lestat de lhomme humain

Mars denote les six ans ensuyuant
Que le temps change en produisant verdure
En celle eage sadonnent les enfans
Amoint esbat sans soucy ne sans cure

Aprilis florida prodit
Hic probat in vere vires aprilis habere
Cuncta renascuntur, pori tunc aperiunt
In quo scalpescit corpꝰ sanguis quoqz crescit
Ergo soluatur venter: cruorqz minuatur.

KL Apuril a xxx: iours
La lune xxx:

	g	s. theodore	i		A	s. isidore	x
xvi.	A	s. marie egyp.	k	xv	b	s. helye prestre	z
	b	s. pancras	l	iiii	c	s. appolin mar.	&
xix	c	s. ambroise	m		d	s. vindent mar.	ꝯ
viii	d	s. herene	n	xii.	e	s. victor pape	a
xvi.	e	s. celestin pape	o	i	f	s. simon martyr	b
v	f	s. eufemie	p		g	s. oportune	c
	g	s. ppetu euesque	q	ix.	A	s. george	d
xiii	A	s. vii vierges m̄	r		b	s. alexādre mar	e
ii	b	s. ezechiel pphe.	ſ	xvii	c	s. marc euāge.	f
	c	s. lyon pape.	s	vi	d	s. marcelin m̄	g
x	d	s. zenon euesque	t		e	s. anastasie pape	h
	e	s. carpe euesque	v	xiiii	f	s. polion martyr	i
xviii	f	s. tiburcii	u	iii	g	s. pierre martyr	k
vii	g	s. helene reg.	x		A	s. eutrope martir	l

Pour trouuer les festes

En/iuil/let/mar/tin/se/com/bat
Et/du/be/noist/ier/sainct/vast/bat
La/sur/uint/mar/guet/mag/da/layn
Iac/mar/dor/an/ne/et/germain

De lestat de lhõme humain

¶ Saige doit estre ou ne sera iamais
Lhomme quāt il a quarante deux ans
Lors sa beaulte decline desormais
Comme en Juillet toutes fleurs sont passans

Ros et flos nemorum mayo sunt fomes amoris

Mayo secure lavari sit tibi cure
Scindatur vena sed balnea detur amena
Cum calidis rebus sint fercula seu speciebus.
Potibus astricta sit saluia cum benedicta

May a .xxxi. iour.
La lune .xxx

xi	b s iacq. saint. philippe	m	xv	d la translat. s bernard	a
	c s. anastaise. confesseur	n	iiii	e s felix martir	b
xix	d Invention s. croix	o		f s yues confesseur	c
viii	e s. florian	p	xii	g s bernard abbe	d
	f s godard confesseur	q	i	A secundin martir	e
xvi	g s ichan levangeliste	r		b s helene vierge	f
v	A s domicite	s	ix	c s iulienne vierge.	g
	b lapparitio s. michel	t		d s iohanne	h
xiii	c saint nicolas confes.	t	xvii	e s vrbain pape	i
ii	d s gordian.	v	vi	f s eleuthere martir	k
	e s mamer confesseur.	u		g s radulphe martyr	l
x	f s pancras martir	x	xiiii	A s germain euesque	m
	g s seruais confesseur	y	iii	b s maximien euesque	n
xviii	A s boniface	z		c s hubert	o
vii	b s ysidore martir	et	xi	d saincte petronille	p
	c s pelerin martyr	9			

Pour trouuer les festes

Ia/ques/croix/dit/que/ihan/est/moy
Ni/co/las/dit/il/est/vray
Ho/no/rez/ sont/ sa/ges/ et/sotz
Car/mes/au/gu/stins/et/vi/gotz

De lestat de lhomme humain

Au moys de moy ou tout est en vigueur B.ii
Autres six ans com parons par droicture.
Qui trente sont. lors est lhomme en valeur
En sa fleur. force et beaulte de nature

Dat iunius sena

In iunio gentes perturbat medo bibentes.
Atqz nouellarum fuge potus ceruisiarum.
Ne noceat colera valet hec refectio vera
Lactuce frondes ede/ieiunus bibe fontes.

KL Juing a xxx. iours
La lune. xxix.

	e s iustin martir	p	iiii.	f s cir et saincte iulite	c
xix	f s marcellin martyr	q		g s auit confesseur.	d
viii	g s liphard prestre.	r	xvii	A saincte marine vier.	e
xvi	A s coyntin martir	ſ	i	b	f
v	b s boniface martyr.	s		c s siluerii.	g
	c s claude confesseur	t	ix	d s quiriace confesseur.	h
xiii	d saint pol confesseur	v		e s paulin confesseur	i
ii	e s medard euesque	u	x vii	f Vigilia	k
	f s felician martyr	x	vi	g Natiuite s iehan bapt.	l
x	g s basilide martyr	y		A s eloy euesque	m
	A Saint barnabe apo.	z	xiiii	b s iehan et s paul	n
xviii.	b s nazare martir	ꝛ	iii	c s simphorian	o
vii	c s anthoine	9		d s leon pape	p
	d s cyupere	a	xi	e S. pierre et s pol	q
xv	e s vite et s modeste	b		f cōmemoratiō saint pol.	r

Pour trouuer les festes

En/iuing/a/uos/bien/sou/uent
Grant/soif/ou/bar/na/be/ment
En/son/temps/fut/prins/cō/ler/res
Damp/ihan/e/loy/et/damp/pier/res

De lestat de lhomme humain.

En iuing les bles cōmencent a meurir
Aussi fait lhomme quant a trentesix ans.
Pource en tel temps doit il femme querir.
Se luy viuant veult pourueoir ses enfans

Julio resecatur auena

Cui vis solamen iulio suades medicamen
Venam non scindatur nec ventrem potio ledat
Somnum compescat: & balnea cuncta pauescat
Sitqz recens vnda: simul allia saluia munda.

KL Juillet a. xxxi. iour
La lune. xxx.

xix	g octa s. iehan baptiste	f
viii	A Visitatiõ no. dame	s
	b s. gregoire martir	t
xvi	c translatio s. martin	v
v	d s. dominice martir	u
	e s. ysaie prophette	x
xiii	f s. simphorien martir	y
ii	g s. ciliare martir	z
	A s. zenon martir	&
x	b sept freres martirs	9
	c s. benoist abbe	a
xviii	d s. nason	b
vii	e s. curian euesque	c
	f s. force euesque	d
xv	g diuision des apostres	e
iiii	A hylaire martir	f
	b s. alexis confesseur	g
xii	c s. arnoul martir	h
i	d aresne confesseur	i
	e s. marguerite vierge	k
ix.	f s. praxede	l
	g Marie magdalaine	m
xvii.	A s. apolinare	n
vi	b s. criste martir	o
	c s. Jaques s. Cresto	p
xiiii	d s. marthe	q
iii.	e les sept dormans	r
	f S. Anne	s
xi	g s. leu confesseur	s
xix	A s. abdon & sennes	t
	b s. germain cõfesseur	v

Pour trouuer les festes

En/iu/il/let/Mar/tin/se/com/bat/
Et/du/benoi/stier/saint/Vaast/bat
La/sur/uient/mar/guet/mag/da/lain
Jac/mart/dort/an/ne/et/germain

De lestat de lhomme humain

Saige doit estre ou ne sera iamais
Lhomme quant il a quarante deux ans
Lors la beaulte decline desormais
Comme en Juillet toutes fleurs sont passans

Augustus spicas

Quisquis sub augusto viuat medicamine iusto.
Raro dormitet. estum, coitum, quoqz vitet
Balnea non curet, nec multum comestio duret
Nemo laxari debet vel fleubothomari.

Aoust a xxxi iour
La lune xxx.

viii	c	Petri ad vincula	u
xvi	d	s estiene pape	x
v	e	Inuention s. estiene	y
	f	s iustin	z
xiii	g	nostre dame des neges.	&
ii	A	La transfiguration	9
	b	s donatian euesque	a
x	c	s seuere confesseur.	b
	d	Vigilia	c
xviii	e	Saint laurens	d
vii	f	saincte susanne	e
	g	s machaire	f
xv	A	s ypolite martir.	g
iiii	b	Vigilia	h
	c	Lassumption nostre dame	i
xii	d	s roch confesseur	k
i	e	octaues s. laurens	l
	f	s agapit	m
ix	g	s loys	n
	A	s bernard	o
xvii	b	s prix	p
vi	c	octaues nostre dame	q
	d	Vigilia	r
xiiii	e	Saint barthelemy	s
iii	f	s loys confesseur	ſ
	g	s seuerin	s
xi	A	s cesar euesque	t
xix	b	s augustin	v
	c	La decollation s. iehan	u
viii	d	s felix	x
	e	s paulin euesque	z

Pour trouuer les festes.

Pier.res. &.os. on get. foit.
Apres. lau.rens. qui bru. loit
Ma.ri.e. lors. se print. a. brai.re.
Bar.the.le.my. fait. le. hay.tai.re

De lestat de lhomme humain

Les biens terriens commence len cueillir
En aoust. aussi quant lan quarante huyt
Lhomme approche il doit bien acquerir
Pour soustenir vieillesse qui le suyt

Septembet concerit uuas

Fructus maturi septembris sunt valiture
Et pira cum vino panis cum latte caprino
Aqua de vrtica tibi potio fertur amica
Tunc venā pandas species cum semine mandas

KL Septembre a.xxx.iours
La lune.xxx

xvi	f S.leu. S.gille abbe	z	i	g s.eufemie vierge	n
v	g s.anthoine de pade	ꝛ		A s.lambert confesseur	o
	A s.godegray martir	ꝯ	ix	b s.victor	p
xiii	b s.moyse cōfesseur	a		c s.ianuier martir	q
ii	c s.victorin martir	b	xvii	d s.eustache vigile	r
	d s.eugene pape	c	vi	e S.mathieu apost.	ſ
x.	e s.iehan martir	d		f s.maurice	s
	f Natiuite nostre dame	e	xiiii	g s.lin pape	t
xviii.	g s.gornon	f	iii	A solane euesque	v
vii	A s.nicolas de tolētin	g		b s.fremin	u
	b s.prote s.iacin	h	xi	c s.iustine vierge	x
xv	c s maximian	i	xix	d s.cosme s.danien	y
iiii	d s.maurice	k		e s.exupere cōfesseur	z
	e Exaltation s.croix	l	viii	f S.michel	ꝛ
xii	f s valerian martir	m		g s hierome cōfesseur	ꝯ

Pour trouuer les festes

Bis/les/a/ce/que/ie vois
Ma/ri/e/toy/se/tu/me/Croix
Et pri/e/des/nop/ces. Ma/thieu
Son/filz/fre/min/cos/me/mi/cheu

De lestat de lomme humain

Auoir grans biens ne fault que lhomme cuide
Si ne les a a cinquant: quatre
Ney plus certes que sil a sa grange vuyde
En septembre: plus de lan naura riens

Seminat october

October vina prebet: cum carne ferina
Necnon aucina caro valet et volucrina
Quanuis sint sana tamen est repletio vana
Quantum fas comede. sed non precordia lede

Octobre a.xxxi. iour
La lune.xxx.

xvi	A	s.remy confesseur	a
v	b	s.leger martir	b
xiii	c	sainct denis martir	c
ii	d	s.francois ꝯfesseur	d
	e	s.germain cõfesseur	e
x	f	s.foy vierge	f
	g	s.marc pape	g
xviii	A	s.symeon cõfesseur	h
vii	b	Sainct denis	i
	c	s.victor martir	k
xv	d	s.nichaise cõfesseur	l
iiii	e	s.eustace prestre	m
	f	s.venant abbe	n
xii	g	s.calixte pape	o
i	A	Cinquante martirs	p
	b	deux cens.lxx.mar.	q
ix	c	s.florentin euesque	r
	d	Sainct luc euangeliste	ſ
xvii.	e	s.sauinien	s
vi	f	s.caprape martir	t
	g	Unze mille vierges	v
xiiii	A	s.salome	u
iii	b	s.theodorique mar	x
	c	s.magloire confes	y
xi	d	s.crespin et crespinie	z
xix	e	s.rustique euesque	ꝛ
	f	Vigilia	ꝯ
viii	g	Sainct symon et iude	a
	A	s.narcis euesque	b
xvi	b	s.lucan martir	c
v	c	Vigilia	d

Pour retenir les festes

Re/mis/sont/fran/coys/en/vi/gueur
De/nis/nen/est/pas/bien/as/seur
Car/luc/est/pri/son/nier/a/han
Cres/pin/et/si/mon/a/guen

De lestat de homme humain

En octobre figurant soixante ans
Se hom est riche ce la a bonne heure
Des biens quil a nourrist femme et enfans
Plus na besoing qui trauaille ou labeure

Spoliat virgulta nouember

Hoc tibi scire datur: q̄ nouēbri reuma curatur
Queqȝ nociua vita: tua sint preciosa dicta
Balnea cum venere tunc nullū constat habere.
Potio sit sana/atqȝ minutio bona.

KL Nouēbre a .xxx. iours
La lune .xxix.

	d Tous les sainctz	e xv	e s eleuthere cōfesseur	s
viii	e Le iour des mors	f	f s gregore	t
ii	f s marcel euesque.	g xvii	g s romain	v
	g saint cler martyr	h vi	A s elizabeth	u
x	A zacharie pphete	i	b s estiene.	x
	b s lienard	k xiiii,	c saincte columbe	y
xviii.	c s veullebort cōfesseur.	l iii	d s cecille vierge	z
vii	d les quattre courōnez	m	M e S clement pape	ꝯ
	e s vrsin confesseur	n xi.	f s grisogon martir.	9
xv	f s martin pape	o xix	g S katherine vierge	a
iiii	g S martin euesque	p	A s geneuieue s mar.	b
	A s leon confesseur	q viii	b s agricole	c
xii	b s brice confesseur	r	c s sostene	d
i	c s scrapion martir	z xvi	d Vigilia	e
	d s macut confesseur	s v	e S andrieu apostre	f

Pour trouuer les festes.

Sains/mors/sont/les/gens/bien/eu.rez.
Com.dit.mar.tin.du.bi.ez.
Aus.si.fait.por.rus.de.mil.lan.
Cle.ment.kta.the.rin.ꝛ.sat.and.

De lestat de lhomme humain

A soixante six ans quant lhomme vient
Representez par le moys de nouembre
Vieulx ꝛ caduc ꝛ maladif deuient.
Lors de bien faire est temps quil se remembre

Querit habere cibũ porcũ mactãdo decẽbri

Sane sunt mẽbris res calide mense decembris
Frigus vitetur capitalis vena scindetur
Locio sit vana sed vasis potatio cara
Sit tepidus potus frigore contrarie totus

KL Decẽbre a. xxxi. iour
La lune. xxx.

	f s. eloy euesque	g	xvii	A saict lazare	x
xiii	g s. Vnique martir	h	vi	b s. gracian	y
ii	A s. gassian martir	i		c sainct cler martir	z
x	b saincte barbe	k	xiiii	d Vigilia.	&
	c s. crespin martir	l	iii	e Sainct thomas apo.	9
xviii.	d Saict nicholas	m		f Trente martirs	a
vii	e saincte ambroise	n	xi	g xl. Vierges marty	b
	f La cõceptiõ nr̃e dãe	o	xix	A Vigillia	c
xv	g s. cyprian abbe	p		b Nouel	d
iiii.	A saicte eulalie Virge	q	viii	d Sainct estienne	e
	b s. Victor	r		c Sainct iehã apostre	f
xii	c s. hermogenes	s	xvi	e Les innocens	g
i	d s. luce Vierge	s	v	f sait thomas martir	h
	e s. nihaise arche.	t		g fabien martir	i
ix	f s. maximian	V	xiii	A sait siluestre pape	k
	g sainct Valencian.	u			

Pour trouuer les festes

E/loy/fait/bar/ba/co/lart
Ma/ri/e/cri e/luce art
Dont/en/grant/i/re/tho/mas/meut
De/no/e/Jehan/in/no/cens/fut

De lestat de lomme humain

Par decembre tousiours lan se termine
Aussi fait lomme aux ans soixante & douze
Le plus souuent/car vieillesse le myne
Lheure est venue que pour partir se houze

Festes mobiles — Intervalles

Lres dñicales	Lres tabulaires	Septuagesime en Janvier	Pasques en Mars	Rogat. en Avril	Pẽthe. en May	De noel a caresme pñant Se.	iours	De pẽt. a s. Jehã Se.	iours	De pẽt. a ladvent Sem.	
d	b	xviii	xxii	xxvi	x	v	v	vi	.iii	xxix	Vẽdredi
e	c	xix	xxiii.	xxvii	xi	v	vi.	vi	.ii	xxix	Jeudy.
f	d	xx	xxiiii	xxviii.	xii.	v		vi	.i	xxix	Mecred
g	e	xxi	xxv	xxix	xiii	vi	i	vi.		xxix	Mardy.
a	f	xxii	xxvi	xxx	xiiii	vi	ii	v	vi	xxix	Lundy.
b	g	xxiii	xxvii.	May	xv	vi	iii	v	v	xxviii	Dymẽ.
c	h	xxiiii	xxviii.	ii	xvi	vi	iiii.	v.	iiii	xxviii	Samed
d	i	xxv	xxix	iii	xvii	vi	v	v	iii	xxviii	Vendre
e	k	xxvi	xxx	iiii.	xviii	vi	vi	v	ii	xxviii	Jeudy.
f	l	xxvii	xxxi	v	xix	vii.		v	i	xxviii	Mecred
g	m	xxviii.	Avril	vi	xx.	vii	i	v		xxviii	Mardy
a	n	xxix	ii	vii	xxi	vii	ii	iiii.	vi	xxviii	Lundy.
b	o	xxx	iii	viii	xxii	vii	iii	iiii	v	xxvii	Dymen
c	p	xxxi	iiii.	ix	xxiii	vii	iiii.	iiii.	iiii	xxvii.	Samed
d	q	Feurier		x	xxiiii	vii	v	iiii	iii	xxvii	Vẽdre.
e	r	ii	vi.	xi	xxv	vii	vi	iiii.	ii	xxvii	Jeudy
f	s	iii	vii	xii.	xxvi	viii		iiii	.i	xxvii	Mercre.
g	t	iiii.	viii	xiii	xxvii	viii	i	iiii.		xxvii.	Mardy.
a	v	v	ix	xiiii.	xxviii.	viii	ii	iii	vi	xxvii	Lundy.
b	a	vi	x	xv	xxix	viii	iii	iii	v	xxvi.	Dymen
c	b	vii	xi	xvi	xxx	viii	iiii	iii	iiii	xxvi.	Samed
d	c	viii	xii	xvii	xxxi	viii	v	iii	iii	xxvi	Vẽdre.
e	d	ix	xiii	xviii	Juing	ix	vi.	iii	ii	xxvi	Jeudy
f	e	x	xiiii	xix	ii	ix		iii	i	xxvi	Mecred
g	f	xi	xv	xx.	iii	ix	i	iii		xxvi	Mardy
a	g	xii.	xvi	xxi	iiii.	ix	ii	ii	vi	xxvi	Lundy.
b	h	xiii	xvii	xxii	v	ix	iii	ii	v	xxv	Dimen
c	i	xiiii	xviii	xxiii	vi	ix	iiii.	ii	iiii	xxv	Samed
d	k	xv	xix	xxiiii	vii.	ix	v	ii	iii	xxv	Vendre
e	l	xvi	xx.	xxv	viii	ix	vi	ii	ii	xxv	Jeudi
f	m	xvii	xxi	xxvi	ix	x		ii	i	xxv	Mecred
g	n	xviii	xxii	xxvii.	x	x	i	ii		xxv	Mardy.
a	o	xix	xxiii	xxviii.	xi	x	ii	i	vi	xxv	Lundy.
b	p	xx.	xxiiii	xxix	xii.	x	iii	i	v	xxiiii	Dimen
c	q	xxi	xxv	xxx	xiii	x	iiii.	i	iiii	xxiiii	Samed
d	r	xxii									

Expositiō valeur ꝛ significatiō des lettres de la figure tabulaire/ et conten

seconde figure apres les lettres dominicales

b [illegible]
z lr g l h f lr g l i f lr g m t f lr h m t f l h m i g l h m
3 i g l h t lr g l h f lr g l i f lr g e t f lr h e t f l h e i
ȩ o s q v r o t q v r p t q v s p t q o s p t q v s p v t
b h f c g e i f c h e i f d h c i g d h e c g d h f c g d t
6 fr c g d b f c g e b f c h e b f d h e b g d h e c g d h
c λ r p m q n l p m q o l p m r o l p n r o l q n r o m q n
8 lr o m g n lr p m g n l p m g o l p m lr o l p n lr o l q n
9 b t c a e b t d a e b d a e c b d a t e b d a t e c b
10 o l h m lr o l h u lr o l i n lr o m i n lr h m i n t h m i
11 n l h m i g l h m lr g l h n lr g l i n lr g m i n lr g m i
b 12 s b v r a s q v r a t q v r b t q v s b t q a s b t r a
13 lr g l i f lr g e i f lr h e i f l h e i g l h e lr g l h f
14 lr g d h f lr g d i f lr g e i f lr g e i f lr h e i g d h e
bb ih o t q n r p t q n a p t q o a p t r o s p n r o s q n r
16 f c h e b f d h e b g d h e c g d h f c g d b f c g e b
1A f c g e b f c a e b f d g e b g d a e c g d a e c g e b
19 lr p m i n l p m r o l p m lr o l p n lr o m q n lr o m q n

Figure de la lre tabulaire dont sa valeur est declaree p deux figures / lune pcedẽ te pour les lettres noires / & lautre sequẽte pour les lettres ronges

La figure psẽte est pour trouuer la lettre tabulaire. Pourquoy cõuiẽt congnoistre le nõbre dor pour lan quon veult scauoir. Et en la ligne q descend en bas soubz ledit nõbre est la lre tabulaire. On doit scauoir que vng nombre dor / vne lettre tabulaire / & vne lettre dñicale seruent tousiours pour vng an. Fors quãt il est bissexte qui sont deux lettres dominicales / aussi deux tabulaires / ainsi que la figure cy deuãt monstre. Il fault scauoir que les lettres dñicales & tabulaires sõt en la pmiere ligne soubz le nõbre dor. viii. pour lan de ce psẽt kalendrier qui est Mil. iiii. c. iiii xx. & . xvii. & ainsi consequenment des autres

Figure pour trouuer la lettre dominicale et le bissexte ensemble a tousiours

On doit scauoir ⁊ entendre que ceste presente annee Mil cinq cens ⁊ saize nous auons eu bissexte. et auons eu pour lettre dominicale deux lettres. Cest assauoir F E. dont F. a serui depuis le premier iour de lan iusques a la sait mathias. ⁊ E est demoure pour la reste de lannee. Lesquelles lettres f. e. sont situees en la traiziesme maisõ apres la croix en ceste presente figure au dessoubz de ceste teste. Et puis apres pour les autres annees ensuyuantes va de maisõ en maison: ⁊ trouueras la lettre qui court pour lannee sans faillir a tousiours

Figure pour trouuer le nombre dor qui court par chacune annee.

Pour bien entendre ceste figure Notez que en ceste annee Mil cinq cens ⁊ saize. nous auõs eu pour nombre dor xvi. Leql nombre est situe en la .xvi. maison apres la croix en ceste presente figure du soleil. puis apres va de maison en maison pour les autres annees suiuantes ⁊ tu trouueras tousiours le nombre dor qui seruira pour chacune annee. ⁊ a iamais

Figure perpetuelle pour pasqs & les autres festes mobiles qui veult

1			2			3			4			5		
a	a	ix	a	m	xxvi	a	a	xvi.	a	a	ix	a	m	xxvi
b	a	x	b	m	xxvii.	b	a	xvii	b	a	iii.	b	m	xxvii.
c	a	xi.	c	m	xxviii	c	a	xviii	c	a	iiii	c	m	xxviii
d	a	xii	d	m	xxix	d	a	xix.	d	a	v	d	m	xxix
e	a	vi.	e	m	xxx.	e	a	xx	e	a	vi.	e	m	xxiii
f	a	vii	f	m	xxxi	f	a	xiiii.	f	a	vii.	f	m	xxiiii.
g	a	viii.	g	a	i.	g	a	xv	g	a	viii	g	m	xxv

6			7			8			9			10		
a	a	xvi.	a	a	ii	a	a	xxiii.	a	a	ix	a	a	
b	a	xvii.	b	a	iii.	b	a	x viiii	b	a	x	b	a	iii
c	a	xi.	c	a	iiii	c	a	xxv.	c	a	xi	c	m	xxviii
d	a	xii	d	a	v	d	a	xix.	d	a	xii	d	m	xxix.
e	a	xiii.	e	a	vi.	e	a	xx	e	a	xiii	e	m	xxx
f	a	xiiii.	f	m	vii	f	a	xxi.	f	a	xiiii	f	m	xxxi.
g	a	xv	g	a	i	g	a	xii	g	a	viii	g	a	i

11			12			13			14			15		
a	a	xvi	a	a	ix.	a	m	xxvi	a	a	xvi	a	a	ii
b	a	xvii	b	a	x	b	m	xxvii.	b	a	xvii.	b	a	iii
c	a	xviii.	c	a	xi.	c	m	xxviii	c	a	xviii	c	a	iiii
d	a	xix.	d	a	v	d	m	xxix	d	a	xix	d	a	v
e	a	xx	e	a	vi,	e	m	xxx.	e	a	xiii	e	a	vi
f	a	xxi.	f	a	vii	f	m	xxxi	f	a	xiiii	f	a	vii
g	a	xxii,	g	a	viii.	g	m	xxv.	g	a	xv.	g	a	viii

16			17			18			19		
a	m	xxvi	a	a	xvi.	a	a	ii	a	a	xxiii
b	m	xxvii,	b	a	x	b	a	iii.	b	a	xviii
c	m	xxviii	c	a	xi.	c	a	iiii	c	a	xviii
d	m	xxii	d	a	xii	d	a	v.	d	a	xix
e	m	xxiii	e	a	xiii.	e	m	xxx.	e	a	xx
f	m	xxiiii.	f	a	xiiii.	f	m	xxxi	f	a	xxi
g	m	xxv	g	a	xv	g	a	i	g	a	xxii

Sur la lettre dominicale pchaine soubz le nõbre dor q̃ court est le io de pasqs pour lan du nõbre dor. A signifie auril. M signifie mars le nombre apres lesdittes lettres est le quatriesme iour du moys sera pasques

M.cccc.iiii.xx.xviii. eclipse de lune ianuier xviii vi.heures xvii minutes	M.cccc.iiii.xx.xix. eclipse de soleil iuillet.xix ii.heures xii.minutes	M.v.c. eclipse de lune nouembre vi. vne heure xli.minute	M.v.c.i eclipse de lune may.iii. v.heures xxviii.minu
M.v c.ii eclipse de soleil premier octobre viii.heures lvii.minutes	M.v c.iii. eclipse de lune octobre xv xi.heures lviii.minutes	M.v c.iiii eclipse de lune mars premier vne heure xiiii.minutes	M.v c.v. eclipse de lune. aoust xv iour. vii.heures. lvii.minutes
M.v c vi eclipse de soleil iuillet xx.iour ii.heures x.minutes	M.v c.vii eclipse de lune iuig xiii.iour v heures vne minute	M.v c viii eclipse de lune aoust ii.iour x.heures l.minutes	M v c.ix eclipse de lũe octobre vi.iour xi heures xii.minutes.
M.v c x eclipse de soleil mars vii.iour xi heures xii.minutes	M v c xi eclipse de lune iãuier xxx iour ii heures lviii minutes	m v c xii eclipse de lune iãuier xix iour. v heures de soir xxxix minutes.	m v c xiii eclipse de lũe iuillet xii iour xi heures. xviii.minut.

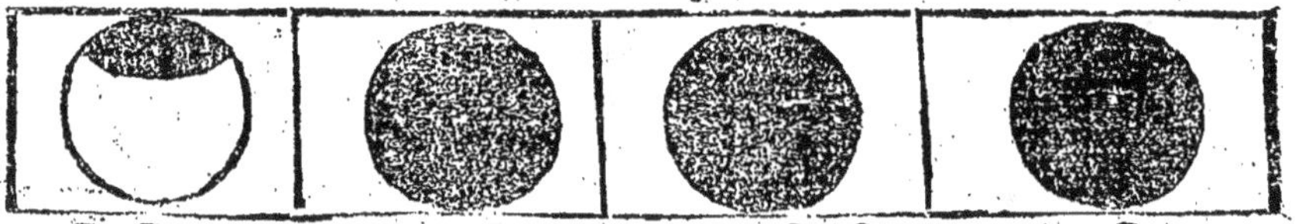

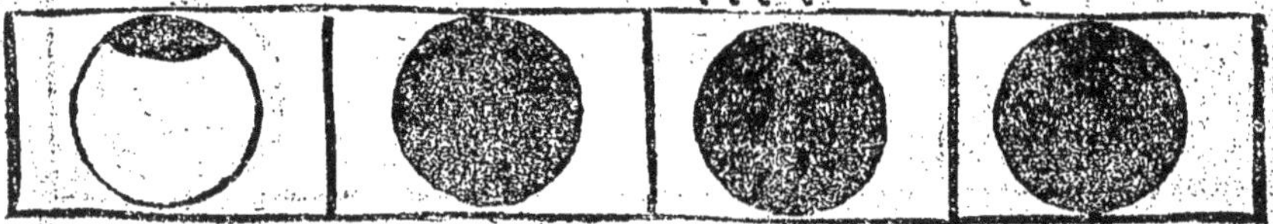

M.v.cens xxiiii
eclipse d soleil
decẽbre. xxiii.
iour.ii. heures
xxiiii. minute

M.v.cens.xv
eclipse de lune
may.xxiiii.io
vnze heures &
vne minute.

m.v.cẽs.saize.
eclipse d soleil
iuig huit iours
vi.heure xlvi
minutes

M.v.c.& xvii
eclipse de lune
noueb.vi.iour
xi.heures/ ciq
minutes

m.v.c.&.xviii
eclipse d soleil
octobre.ix.io.
iiii.heures et
xxvii.minut.

m.v cẽs.xix.
eclipse de lune
octobre.vi.io.
.iiii.heures.et
xxvii.minut:

M.v.c.vigt:
eclipse de lune
septẽbre vi.io.
xi.heures & vi.
minutes

M.v.cẽs xxi.
eclipse de lune
mars premier
iour.v.heures
ix.minute

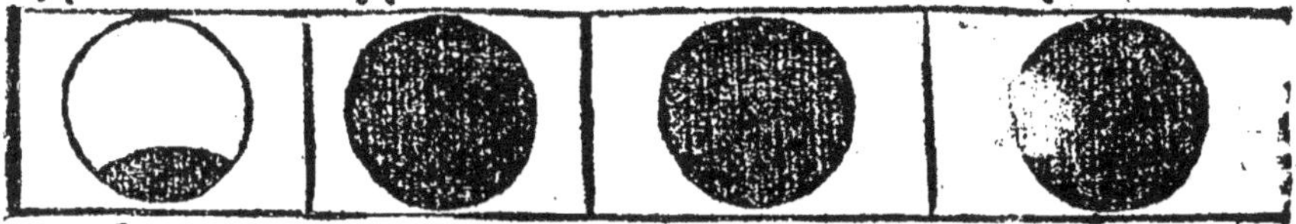

M.v.cẽs.xxii
eclipse de lune
aoust xxvii.io.
ii.heures.lvi.
minutes

M.v.c.xxiii.
eclipse de lune
iuillet.iiii.io.
ix.heures.& ii
minutes.

M.v.c.xxiiii.
eclipse de lune
decẽbre xxix.
iour/ix heures
xlvii minutes

M.v.c.xxv.
eclipse de lune
decẽbre xviii.
iours.x heure
x.minutes

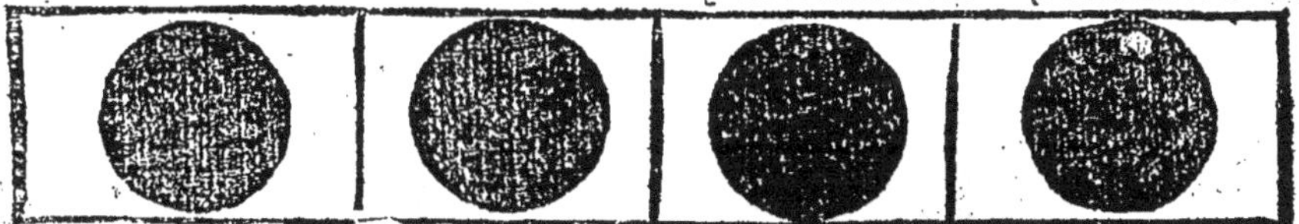

M v c.xxvi.
eclipse de lune
octobre vii.io.
xi.heures/li
minutes

M v c.xxvii.
eclipse d soleil
aoust xxx.io.
xii heures lvi
minutes

M v c xxviii;
eclipse de lune
aoust.iiii.iour
xi heures & xii
minutes

M v c xxix ec
clipse de soleil
aoust xx: iour
iiii heu xxv:
minutes

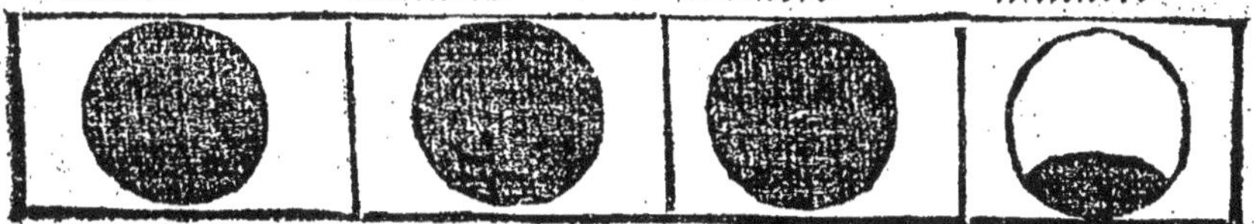

M.v.c.xxx eclipſe de ſoleil iāuier xiiii. io Vne heure. xli minute.	M.v.c.xxxi eclipſe de [illegible]ne iāuier xxx. io. ii. heur. xxvii. minutes	M.v.c.xxxii. eclipſe ꝺ ſoleil iuīg. viii. iour deux heures iii minutes	M.v.c.xxxiii eclipſe de lu[illegible] nouēb.xxvii. vi. heures: ſix minutes
m.v.c.xxxiiii eclipſe de lune may. au xxiiii iour. viii: heu res viii. minut	m. v c. xxxv: eclipſe de lune nouēbre. xvii. iour. ii. heures iii. minutes	mil vc. xxxvi eclipſe de lune may xiiii iour deux heures & xxi. minute	M v c. xxxvii eclipſe ꝺ ſoleil auril xviii io. iiii heures xxi minute.
M vc xxxviii eclipſe ꝺ ſoleil auril vi. iour. xiq heures xvi minutes	M. v c. xxxix eclipſe de lune mars xii. iour iiii. heures xii. minutes	M. v cens xl. eclipſe ꝺ. ſoleil aouſt xxi iour iiii. heures xli. minute.	M. vc. xli. ecli pſe de lune. m̄ premier a huit heures quarā te minutes
mil. v cēs. xlii eclipſe ꝺ ſoleil aouſt xi. iour. xi. heur. xl viii minutes	M. v cēs. xliii eclipſe de lune ianuier x. iour vi. heures viii minutes	m. v cēs. xliiii eclipſe ꝺ ſoleil en mars xxiiii iour ix. heures ix. minutes	m v c. xl v ecli pſe de lune iuil let. iiii. iour. et viii. heures. et xxiiii. minut.

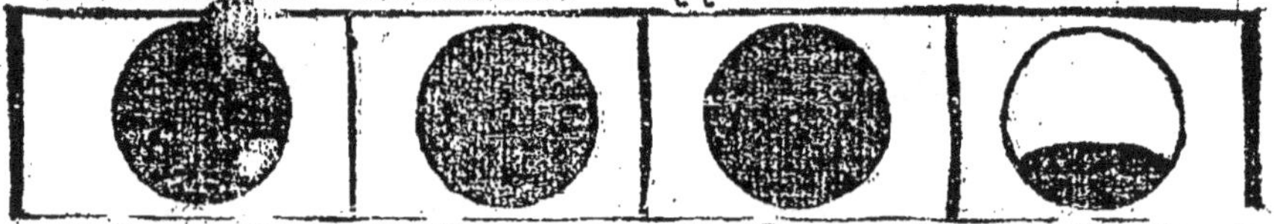

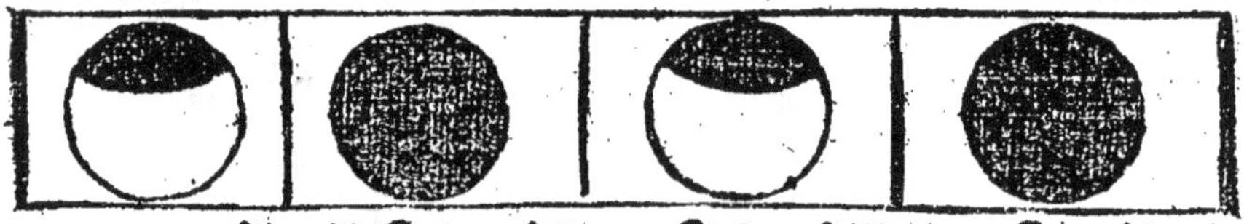

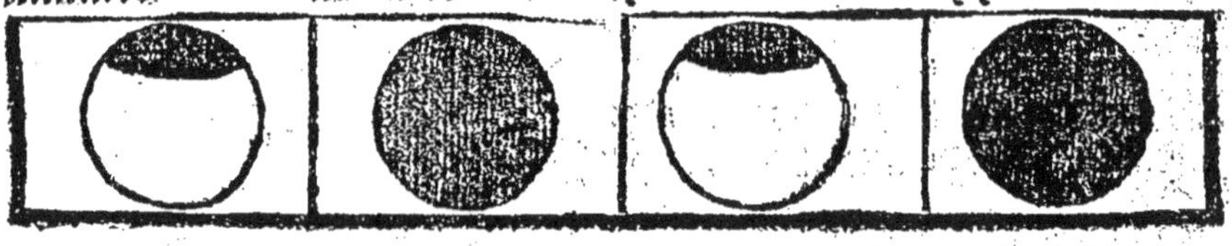

M.v c.xlvi	m.v c.xlvii	m.v c.xlviii	m.v c.xlix.
eclipse de soleil	eclipse de lune	eclipse de lune	eclipse d lu͂e
Juing ix.iour	may iiii.iouur	octobre xxviii	auril xxvii
viii heures	x heures	iiii heures	xi.heures
xl minutes	xviii minutes	xl minutes	xlix minutes

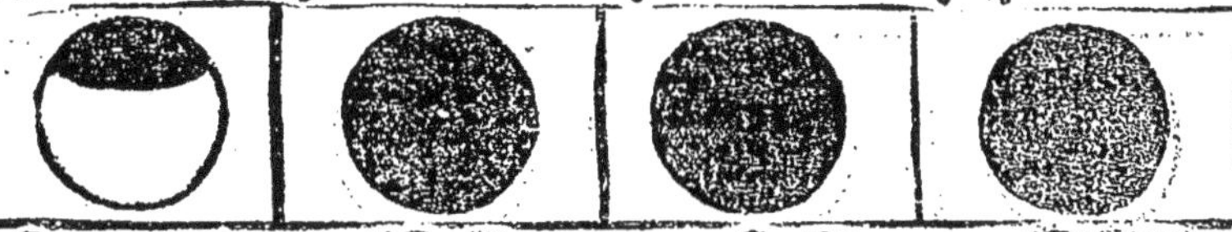

m.v c.cinquãte.	mil v c.li.	m.v c.lii	m.v.c.liii
eclipse de lune	eclipse d lune	eclipse de soleil	eclipse de lune
auril xii iour	octobre iiii.iour.	iuing vi.iour	ianuier iiii.iour.
ii.heures	vii heures	viii heures	ix heures.
xlviii minutes	xxiii minutes	xxi minute	xiii minute

Toutes les eclipses de soleil sõt faictes par iour. & de lu͂e par nuit Et se doyt cecy entendre des eclipses du soleil & de la lune a nous apparans & q̃ no⁹ pouõs veoir quãt elles se font/car eclipse de soleil si peut biẽ aduenir de nuyt/& eclipse de lune peut biẽ aduenir de iour/ mais telles eclipses napparoissent point a nous bergiers

Ballade

Tost est perdu auoir mal conqueste
Tost est deceu cuider dhõme oultrageulx
Tost est vaincu homme peu courageux
Tost est reprins qui fait desloyaute
Tost est saoulle appetit degouste
Tost est lasse amy de plaisir faire
Tost est desprise qui a chier couste
Tost est deffait qui aultruy veult deffaire
Prince pour dieu ayes affection.
Dẽtretenir la iustice ordinaire
Ou autrement & par conclusion:
Chacun de nous aura beaucoup affaire

Pocula ianus amat.
Tangere crura caue cum luna videbit aquosũ Insere tũc plãtes excelsas erige turres. Et si carpis iter tunc tardius ad loca transis
Februus algeo clamat
Piscis hñs lunã noli curare podagram Carpis viã tut9 sit potio modo salubris Martius arua colit
Nil capiti noceas aries cũ luna refulget. De vena minuas ꝙ balnea tutius intres. Non tangas aures nec barbam radere debes
Aprilis florida prodit
Arbor plantet cum luna thaurus habetur Non minuas tamen edifices nec semina sparges. Et medicus caueat cũ ferro tangere collum
Ros ꝙ frõs nemorũ mayo sũt fomes amorum
Brachia nõ minuas cũ lustrat luna gemellos Unguibus ꝙ manib9 cũ ferro cura negetur Nunꝗ portabis a promissore petitum
Dat iunius fena:
Pectus/pulmo/iecur i cãcro nõ minuãtur. Sõpnia falsa vides utilis sit emptio rerũ. potio sumatur securus perge viator
Iulio resecatur auena
Cor grauat ꝙ stomachũ cũ cernit luna leonẽ Nõ facias vestes nec ad conuiuia vadas. Et nil ore vomas nec sumas tunc medicinam
Augustus spicas
Lunã virgo tenẽs v porẽ ducere noli. Viscera cũ costis caueas tractare cruorem. Semen detur agro: dubites intrare carinam
September colligit vuas
Libra lunam tenẽs nemo genitalia tãgat. Aut renes nates: nec iter carpere debes. Extremam partẽ libre cum luna tenebit
Seminat october.
Scorpius augmentat morbos in parte pudenda. Vulnera ne cures caueas ascẽdere naues Et si carpis iter timeas de morte ruinã.
Spoliat virgulta nouember
Luna nocet femori per partes motu sagitte Ungues vel crines poteris prescindere tute De vena minuas ꝙ balnea tutius intres
Querit habere cibum porcum mactãdo decẽber
Capra nocet genibus ipsã cũ luna tenebit: Intrat aqua nauẽ citius curabitur eger Fundamenta ruunt modicum tunc durat idipsũ
Epylogus sequitur omnium supradictorũ.
Que vix antiqui potuerunt scribere libris
Decurrendo polum constanti mente rotundum. C.ij

Aereasqȝ domos tentando ⁊ sidera cuncta
Queqȝ fluunt ex his ⁊ quomodo sol moueatur
Intus habes collecta breui compendio ⁊ arte

De duodecim signis

Signorum princeps aries et taurus et vrna
Tintaride iuuenes et feruida brachia cācri
Herculeusqȝ leo nemee pauor almaqȝ virgo.
Libra iugo equali pendens ⁊ scorpius acer.
Centaurusqȝ senex chiron ⁊ cornua capri
Delectusqȝ ioui puer ⁊ duo sidera pisces.

Idem de signis

Corniger in primis aries ⁊ corniger alter
Taurus item gemini seqtur quos cācer adustus
Terribilisqȝ fere species ⁊ iusta puella
Libra simul nigrū ferens in acumine virus
Cētaurusqȝ biformis adest pelagiqȝ puella
Et q̄ portat aquam puer vrniger et duo pisces

De quattuor ptibus anni. De vere

Verqȝ nouum stabat cinctū florēte corona
pingens purpureo vernanti a prata colore.
Ver placidum vario nectit de flore coronas
Vere nouo letis decorantur floribus arua
Veris honos tepidum floret vere omnia rident

De estate

Stabat nuda estas ⁊ spicea certa gerebat
Horrida ethiopis signis imitata figuram;
Scindit agros estas phebeis ignibus ardēs
Frugiferas aruis fert estas torrida messes
Flamma ceres estatis habet sua tēpora regna.

De autumno

Stabat ⁊ autūnus calcatis sordibus vuis
Labra per autumnum musto spumātia feruent
pomifer autūnus tenero dat palmite fructum
Vite coronatas autūnus degrauat vlmos
Fecundus autūne lacus de vitibus imples

De hyeme

Stabat hyēs glacie canos hirsuta capillos
Cuius nix humeros circūdat flumina montem

precipitant/semperqz riget glacie horrida barba
Albentes hec durat aquas ꝛ flumina nectit.
Tristis hyems niueo montes velamine vestit

Finist la premiere partie du cōpost
et kalendier des bergiers.

Au nō de dieu le pere/ ꝛ du filz/ du saict esperit. Ensuyt larbre des vices ꝛ mirouer des pecheurs Leqꝉ arbre est diuise en sept pties principalles selō les sept pechez mortelz. Ainsi que vng arbre a vii. grosses branches: ꝛ chacune branche plusieurs rameaulx. Ainsi larbre des vices a vii parties pricipales q̄ sōt les sept pechez mortelz: Desqlles parties chacūe pourroit estre ditte vng arbre par soy/ainsi seroyēt sept arbres q̄ no⁹ cōprenōs to⁹ en vng pource q̄ to⁹ maulx vienēt dūg cōmēcemēt/cest du dyable ꝛ tendent en vne fin/cest dāpnatiō pour ceulx q̄ ny remediēt en temps. ¶ Et cōtient cestuy chapitre deux parties pricipales. La premiere est des vices ꝛ pechez. La secōde sont les peines dēfer. Chacū peche est par plusieurs branches diuise/affin que simples gens congnoissēt leurs vices ꝛ pechez pour mieulx les mettre hors de leurs cōsciēces par confession. affin quelles soyēt aornees de bonnes vertus tellemēt que ihesucrist les pour des ames vueille habiter ꝛ demourer auec elles. Qui est la fin pourquoy cestui arbre des vices est cōpose. La premiere grosse branche cest orgueil/ ꝛ pourroit estre vng arbre par soy diuise par. x vii. brāches capitales nōmees Vaine glore de soy/ Vaine glore du siecle Soy glorifier dauoir fait mal/ iactāce/ inobediēce/ desdaing/ tēter dieu/ excees/ mesprisemēt/ faulce hōte/ durte/ ꝑsūptiō/ rebelliō/ obstinatiō/ pecher sciētemēt/ cōier en peche/ hōte de faire biē. Desquelles branches de chacūe dicelles naissēt trois estocz/ ꝛ diceulx estocz naissent troys petites brāches q̄ sont en sōme. L. viii. manieres parquoy on peut commettre le peche dorgueil. qui est le premier duquel il sera parle premierement: ꝛ consequēment des autres en sēblable maniere

Vaine glore de soy

Querir sa glore ⁊ non celle ꝺ dieu

ypocrisie

Se mespriser pour auoir los.

La premiere branche dorgueil.

Quãt on cuyde les biẽs quõ a les auoir ꝺ soy.
Ou q̃ telz biẽs soyẽt deubz pour merites.
Sõ cuide pl⁹ scauoir ou auoir quõ na. ou quõ
simulle par paroles estre meilleur quon nest
Sembler par oeuure estre ce quon nest pas.
Querir louẽge de son bienfait ou de lautruy.
Mepriser de sõ bien fait affi quõ soit pl⁹ prise.
Repẽtir dauoir bien fait ⁊ nen a este loue.
Soy mespriser pour auoir plus grant louẽge

Vaine glore du siecle

pour les richesses.

pour les pompes

pour les hõneurs.

La seconde branche dorgueil.

Quãt pour les auoir on cuyde estre meilleur.
Ou se sans les auoir on cuyde estre pire
auoir hõte de nauoir toutes ses necessitez
Soy delecter en ayant grant famille
Soy esiouyr es gestes de son corps
Ou en facon ⁊ multitude de ses habis
q̃t on qert estre honore dautres que des siens
Vouloir hõneur pour estre pl⁹ craĩt ⁊ doubte.
Ou affin quon die quõ soit trespuissant

Glore du mal

Racõpter pechez.

Se esiouyr destre mauuais.

Nauoir hõte de estre mauuais

La tierce branche dorgueil

Affin destre prise de mauuais ⁊ meschãs
Ou mõstrer quon est prompt a mal faire
Delectant la recordation de ses malfaitz
pource quon ayme lamour du siecle
Ou car on ne doubte dieu du cueur
Ou car on nayme point dieu du cueur
Car ne scait quest vertu ou quest peche
Nõ soy humilier quon ne soit vaincu
pour estre veu glorieux en faisant mal.

Iactance

Soy louer.

Soy monstrer meilleur q̃l nest

cuider estre sage ⁊ ne le estre pas

La quarte branche dorgueil.

Apertemẽt deuãt chacun ou plusieurs
Segretemẽt deuant vng ou par soy
Querir les occasiõs pour estre loue seullemẽt:
En celãt ses maulx quilz ne soyent veuz.
Racõptant ses biens faiz pour estre sceus
Ou les celãs pource q̃lz soyẽt ditz plus grãs.
En estãt grãt au iugemẽt de soy seullement
En mesprisãt le scauoir dautrui
presumãt de ses ppres vert⁹ la grace de dieu

La cinquiesme branche dorgueil

Inobedience

- apptement cõtredire.
  - Mesprisãt son plat ou ceulx qui sõt sur lui
  - Mesprisant le merite qui viẽt dobedience
  - Auoir desir de contredire a autruy
- Faire idue/mẽt ce quon doyt.
  - Quãt negligẽment on fait ce quõ doit faire
  - Ou q̃ autremẽt on le fait quil napartient
  - Ou pour euiter dõmage ⁊ pour auoir pffit
- Grace ipor tune reqrir.
  - Quãt coustumemẽt ou souuẽt il rencheoit
  - Ennuyeusemẽt ⁊ effronte la demander
  - Inuinciblemẽt perseuerer sãs soy amender

La sixiesme branche dorgueil

Desdaing

- Mespriser aultruy
  - Pour leur ygnorance ⁊ faulte de scauoir.
  - pour leurs pouretez ⁊ carence de biens
  - pour leurs maladies ⁊ deffaulte de mẽbres
- Soy prefe/rer deuant aultruy.
  - Soy moustrãt grãt pour aucunes oeuures
  - En opatiõ d̃ ses faitz mesp̃ser ceulx dautrui
  - En osideratiõ dautres moĩdres: soy esleuer
- Mespriser moindre de soy
  - Qui se veult oparer pour richesses ou sciẽces
  - Ou qui est presque aussi grant que soy
  - Ou qui es choses dittes sont par dessus soy

La septiesme branche dorgueil

Tempter dieu

- Querant a veoir signe
  - Car on ne considere que les choses sensibles
  - Car on ne veult croire ce quon ne voit point
  - iuger choses a venir deuant q̃lles soyẽt venu
- Soy expo/ser en peril.
  - Cuidãt soy estre tel q̃ dieu en doye deliurre/
  - Ou desesperer ⁊ mourir en tel dangier
  - Ou croire en destinees ⁊ q̃ autremẽt ne peut
- Nõ trauail/ler/ le oster de peril
  - Car on ne veult vser de raisõ ⁊ soy aider/estre
  - Car on veult vser de sa folie sans cõseil
  - Quõ est trop paresseux sãs vouloir trauiller

La huytiesme branche dorgueil

Exces

- Abuser de puissance
  - Vsurpãt la puissãce qua soy nappartiẽt auoir
  - Excedant le pouoir a soy cõmis ou baille
  - Traictant mal ce q̃ apptiẽt a la puissãce quõ a
- presider indignement.
  - Car on est mains suffisãt en telle auctorite
  - Car on est trop fier a ceulx qui sõt subiectz
  - Soy faire hayr ⁊ peut proffiter en prelature
- Soy inge rer trop
  - pour puissãce ⁊ richesse de ses amys
  - pour violẽce que les souuerains peuent
  - pour la cheuãce ⁊ les grans biens quon a

La neufuiesme branche dorgueil

Mesprisement

Mettre son ame en peril — Ne challoir des choses aduenir — Preferer sō corps a lame

Estant en peche mortel sans soy repentir
Ignorer estre en peche & ne chaloir de le sauoir
Du bien le scauoir & sen resiouyr.
Ne croire la vie q̃ est aduenir pour les bons
Croyre la vie aduenir mais non fermement
Du bien la croyre & ne samender point
Estre diligēt au corps & negligent a lame
Querir les biens tēporelz & non spirituelz
Nourrir continuellemēt la chair en delices

La dixiesme branche dorgueil

Faulce bonte

Iustement estre mesprise — Iniustemēt vouloir estre prise. — Faire biē a mauuaise itencion

Pour presumption arrogance & orgueil
Pour la vaine glore vantāce & iactance
Pour querir a viure dauantage
Quant on se delecte en louenges mondaines
Quāt on a traite destre mesprise pour faire biē
Pour desir quon a destre honore sans cause
Pour ignorance quant on cuide faire tel bien
Iniquemēt faire biē cuidāt ensuiuir grāt mal
Fraudulleusemēt le faire pour deceuoir autrui

La vnziesme branche dorgueil

Durete

Estre rude en ses faitz — Estre fier & trop cruel — Importunite.

Pour trop estre impetueux & non pourueu
Par traicter trop estraictemēt les choses iustes
Trauailler pl⁹ q̃ de droit ceulx qui sōt iustes
Car on a affection ou amour a autrui
De trouuer nouuelle maniere de mal faire.
Nauoir point honte de faire cruaulte
Quāt on refert vne chose trop cōtinuellemēt
Ou quāt on est impetueux de lauoir
Ou estre trop ennuyeux en le requerant

La douziesme branche dorgueil

Presumption

Ne croyre que soy mesmes — Parler de choses haultes — Cuyder pl⁹ de soy quil ne doit

Es faitz dautrui trouuer tousiours redite
Ne croyre que autrui face bien pour dieu
Pour ses faitz estre contēt de soy mesmes
Pour soy esleuer & monstrer estre grant
Pour contraire a ses pchains ou semblables
En blasphemant dieu ou ses sainctz & sainctes
Quāt on ne veult congnoistre ses deffaultes
Quant on mesprise les deffaultes dautruy
Entreprendre de paruenir a ce quon ne peut

La traiziesme branche dorgueil

Rebellion

Soy endurcir en battre
Ne pouoir endurer pacientement estre flagelle
Murmurer cõtre la voulente de dieu
Pour estre flagelle blaphemer dieu & les faitz

Resister au bien
Empescher que aucun bien ne soit fait
Non ayder a faire du bien quant on peut
Trauailler de sa force que aucun ne face bien

Soustenir le mal
Affin de pecher plus liberallement
pour familiarite quon a a celui qui peche
Ou que ce mal quon deffend est plaisant

La quatorziesme brache dorgueil

Obstination

Hayr chastiement
Non vouloir escouter dire son bien
Ou lescouter & ne samender point
Ou deuenir pire pour estre corrige

Ne vouloir cesser a mal faire
Car on ne veult laisser pour estre corrige
Ou on ne veult laisser le mal acoustume
Ou quon se resiouist en recordation de meffait

Estre endurcy a mal faire
Faire cõtre conseil choses qui sõt doubteuses
Aymer ce quon cuyde estre bien & nest pas
Estre adhere a mal sans nul remede

La .xv. branche dorgueil

Pecher scientement

Estre endurcy a mal.
par presũption congnoissãce quon fait mal
par ignorãce/car on ne le veult pas cõgnoistre

En pechãt mortellemẽt
Soy puocquer desirer, faire peche & mal
pour suyuir mauuaisses compaignies
pour acoustumãce de faire aucũ veniel peche.

En doubte de mortel ou veniel
Escheuer vng peche & on pourroit escheuer le siẽ
par cogitation en son cueur seullement
par parolles dittes legierement,
par operation faicte indiscretement

La .xvi. branche dorgueil

Cõmuniquer les sacremens

Celebrant messe ministrer tous sacremens
Et estre en aucune heresie
Ou estre en sentence dexcommuniement
Ou scientement en peche mortel.

Recenoir le corps de ihesuchrist
moins suffisant & indignement
Sans reuerence deue & indeuotement
Sãs faire deuoir au peuple & indiscretement
Sans honneur deuotion & reuerẽce.
Furtiuement: & de qui on ne doit recenoir
Le receuoir contre conseil de plus sage que soy.

La xvii branche dorguil

Honte de faire bien

Vouloir estre bon & en auoir honte
- par pusilanimite & faulte de courage
- par aimer negligemmēt q̄lque bien que ce soit
- par cuider estre honte ce quest honneur
- Car on veult cōplaire a daucunes personnes

Auoir honte destre bon & ne lestre
- Car on nayme pas ce qui est bien
- Ou car on est parresseux a bien faire
- Quāt on sesiouyt en cōpaignie des mauuais

Pour sēbler ceulx q̄ font mal
- pour euiter dommage de soy ou dautrui
- pour obtenir ce quon desire

finissēt les brāches & rameaulx du peche dorgueil / ensuiuēt les branches denuie qui sont traize: cestassauoir enuie: detraction: adulation: susurration: estraindre la grace du sainct esperit, suspition: accusation: excusation: ingratitude iuger: substraction: tirer autrui a mal / & faulce amour

Enuie

¶ La premiere branche denuie

Doleur du bien de son prochain
- Car tu desires que ton prochain aye mal
- Car tu ne peulx soustenir ne voir son bien
- Affin que les puisses opprimer a misere

Nō sesiouyr du biē de sō prochain
- Quant il ta fait autreffois iniures
- Ou ne ta pas donne le bien que lui as requis
- Tu ne te peulx soustenir puertis ou niessō biē

Soy esiouir du mal de sō prochain
- Lesquelles tu lui fais & en es cause
- Ou autre les luy fait non pas toy
- Ou car il seuffre par diuine iustice

Detraction

¶ La segonde branche denuie

Pour cause de legierete
- pour mauuaise accoustumance de ainsi faire
- Ou par complaire a aucunes gens
- Ne regardēt q̄ ce quon dit peut nuyre a autrui

Pour haine criminelle.
- Et controuuāt vng qui nest pas vray

En mentāt scientement
- En rapportāt quon la ouy dire ou q̄l est vray
- En escoutant dire des autres ce qui est vray

- Affin de porter dommage a autrui
- Quaucun bien nauienne a celui quon hait
- Ou pour affin quil soit diffame

La tierce branche denuie

Adulation

Nuire soubz bon sēblant

Nourrir mal en beau semblant

Soy taire souffrāt faire mal

dire auoir ce quō na ou scauoir ce quō ne scait
Ce quon a ou scait faire plus grant quil nest.
Nourrir/ soustenir ou deffēdre autrui en folie
Dire ce qui proufite ou qui nuist par flaterie
Aucuneffois flaterie venielle ou mortelle
Dire ce qui ne proffite ne ne nuist padulatiō
Pour en auoir aucun gaing ou prouffit
pour complaire a aucune personne
pour ne perdre lamour de celuy qui fait mal

¶ La quarte branche denuie.

Susurratio

En semant discorde

Faire q discordes durēt

Non labourer par paix

par persuasions esmouuant les parties
Ou par mensonges et menteries
Ou en rapportant meschant languaige
Car tu veulx seul auoir lamour daucun
Ou tu veulx auoir ayde pour lui nuire
ou ne te chault du salut d ceulx q ōt discords
p malice car tu ne vouldrois paix estre faite
Car tu ne veulx trauailler pour paix faire.
Ou tu es negligent dy trauailler

La cinquiesme branche denuie

Estraindre le sainct esperit

En scandalisāt les bōs

Cuider chose pesāte seruir dieu

Non ayder aux bons

En peruertāt leur bien ou lempeschement
Querir occasion de les troubler en entēdemēt
Les retraire de lamour de plusieurs
En abusant des graces de dieu
Estre remis ou lasche faisāt bōnes oeuures
Non aimer dieu
Laquelle soustiēt pour lamour de dieu
Ou pour penitēces de leurs pechez
Ou pour acquerir glore.

La sixiesme branche denuie

Suspicion

Trop tost croire

Trop fermement croyre

Souuent croire

Par quelcōque occasion indifferamment
Quiconque die ce que tu croys
Quelconques chose qui soit ditte
Car tu croys trop ce que ne dois croyre
Ou car tu es trop leger de croyre
Ou car tu iuges bōs sans discretion.
Choses incredules et qui ne peulent estre.
Quant plusieurs foys en as este deceu
Car tu ne peulx non croyre

La septiesme branche denuie

Accusation — De vray: Quant cest pour vindication celui quõ accuse / Quant pour legerete quon a daccuser autrui / Ou pour complaire a celui vers quon accuse

De faulx: Quant on cõtrouue le mal duquel on accuse / Quãt on scait celui q̃ est accuse nauoir coulpe / Quant on accuse de mal pour cause de hayne

De chose doubteuse: Ou cerchãt accusatiõ de nuyre a celui quõ accuse / Affermãt estre vray le incertain dõt on accuse / Imposer le mal quõ cuide estre ⁊ on ne le scait

La huitiesme branche denuie

Excusation — De parolle: Qui sõt embigues ou ont double entẽdement / Manifestemẽt ⁊ quon scait estre faulses / Ou cerchãt occasion de celer le mal fait / En redoutãt le mal a celui qui ne le fait / pour soy mõstrer estre innocẽt du mal fait / pour euader destre pugny du mal fait

par force iurer: Cõbien q̃ ce soit par contraincte de soy piurer. / Et puis se on le fait voluntairement.

par saictes euangilles: Ou iurer impourueu de ce quon iure

La neufuiesme branche denuie

Ingratitude — Nõ cõgnoistre les benefices de dieu: Quant ou combien on a fait / par quel bõte / car sans desserte les nous fait / Ou q̃lle chose est digne pour lui retribuer

Rẽdre mal pour bien: A celui qui ta soustenu en ta necessite / A celui q̃ ta conseille a ton besoing / A celui qui ta deffendu ou garde de mal / Mais faire mal a celui qui ta fait bien

De faitz de autrui ⁊ quõ en apptient: Ou ne faire mal ne bien a qui ta bien fait / Ou par grant bien receu rendre vng petit

La dixiesme branche denuie

Iuger — faisant de faulx iugemens: par ygnorance: car lon ny garde pas / En doubte de ce cequoy on nescait rien / Ou en iuger sans en estre requis / pour aucun prix receu ou a receuoir / pour amour ou pour haine

Mal estre bon: ou le cõtraire: par certaine malice ⁊ deliberement / par legerete / car on en est costumier / Ou ainsi iuger cuidant faire par esbatement / Ou sciẽtemẽt pour vouloir nuire

Subſtraction

En choſes tēporelles.

En choſes ſpirituelles

Ou de conſeil

Tirer autruy a peche

par exēple.

par conſeil

par force.

Fauſſe amour

Aymer par hūayne faueur

pour terrien proffit.

par hūaine charnalite.

La vnzieſme branche denuie

Ne donner aux poures biēs ſuperflus
Retenir toutes choſes licites ſans en departir
Biens quon expoſe en mauuais vſage
Non eſtre ſongneux du ſalut des pecheurs
Non amōneſter pecheurs de ceſſer leurs pechez
Non enſeigner a autrui le bien quon ſcait
Non donner conſeil a ceulx qui le demandent
Ou ne cōſeiller quāt on peult celui q̄ fait mal

La douzieſme branche denuie

Q̄t on a auctorite ſur cil deuāt q̄ on fait mal
Quāt on meine autrui compaignie faire mal
ou ſoubz eſpece de q̄lque bien faire mal
tyrer les grās a mal pour veoir le siē moldre.
ou p leur cōpaignie pecher pl9 delectablement
ou teſiouyr quilz conſentēt a mal auec toy
De requerir ⁊ amonneſter
De non ceſſer iuſques ſoy tiret:
par oppreſſion ⁊ a ce le contraindre

La trazieſme branche denuie

Ceulx qui te fauoriſēt ⁊ font tes voulentez
Ceulx qui te peulēt nuyre affin q̄lz ne le facēt
Affin que ſoyes veu gratieux ou bening
Faignant eſtre amy a celuy a q̄ ne leſt pas
Faignant de plus laymer que tu ne laymes
Faignant laimer ⁊ tu es ſō ennemy
Deffendre ou ſouſtenir aucun en ſon mal
promouuoir ceulx qui ne ſont dignes de leſtre
Labourer pour pl9 delicieuſement viure

Finiſſent les branches denuie qui ſont en nombre traize cy deuāt declarees ⁊ en ēſuyuāt les brāches du mauuais peche de ire: leſq̄lles ſeront en nombre de dix comme on les pourra cy apres veoir p ordre enſuyuant lune apres lautre:

Senſuit du peche de ire

Soy mocquer

Pour garder autrui daymer celuy q̃ tu mocq̃z
Pour delectatiõs q̃ tu prẽs a faire moquerie
Ou car tu as acoustume ainsi faire.
Autruy en son courage sans parler
ou de la bouche par parolles

Iniquite

Mauldite

Semer discorde entre gens
Dõner sciẽtemẽt mauuais cõseil pour pechẽ
Esguetãt le pecheur pour faire mal

Trahir.

Veoir pecher ⁊ nõ reprẽdre q̃t on peult

La seconde branche de ire.

Discorde

Par manifestes et rancunes.
Sẽbler amy ⁊ auoir rãcũe en son cueur
Auoir fait paix ⁊ tenir rancune en memoire.

Rapine

Iniures

En diffamant autruy.
En luy retenãt le sien
En blessant son corps ou sa renommee.

Conspirations

Scismatizer ou procurer scisme.
Cõiurer personnes en bien ou en mal
Conspirer en aucunes oeuures

La tierce branche de ire

Opprobres

Reprocher la pourete en quoy on est
Les flagellatiõs quon a ⁊ quon a eus
Quon soit venu de poure condicion

Contumelie

Parolles aspres

prouocquãt autruy a courroux
plain de reproches ⁊ iniures
Telles quelles peuẽt porter dommage

Nuyre a son prochain

par parolles oultrageuses.
par blesseures de son corps ou homicide
par lui fortraire ses biens ou sa renõmee

La quarte branche de ire

Consentir

Namender les autres qui peut

Quant on a dominatiõ sur le pecheur
Ou quãt on est bien son familier
Qui aide a faire mal ⁊ le pourroit empescher

Se esiouyr de mal

Louer ⁊ esiouyr les pecheurs.
Nõ douloir des peches quil font.
Ne corriger ceulx qui sesiouissẽt de mal faire

Aider a faire mal

par conseil que tu bailles
par aide que tu fais
Car tu deffẽs celuy q̃ fait mal

La cinquieesme branche de yre

Transonner

- Impugnāt bonte
- Frequenter les noises
- Contēdre p parolles

Croyant en aucune heresie
Pour auoir a boyre et a menger
Pour lamour daucun et haine dautre
pour accoustumance / car on sy esioupst
Par haine manifeste quō veult apparoir.
puour rancunes secrettes au cueur
Comme en questions inutiles
Pour moastrer sa science.
Pour cōtredire celuy a qui on parle

La. vi. branche de yre

Homicide

- En deffen dant
- Occire sciā tement
- Quō ne cui de pas occi re

Ayant voulente doccire
Soy ou autruy sans voulente doccire
Occite incautement ou ygnorantement.
Par trahison
par hayne
Car celuy quon occist est bon
En cudant faire bien on occist aucun
En gettant aucune chose ioyeusement
Ou par luy bailler medicine

La. vii. branche de yre

Vengeance

- Pour iiure faicte
- Cuyder son dommage et non est
- Par faulte daucune chose

En disant semblables iniures
En disant plus grandes iniures
Ou iniures combien q̄ soyent meurdres
Nuyre a celui qui corrige pour bien
Ou faire mal a celui qui a bien fait
Sil te despaist ce quon fait pour ton bien
Se aucun ne te preste ou dōne de ses biēs.
Ou sil na fait pour toy ce ql nestoit tenu
Ou ne tarde faire ton mal

La. viii. branche de yre

Impatience.

- En iugemēs de dieu
- En ses mise res
- Des iniures des voysins

Quant te desplaist ce quil plaist a dieu
Ou car ne te plaist la voulente de dieu
Ou q̄ tu hayes ce que dieu veult estre fait
Se tu es en aucune maladie
Ou se tu es en grande pourete
Ou se tu as aucunes auersitez
Car ilz tont mesdit par parolles
Ou ilz tont meffait en corps
Ou ilz tont meffait en tes biens

La .ix. branche de yre.

Clameur

Debattre pour choses inutilles
- Comme de beaulte de femmes
- Ou de sa lignee & de ses parens
- Ou de choses qui nuysent

Dire mēsōge ou faulcete.
- Par droicte malice
- Par fraulde & infidelite
- Par vantance ou iactance

Cacqueter
- Pour vaincre par force de parler
- Ou ennuyer par quaqueter
- Ou par plaisance quon y prent

La .x. branche de yre

Blaspheme

Sentir de dieu ce quil nappartiēt
- Comme de souuaraine puissāce
- Ou de sa tresgrāt bōte en nous
- Ou de sa iuste iustice

Affermer de dieu choses iniustes.
- par aucune erreur en quoy on est
- par crainte de perdre
- par conuoytise de gaigner

Dire estre ē dieu ce q̄ ne lest pas
- En croyant cōme fōt ydolatres
- En oppinant par mal entendre.
- Faire cōtre les status de leglise

Finissent les branches dyre / & ensuyuent celles de paresse: q̄ sont cogitacion mauuaise / enuie de bien / legierete a mal / pusillanimite / volunte mauuaise / fraction de veux / impenitance. infidelite / ignorance / haine tristesse / laschete / malle esperance / curiosite / oysiuete / euagation / empeschement de bien / et dissolution

La premiere branche de paresse.

Cogitacion mauuaise

Cogitacion supflue
- Soy delecter en souuenance de mal.
- Penser que peche soit doulce chose
- Longue demouree en penser de mal.

Cogitacion doulloreuse.
- comment occultement on puisse nuyre
- Ou imputer son malfait a aultruy.
- cōe en faisant mal soy dire estre bon

Cogitation detestable
- comme on puisse mal faire
- cōme faisant mal puisse perseuerer.
- comme on puisse resister au bien

La seconde branche de paresse

pecher par accostumance	Car les autres pechent pareillement Car sa coustume est de ainsi faire Ou car on est despit et rebelle
pecher par malice	Car nya q̃ reprengne ne argue qui fait mal Quãt aucũ ayme le mal et pource fait mal Quant on ayme le biẽ et on ne le fait pas
ou par desir de non laisser mal	Quant on hait le bien et on ayme le mal Quant aucun fait bien mal gre soy Quant il ne desplaist se on fait mal

La tierce branche de paresse

par inconstance	en delaissant le bien quon congnoist en muant souuẽt son ppos et conseil. Affoiblir en aduersite et seslever en prospe rite
par pusillanimite	Soy sustraire de bien Deffaillir a la grace de dieu Craindre de cõmencer ce qui est bõne chose
par curiosite	en querãt choses inutiles et nouuelles plaisãment ouyr rumeurs et fables querir choses nouuelles p sa voulẽte seule

La quarte branche de paresse

Craĩdre ou on ne doibt	Craindre ce: que sil naduiẽt est dommage Perdre biẽs spũelz quõ ne p de les tẽporelz Saduersite tẽporelle sẽble estre trop greue
Craindre plus quõ de doibt	faire trop grãt deul de ce quõ a perdu Vouloir quon na ce quõ desire auoir Vouloir quãt aduiẽt choses oultre sõ gre
Craindre ceulx quon ne doibt	Cõme detracteurs quant on dit iustement ou deffẽdre les mauais pour leur cõplaire Ou quilz ne nuysent se on fait bien

La. v. brãche de paresse

Vouloir faire mal	Ou soit au deshonneur de dieu. Ou a dommage de son prochain ou a la dãpnation de son ame
Vouloir pouoir mal faire	Pour la delectation du mal Pour la desplaisance du bien Pour quon face ce qui plaist et on veult
Soy delecter tant cõe len peut	Non resistans a mauuaists cogitations Aymer mauuaises delectations Appeter cõme on se puisse delecter

Marginal titles: Enuie de bien — Promptitude a mal — Pusillanimite — Volunte mauuaise

La .vi. branche de paresse

Fraction de veu

- Par negligence.
  - Qui peult faire sō veu ⁊ le mespṗse a faire
  - Qui fait moins de son veu quil promist
  - q̄ accōplist sō veu de bon courage cōe doit
- Par oubliance
  - de veu solēnel segret ou choses q̄ y apptiēt
  - De veu ṗmis pour soy ou pour autrui
  - De veu fait dentrer en religion
- Par mesprisance.
  - Naccōplir sō veu q̄t on a bien opportunite
  - Ou q̄ ne peult ⁊ ne fait autre bien sēblable
  - Ou quō a douleur quō ne le peult accōplir

La .vii. branche de paresse

Impenitence

- Vivre et ne faire penitēce
  - Par finalle penitēce de nō iamais repentir
  - par dilation de iour en iour de repentir
  - par mesprisement quon ne se veult repētir
- Navoir hōte d faire peche
  - Quant apres peche on est prest de pecher
  - Quant on na hōte du mal quon a fait
  - Ou sans douloir seioyr auoir mal fait
- Propos de pecher
  - Estre delibere dacomplir peche mortel
  - Apres quō a peche trauailler dy demourer
  - Querir occasiō de rēcheoir a nouean peche

La huitiesme branche de paresse

Infidelite

- Nō croyre ce quō doit
  - Cōme croyent les iuifz ⁊ autres infidelles.
  - q̄ ne scait ne veult ouyr les articles de la foy
  - Ou qui les oyt dire ⁊ ne le croyt pas
- Croire ce q̄ on ne doibt croyre
  - En faulx dieux cōme croyent les payens
  - En ydoles ⁊ quelques simulacres.
  - ou croyre en choses diaboliq̄s cōe sorcieres
- Croyre lasch ement
  - Doubte de ce quō doit croire fermement
  - Croyre ⁊ non fermement ce quon doit
  - Facillemēt soy laisser seduyre de sa creāce

La neufuiesme branche de paresse.

Ignorance

- Indiscretiō
  - Faire sans conseil ce qui doit estre cōseille
  - faire sans maniere ce ou on la doit tenir
  - Faire sās sagesse ce ou elle est requise
- Ce quō doit scauoir
  - mesṗser scauoir ⁊ ne vouloir estre enseigne
  - ne trauailler d aprēdre ce quō doit scauoir
  - Non proposer ⁊ non chaloir daprendre
- Ne vouloir scauoir
  - Car on fuit ⁊ ne prent on peine de scauoir
  - pour auoir excsation de non scauoir
  - par parsse ⁊ negligēce daprendre

Vaine tristesse

Ennuy de viure.

Faulce espe rance.

Soy desesperer.

La dixiesme branche de paresse
Quāt bonnes choses sont desplaisantes
Quant toutes choses sont ennuyantes
Quāt choses quō fait toutes sōt ennuytāes
Presumer trop de la misericorde de dieu
sās soy oster d peche esperer de misericorde
Viure en peche saus crainte de dieu.
Pour la districtiō de diuine iustice
Pour la grādeur de peche quon a commis
Soy deffier de la misericorde de dieu

Laschete

Vers les choses prohibees

Vers bō cōseil.

Vers les cōmādemens

Lonziesme branche de paresse
Quant on sexpose trop a peril de peche
Quāt onest trop asseure de faire peche
Quāt on sexpose trop aux temptaciōs.
Ne vouloir estre bon/ne laisser le mal.
Nō honorer le bien et aymer pl9 que le mal
Mespriser le conseil des bons
Ne faire le cōmandemēt quon doit
Mespriser le cōmādemēt ou celui q̄ la fait
Naymer aucune chose q̄ soit cōmandee

Mauuaise esperance

Mespriser bonne renōmee

Non craidre diffame

Faire biē en intēciō mauuaise.

La douziesme branche de paresse
Continuant a faire mauuaises oeuures
En ayant esperāce de faire mal seullemēt
Ou faire to9 les deux ensemble
Non chaloir quelle chose soit ditte de toy
Non chaloir qui soit scandalize par toy
Non querir que autruy soit ediffie de toy
Fraudeleusemēt et tu le congnois bien
Sās discretion ne chaloir a qui ne cōment
Incautement car tu veulx congnoistre

Curiosite

Querir choses inutilles

delecter a veoir choses vaines

Faire q̄ nul autre ne scait

La traiziesme brāche de paresse
Vouloir sauoir choß q̄ soit matiere d peche
Labourer cōfōdre autrui p force de lāgage
Ou pour estre dit sage des ydiotz et sotz
Que len tyre a ce quon soit dissolu
Ou qui te font et rendent dissolu
Ou te font entēdre toutes vanitez
Faisās choß nouuelles quō ne vit iamais
ou on apprent choses qui sont mauuaises
ou choses qui sont seulemēt pour faire rire

La quatorziesme branche de paresse

Oysiueté

- Cesser a bien faire
  - Cestassauoir aux bonnes cogitations
  - Aux bonnes parolles
  - Et aux bonnes oeuures
- Querir a mal faire
  - Cestassauoir les côcupiscences de la chair
  - Les concupiscences des yeulx / cest auarice
  - Et a viure orgueilleusemêt
- Non resister a mal
  - Pour lamour quon a au mal
  - pour lennuy quon a du bien
  - Pour negligêce quon a de soymesmes

La .xv. branche de paresse

Euagation

- Aux choses oyseuses.
  - Soy exposer aux vanitez
  - Non soy retraire des vanitez
  - Vouloir demourer en vanitez.
- Aux choses delectables
  - Car sont mauuaises & desplaisantes
  - Demourer par longue espasse de temps
  - Quant la volente y est prouocquee
- Aux choses iniques
  - Comme cautement on puisse nuyre
  - Ou griefuement nuyre
  - Ou plus longnement nuyre

La .xvi. branche de paresse

Empescher faire bien

- Côsêtemêt a ceulx qui font mal
  - Par malice & pour eulx complaire
  - pour hayne quon a aux bons
  - Ou pour hayne du biê quô pourroit faire
- Non ayder aux bons
  - Quât ne peut pfiter sans quon leur ayde
  - La ou ilz sont en peril
  - La ou ilz deffaillent sons auoir secours
- Nuyre aux bons.
  - Ou par soymesmes
  - Ou par autre personne
  - Ou substrahant ce quon leur doit

La .xvii. branche de paresse

Dissolution

- En choses vaynes.
  - En regardât gens eulx battre par vanite
  - Fichât ses yeulx a regarder ql que vanite:
  - Estant aux lieux populaires & publiques
- En choses mignottes.
  - Es gestez de son corps
  - En legierete de courage
- En folle esioyssance
  - Par force de chanter ou crier
  - pour rire trop longuement
  - Estre sâs grauite quât on doit estre graue
  - Prouocquer les autres a rire

Compunction

Sollicitude de pensee

espoir d gaigner sās cōuenāce

Ne sen pouoir substraire.

La premiere branche dauarice

Publier biens spūelz pour les temporelz.
Negligēt aux spūelz: & diligēt aux tpelz
desp̄ser les biēs de lame por ceulx du corps
Tenir ce q̄ sās charge nuisible on le peult
Procurer le biē dautruy pour en auoir pfit
Vouloir auoir pffit pour les sollicitudes:
Acq̄rāt biēs tpelz par grant delectation:
Estre tenu en lamour daq̄rir biēs tēporelz
Ou soy iuger dacq̄rir plus quon ne peult.

Rapine

Oster p force les biens dautruy

Faire violēce ou req̄ste

par coruees & subsides

par cōuenāce faicte.

La deuxiesme branche dauarice

A ses subiectz seruiteurs ou moindre que soy
A ses ennemis p quelq̄ maniere que ce soit:
A ses pchains par moyen subtil:
A ses subiectz pour soy des biēs tēporelz
ou peilleuse pour chose spūelle ou menace:
ou en chose spūelle en faisant promesse:
Fais indeuement sans droit & raison:
ou q̄ par auāt on estoit accoustume de faire
ou qui sont faitz par force de menasses

Usure

Sans cōuenāce/ mais en espoir

Pl⁹ viēdra quil ne peut tost payer

La troiziesme branche dauarice

Quāt on vēt pl⁹ chier pour cause de latēte:
prester deniers pour en auoir pl⁹ largemēt
ou pource quon les preste & quon les attēd
Quāt on ne preste iusq̄s p̄mier on a receu
ou p signes on est assure de gaigner p p̄ster
Quāt on recoit ou preste pour auoir bn̄fice
Cōme sont vsuriers qui sont publiques
ou quō espere dauoir deniers de ce quō vēt
ou par accoustumance de ainsi vendre

Retenir la debte quon doit

Ou en le niant.

Ou en le robant

ou que telle debte soit oubliee.

La quatriesme branche dauarice

Ce que tu scais bien que tu dois
Ce d quoy tu as vehemēte opiniō q̄ tu doys:
Ce q̄ est legitimemēt cōgnu que tu doys:
Esperant de le rendre en aucun temps
Sās voulēte de le rēdre & tu le rēdroys biē
Non pouoir rendre & nō querir misericorde
Laquelle on payeroit qui la requerroit.
nō rēdre aux enfās ce quō a de leurs parēs
Retenir a esciēt ce q̄ ignorēt ceulx a q̄ il est

Rendre choses commises — Les prēdre et retenir volūtairemēt. — Differer de les rendre. — Les pster a autruy.

Symonie — Vendre choses spuelles par lāgage. — Vendre choses spuelles par prix. — Vendre choses spuelles par prieres.

Sacrilege — prendre chose sacree en lieu sacre ou chose sacree en lieu non sacre. — Ou chose nō sacree en lieu sacre.

Larcin. — Rober lautruy sans estre sceu. — Auoir les biēs dautruy et les celer. — Consentir a cil qui fait larcin.

La cinquiesme branche dauarice
Par force et violence les attribuer a soy
p fraude les faire prendre a celui a q̄ ilz sōt
Dire quō les retiēt soubz couleur damitie
Affin que ce tēps pendāt puissent profiter
Ou par quelque moyen puissēt demourer
Ou pour les rendre quon en ayt proffit
Affin que par tel prest on ait recompense.
pour curiosite prester ce qui nest sien.
Pour ambicion dire sien ce qui nest pas.

La. vi. branche dauarice
A gēs adulteres pour leurs flateries
pour procez demener et a gens indignes
Pour parolles a aultruy mal dictes
Et prins deuāt que telle chose soit venue
Ou prins apres quelle est venue
Mettant cause pourquoy la q̄lle nest point
Aulcuneffois faire auec menasses.
Ou aucuneffois auec promesse
Et aucuneffois auec violence et force

La. vii. branche dauarice
Cōe les biēs de leglise estre pris en leglise
Retenir dismes et choses de leglise
prēdre les biens de leglise sans le desseruir
prēdre biēs de leglise hors q̄lq̄ lieu q̄ ce soit
Indignemēt distribuer les biēs de leglise
Hōme lay ayāt dismes a lui appartenir
Ustencilles ou q̄lques biēs estāt en leglise
Tous biens pour seurete mis en leglise.
Choses qui casuellement y sont delaissees

La. viii. branche dauarice
Car celui q̄ tu robes ta dōmage autreffois
Ou tu le fais de ta propre malice.
Ou pour ta simplesse et ignorance
pour les retenir plus paisiblement
pour craindre dest repugni
ou car tu veulx tousiours pseuerer en mal
Car il te plaist tel larcin estre fait
Ou car tu as proffit du larcin
ou car tu crains celui q̄ fait tel larcin.

La neufuiesme branche dauarice.

Estre proprietaire

Vng religieux des biens de sa religion hommes ou femmes mariees.

En auoir sās la cōgnoissāce de sō prelat.
ou prōsētemēt de sō prelat ce q̄ nappartient.
ou ce quō a p licence de trop ap pprier a soy
q̄t lūg a plusieurs biēs sās le sceu de laut.
ou q̄ lūg dōne trop a ses ppres parens
quāt lūg despēd en sō priue les biēs cōmūs

Du patrimoyne du crucifix.

En prendre plus que nest de necessite
Indignemēt. ꝛ ou napartiēt les distribuer
En mauuais vsage les despendre

La diziesme branche dauarice

Prendre dons iniustement

Affi de nuyre

Et pour faire dommage a autruy
En accusāt autruy iniustemēt
ou aucuneffois lacusāt pour occasiō iuste
Cōme pour faire trahyson ou cōspiration

Pour cause deshonneste

pour faire immundicite ꝛ chose deshōneste
Ou en prenāt de deux parties aduerses
Affin de faire son particulier proffit

pour vēdre iustice.

Accelerer iustice ꝛ faire tort a qui a droit
Pour differer faire droit a qui appartient

Lonziesme branche dauarice

Auoir trop

Acq̄rir trop

Par vyolence faicte p amys ou p argēt
Ou par vsure iniustement acquerir
ou par fraulde ou deceptions acquerir

retenir trop

Affin quon soit plus honore ꝛ doubte
Affin dauoir mieulx ses delices
ou pour auoir plus possessions que autres

Vouloir q̄ on ne peut acquerre.

Pour enuie de plus riches que soy
Pour soy delecter es richesses
Pour crainte dauoir faulte dargent

La douziesme branche dauarice

Despendre iniustement

choses iustemēt acq̄ses

En donnāt ne chault a qui iniustement
En gastāt desordonneemēt les biē quon a
Abusāt ꝛ follemēt vsant: ꝛ quō le scait biē

Choses iniustemēt acq̄ses

Et les retenāt contre conscience
Faisant aumosne de rapine ꝛ vsure
Les despendre en ses charnalitez

Choses non siennes

En les appropriāt en son singulier vsage
ou les appropriāt a autruy vsage
Le despēdāt superfluit a lusage de q̄ ne sōt

La traiziesme branche dauarice

Fraulde

- En circōuenant.
- Estant double.
- Procurant mal

Par promesse affin de receuoir.
Par menasses pareillement
Ou par doulces parolles
Mōstrer beau sēblant pour auoir aultruy
Ou par tel semblāt diffamer aultruy
Ou par beau semblant nuyre a aultruy
A celuy qui cuide que tel soit amy
A celuy quō cuide ou scait tel estre ennemy
Ou indifferentemēt a sō amy ou ennemy.

La. xiiii. branche dauarice

Faulse computation

- Mauuaisement cōpter
- Quāt on le scait ⁊ ne rēdre point.
- Cōsentir le faire ⁊ ne faire point.

De ce quon doit a autruy iustement
De ce q̄ est deu tellement quellement
Ou de ce qui est deu a autruy qua soy.
pour crainte de rendre pour estre note
pour honte quon a de faire
pour auarice ⁊ amour de retenir
Soy taysant de ce quon scait bien
Faisant ayde a celuy qui mesconte
Voulant nuyre a celui qui est mescōte

La. xv. branche dauarice

Mentir

- Par ioyeusete.
- Pour faire gaigner autruy
- Frauduleusement.

Pour conuoytise de complaire
pour plaisance quon a de mentir
Legierement iurer de ce quon ne scait.
Celant ce qui ne nuyst ⁊ a aucun ne ꝓffite.
Aucuneffoys que cest pour biēs tp̄elz
aucūeffoys q̄ cest ꝑ aucūe personne priuee.
Que aucūeffoys ꝓffite ⁊ aucūeffois nuist.
Qui ne prouffite a nully ⁊ nuyst a aucū
En la doctrine ⁊ promesse de religion.

La. xvi. branche dauarice

Jurer

- Les mēbres de dieu
- Souuētefoys.
- incautemēt

En contennant dieu ou ses sainctz.
pour soy monstrer estre furieux
ou quō prēt soulas en faisāt iure a dieu
par plaisance quon prent de ainsi iurer
ꝑ mauuaise acoustumance de souuēt iurer
par contēnemēt de celuy quon iure
Ne regardant quon iure
Faire mal pour apparoir vray ce quō iure.
Ne considerer que iuremēt doit estre tenu.

Periurer

Par parolles.
Par foy interposee
Par trochement des choses fainctes

La .xvii. branche dauarice.

Doulloureusemẽt pour decevoir ou tromper
Incautemẽt de ce quon ne scait pas.
Sciẽtemẽt de ce quon ne scait pas
En receuãt aucuns des sacremẽs desglise
En choses mesmes qui sont licites
Ou en choses qui ne sõt licites
Iurer faulx pour vouloir deceuoir
Ou iurer vray cuidant iurer faulx
Ou qui iure faulx cuidãt iurer vray

Tesmoigner faulx

La chose q̃ on scait
La chose q̃ on ne scait
Et la chose quon cuyde scauoir

La .xviii. branche dauarice.

Faire tesmoignage de la chose quõ ne scait
Tesmoigner la chose quon ignore
Dissimuler soy ignorer ce quon scait bien
Pour prix quon a ou quõ en doit auoir.
pour amitye de celui pour q̃ on tesmoigne
Pour malice quon ne veult dire vray
Pour faulse oppinion quon a de la chose.
Dire estre vray ⁊ on ne le scait pas
Ou quon ne cert le scauoir ⁊ on ne le pour/roit bien

Jeux

Qui sõt deffendus
Qui sõt perilleux
Auec persõnes qui nappartient.

La .xix. branche dauarice

Cõme ieux faitz par enchantemens
Deshõnestes ou prouocans a deshõnestete
Ou lesquelz peuent grandemẽt nuyre
pour plaisãce d soy ou pour cõplaire autrui
Pour acoustumãce de faire iceulx ieux
Ou en espoir dauoir gaing pour le faire
De iouer vng lay auec vng religieux
Ou vng lay auec vng prestre
Ou auec vng homme de penitence

Estre vagabond

pour acq̃rir
Pour estre oyseux
pour obtẽperer a sa mauuaise volũte

La .xx. brãche dauarice

Faignãt quon est mallade ⁊ on ne lest pas
Faire telle faintise sans necessite
Ou tellemẽt faire pour autruy deceuoir
Entre ceulx qui trauaillent ⁊ labourent
ou entre ceulx faire le malade ⁊ ne le estre pas
ou pl⁹ soy mõstrer malade quõ nest
En soustenãt choses aspres a soustenir.
Deceuoir par faintes parolles ou p enuie
Ou cuidant viure sãs rien faire fort licite

La premiere branche de gloutonnie

Querir viandes dilicieuses

Pour la bõne saueur

pour la nouueulte.

En diuers appzestemens

En appetãt

Contre le salut de son ame
Contre la sante du corps
Contre le salut de lung ⁊ de lautre ensẽble
Pour la nouueaulte qui est dilicieuse
Mẽger fruitz deuãt ql soyẽt bons ⁊ murs
pour cõposition des cõdimens exquis
Par accoustumance ainsi le appzester
p legierete destre trop abũdãt sãs necessite
par affection ou plaissance quon y pzent

La .ii. branche de gloutõnie.

Goulliardes

Trop soy delectant

ou soy trop remplir

Viãdes pl9 pcieuses ql nappartiẽt a soy
Moyennes viãdes ⁊ non soy en contenter
Moindres viãdes q̃ lestat ou on est le rq̃ert
Estre curieux de son ventre remplir
Laisser ſuir dieu pour trop seruir sõ vẽtre
Trop souuent menger sans garder lheure
Tant cõme on peult deuorer viandes
Ne se pouoir saouler ⁊ non estre content
Ne departir aux poures de la viãde quon a.

La .iii. branche de glotonnie

Delicieusement appzester

p diuerses manieres

Ou exq̃sement.

Condignement.

Pour satisffaire a tous ses desirs
Ne reffuser au vẽtre chose quon desire
Non reffuser aucũs mauuais appetiz
par art ⁊ autrement que les autres ne font
par estude. cõbien quil soit difficile a faire
par labeur ⁊ peine quõ pzẽt a les appzester
Exquis par diuerses especes de matieres.
Delicieux pour les doulces saueurs
Sumptueux: non garder quil couste

La .iiii. brancge de gloutonnie

Menger sans heure

Oultre le tẽps requis

plusieurs foys.

En licite lieu.

Deuãt lheure q̃t nest licite ⁊ sans necessite
Ou apzes quant lheure est passee
Ou quelq̃ heure q̃ ce soit cõtre cõmãdemẽt
Quelque chose que tu appetes menger
Manifestement que aultrui le sache
Ou secretemẽt que toy seul le croys
Au tẽps cõme de ieusnes mẽges de la chair
Au lieu comme menger a leglise
Menger chose deffendue

Faitte epces

En quantite de viandes.

La cinquiesme branche de gloutonnie
Menger plus quil nest mestier au corps.
Tāt menger quil greue a lame ⁊ au corps
Soubz couuerture de maladie dommager

En trop chieres viādes

Nō chaloir ql coustēt silz sont delectables
Trop delectables ⁊ pource plus chiers.
Mespriser viandes qui ne coustent guere

Frequenter autruy table

pour lecherie ⁊ friandise
pour compaignie ⁊ affin de plus mēger.
pour saouler mieulx son esperit

Finissent les branches de gloutōnie q̄ sont v. cest assauoir grāt viādes delicatiues goulicarde/delicieusemēt/ appetit menger ⁊ ne garder pas lheure ⁊ faire excez. Et ensuiuent les branches ⁊ rameaulx du peche de luxure qui sont. v. cōme il appert cy apres

Luxure

Fornication

La premiere branche de luxure
Auec toutes femmes mariees ou veufues.
Auec fille qui encore estoit pucelle
Auec les cōmunes ou corrūpues.

Adultere.

Quāt hōe congnoist autre fēme q̄ la sciēne
Ou fēme acōpaignee dautre q̄ de son mari
Ou que tous deux soyent en maria ge

Excez

Auec aucun ou aucune de sa parente
Auec aucun ou aucune de son affinite.
Ou que lune partie soit de relgion

Immundicite

De pensee

La seconde branche de luxure.
Longue delectation de penser luxure
Donner consentement a telle delectation
Cōplaire a so y dacōplir sa pensee p oeuure

De corps

pollution de nuyt par trop boyre ou mēger
par habitation ou cōpainiee de femme

Ou de tous deux ensēble

Cogitatiō mauuaise dacōplir telle oeuure
Mouuoir ou atoucher la cair par delectatiō
Acōplir loeuure ⁊ de voulēte naturellemē/
Ou aucuement non naturellement

La tierce branche de luxure

Non rendre devoir

pour hayne
Car on ayme autrui que sa partie
Car on scait quon nest pas ayme de sa ptie
Ou car on est despit & rebelle

pour euiter enfantemēt
Car on craint la douleur denfer
pour crainte dauoir pourete
pour crainte du labeur quon a a nourrir

pour abhominatiō.
Aucuns abhominent ce quō a accoustume
Ou pour limmondicite de loeuure
q̄t on mesprise ou hait cōpaignie de sa ptie

La quarte branche de luxure

Abuser de ses cinq sens

Se exposer en peril
Aucunesfois pour danger de personnes
Autresfois par danger du lieu
Et dautrefois pour la raison du temps

Ne se retirer
de leuure q̄t on cōgnoist q̄lle est mauuaise
Ou peril & scait on quil est dangereux
Ou car on le puocq̄ a tel oeuure au peril

En soy delectant
En loeuure du peche de la chair
Ou desir & voulente de laccomplir
ou en souuenāce & memore de lauoir fait

La cinquiesme brāche de luxure

Superfluite

En vestemens
en ioyaulx/ signetz/ ou affiques
en precieusite de robes/ ceitures/ & abilmēs
en la cōposition ou facō nouuelle exquise
par lassiuete de fās iouās ou estās oyseux

En delices
par delectatiō de corps pnās to⁹ ses aises
en querant tout ce que son cueur desire

en despens
Despēdre largement pour louēge du siecle
Donner ou il nappartient a dōner
pour ses delices auoir despēdu trop du sie

Finissēt les branches & rameaulx du peche de luxure/ & finablement de tous pechez mortelz.

Cy ensuit vne exortation pour le salut de lame faicte par maniere de double balade.

Las pourquoy prẽs tu si grãt plaisir. Hõe abuse plain de psũptiõ. En ce faulx mõde ou na q̃ desplaisir. Enuie orgueil guerre ⁊ discẽtiõ. Bien malheureuse est tõ affectiõ. Que pẽses tu/as tu plꝰ grãt enuie. De viure en doubte en ceste courte vie. Qui les mõdais a la mort dẽfer mayne. Cest bonne chose de viure en vie certaine. ¶ Las tu scais biẽ si tu nez insẽsible. Que cest chose forte voyre ipossible. Dauoir icy tõ ayse entieremẽt. Et apres mort lassus pareillemẽt. Helas pourtãt chãge cõdiciõ. ⁊ te rauise: ou tu es autremẽt. Hõme deffait ⁊ a perdicion.

¶ Lequel veulx tu: vie ou mort choysir Coysi des deux tu as discretiõ Aymes tu mieulx de tõ corps le plaisir. Pour tõ ame mettre a dãnatiõ. Que viure peu en tribulatiõ. ⁊ apres mort soit tõ ame rauie. En gloire aux cieulx q̃ de nul seruice. Estre ne peult en ceste vie humaine Sil ne laysse tre auoir ⁊ demaine Et pere ⁊ mere ⁊ tout sil est possible Et viure en peine ⁊ en labeur terrible. en seruãt dieu tousiours paciẽmẽt. Cest le chemin q̃ cõduit seuremẽt. Ap̃s trespas lhõe a saluation Et q̃ va autrement il va a dãpuemẽt. Homme deffait ⁊ a perdiction

Cuides tu icy tousiours auoir loisir. Dauoir pardõ sãs satisfatiõ Et toute nuyt en blãc lit mol gesir. puis a seiour sãs operatiõ passer le tẽps en delectatiõ. Tãt que du tout la chair soit assouuie. Pense tu point q̃l faille diuyre. Et q̃ prẽgne fin puissance mõdaine. Helas ouy/car mort viẽdra subdaine. Une heure a toy a tout sõ dard horrible. Si tres acoupcõe chose inuisible Que pas nauras loisir aucunemẽt. Dire dieu peccaui seullemẽt. Ainsi mourras tost sãs cõtriciõ Dõt tu seras par diuin iugemẽt. Hõme deffaict ⁊ a perdition.

Hõe en peril saches certainemẽt. Que ce tu nas autre vouloir breuement Tu te verras vng iour subitemẽt. Hõme deffait ⁊ a perdition.

¶ Sēsuyuent les peines dēfer cōminatoires des pechez pour pugnir les pecheurs/ ainsi que racōpta le lazare apres ql fut ressuscite/ ⁊ ainsi comme il auoit veu en enfer/ cōme appert par les figures ensuyuantes par ordre lune apres lautre cy apres.

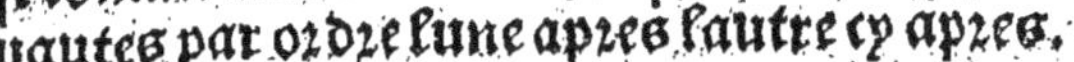

Nostre sauueur ⁊ redēpteur iesus vng peu deuāt sa passion estāt en bethanie entra en la maison dung hōe appelle symon: pour prēdre refectiō corporelle. Et cōe il estoit a table auec ses apostres ⁊ disciples. ⁊ auec le lazare frere de la magdalene ⁊ de marthe: il cōmāda au lazare quil racōtast ce ql auoit veu en lautre mōde. Adōc il racōte ce quil auoit veu en enfer. cōme les orgueilleux en grant peine. ⁊ consequēment les autres entachez daucun peche/ cōe cy apres est declare.

Et premieremẽt dit le lazare. iay veu des rocs en enfer treshaultes en vne montaigne situees en maniere de moulins cõtinuellemẽt en grãt ĩpetuosite tournãs/lesq̃lles auoyẽt crãpõs de fer ou estoyent les orgueilleux ⁊ orgueilleuses pendus ⁊ attachez

ORgueil entre les autres pechez est cõe roy ⁊ capital/⁊ cõme vng roy a grant compaignie/ainsi a orgueil grant compaignie dautres vices Et ainsi q̃ les roys gardent bien ce qui est a eulx/si fait orgueil sur les orgueilleux Grãt singne d̃ reprobatiõ est p̃seuerer longuemẽt en orgueil. Orgueil est donc vng peche qui desplaist a dieu sur tous autres vices autãt que humilite lui est plaisãt ẽtre les vertus: ⁊ nest peche qui tant face sẽbler lhõe au dyable cõe fait orgueil/car lorgueilleux ne veult estre cõe les autres hões/il fault q̃l soit cõe le pharisi

en auec les dyables ⁊ pource q̃ lorgueilleux se veult esleuer sur les
autres hões le dyable en fait cõe la corneille dune noix dure q̃lle ne
peult casser d sõ bec/elle la porte en hault ⁊ la laisse cheoir sur vne pi
erre sur quoy se rõpt/⁊ adõc descẽd ⁊ la mẽgẽ/ ainsi le dyable esleue
les orgueilleux pour les faire cheoir ⁊ trebucher en enfer. La differẽce des orgueilleux aux hũbles est cõe de la paille au grain/la pail
le q̃ est legiere veult mõter en hault ⁊ le vẽt lẽporte ⁊ se pert ⁊ le grai
pesãt demourant bas sur terre est recuilli ⁊ mis au grenie ⁊ la paille
est perdue brulee ou deuorec des bestes ainsi les orgueilleux sur les
autres sõt bruslez ⁊ deuorez des dyables denfer

¶ Segondemẽt dit lazare/iay veu vn fleuue engele auquel les
enuieux ⁊ ennieuses estoyẽt plongez iusq̃s au nombril/⁊ par dessus
les frappoit vng vent moult froit ⁊ quãt vouloiẽt celuy vent euiter
se plõgeoyent en la glace

Envie est douleur & tristesse en cueur de la felicite & bien dautruy/lequel peche est mauuais par ce quil est contraire a charite souueraine & bonne vertu: parquoy est grant signe de reprobatio par lequel le dyable cognoist ceulx qui seront dapnez. Ainsi q charite est signe de saluatio. p lequel dieu cognoist lesquelz serot sauluez en paradis/les enuieux sont vrays copaignos au dyable: car ilz sont compaignos a perte & a gain. Se le dyable fait mal a autruy ilz sen esiouyssent/ & se bien vient a aucun ilz en sot marris. Les enuieux sont tellement infectz & corrompus q bones odeurs leur sentent mauuais: & choses doulces leur sot ameres Ce sont les bones renomees & psperitez dautruy. Mais choses ameres leur sot doulces/& sot vices diffames/ aduersitez/ & fortunes cotraires quilz scayuent ou oyent racompter des autres. Les enuieux quierent leur bien en mal dautruy quant du mal dautruy veullent querir le leur en culx esiouyssant/ mais ne se guarissent pas/ ains de nouueau se tourmentent/ car ilz nont point telle ioye sans desplaisance & tristesse/ parquoy ilz sont tourmentez/parquoy qui pert so bien en mal dautruy il profite autant comme celuy qui quiert le feu en leau ou les raisins sur les espines/ lesquelles choses faire sont folices

¶ Enuie nest que des felicitez & biens de ce monde/ car la mauldite enuie ne peult monter au ciel/ cest vn peche difficille a guarir pourtant quil est segret/car il est au cueur auquel medecines sot difficiles a mettre parquoy a grant peine en guarist on

¶ Du peche de yre

Ainsi que paix prepare & fait la cosciece habitatatio de dieu/aisi ire la ppare & fait habitatio du dyable: ire offusq & pert loeil de raison/car en lhoe ireux raison nest poit/il ne est hoe q tat gard lymage d dieu en lhoe q doulceur & paix & amour/ car dieu veult estre en paix & amour mais ire les chasse dauec lhoe/ si que dieu ny peut demourer. Lhoe ireux est seblable a vn demoniacle q a lenemy en soy pquoy se tourmete pour la tristesse q lenemy lui fait Ainsi lhoe ireux est tourmete par ire/ car sas pacience bat les vns & les aultres/ dit iniures: se done corps & ame au dyable & dit & fait plusieurs choses illicites. Quat ire se met apres noyses/puis vegece cest pour tout destruire/laqlle chose aduient souuet p vn hoe seul vng hoe ireux esmeut noyses entre plusieurs autres. Le pescheur trouble leau que le poisson ne puisse veoir aisi le dyable trouble lhoe par ire affi ql ne cognoisse le mal ql fait

Tiercement dit le lazare iay veu vne caue ⁊ lieu tresobscur plain de
tables ⁊ destaulx cõe vne boucherie ou les yreux estoiẽt trãspercez de
glaiues trẽchãs ⁊ cousteaux agus : duql peche dyre est parle cy dess⁹

Sensuit du peche de paresse

Paresse est tristesse de biens spirituelz qui ordõnent lhõe a
dieu pquoy on laisse a dieu suir de cueur cõe on doit ⁊ de sa
bouche ⁊ par bonnes oeuures. Qui veult aymer il fault cõ
gnoistre createur/ createur/ redẽpteur/ ⁊ curateur de tous
les biẽs quon recoit chascun iour ⁊ cõgnoistre soy pecheur
⁊ dieu sauueur. Grãt folie est quãt par paresse au tẽps de ceste brief
ue vie on amasse des biẽs pour la vie etnelle/ mais auiourdhuy plu
sieurs sõt paresseux a faire biẽ ⁊ diligẽs a malq silz estoiẽt aussi dili
gẽs a biẽ faire quilz sõt a mal ilz seroiẽt bien eureux.

Quartement dit le lazare iay veu vne horible ⁊ tenebreuse sale ou auoit des serpens gros ⁊ menus ou les paresseux ⁊ paresseuses estoient assaillir ⁊ naurez en diuerses ꝑties du corps iusq̃s au cueur

Celuy q̃ bien penseroit cõe apres la mort ne poura faire bien ⁊ naura que le bien ql aura fait en sa vie combien seroit dolẽt: ⁊ les regretz ql feroit du tẽps de sa vie ꝑdu par paresse: ⁊ des biẽs ql eust peu faire/ ie croy ql hair-roit paresse: ⁊ prẽdroit diligẽce: ⁊ se cõuertiroit a biẽ faire cõsiderãt que plusieurs maulx viennẽt par paresse/ desquelz en ya deux mõlt perilleux. Lune est paresse de soy cõuertir a nostre seignr ⁊ paresse de soy cõfesser lesq̃lz maulx le dyable ꝓcure tãt quil peut car en differãt de soy cõuertir ⁊ cõfesser souuẽt plusieurs meurẽt en grãt dãger de leurs ames/ a grant peine meurt il biẽ q̃ a mal vescu

¶ Quintement dit le lazare iay veu des cahuldrōs ⁊ chaudieres plains dhuille/de plomb/ ⁊ dautres metaulx fondus et bouillans esq̄lz estoyent plōgez les mauldîtz auaricieux ⁊ auaricieuses pour les saouller de leur mauuise auarice

Lauaricieux est iniq̄ a dieu/car mieulx aime gaigner vn denier que lamour de dieu/car souuēt pour peu de chose il mēt ou iure ⁊ se pariure ⁊ peche mortellement. La foy lesperāce/⁊ charite que lauaricieux doit auoir en dieu il les met en sa richesse ⁊ auoir. premierement foy/ car il croit mieulx auoir les choses a lui necessaires par ses richesses q̄ les auoir de dieu cōe se dieu ne luy pouoit aider: ou cōme se dieu nauoit nulle solicitude de ses seruiteurs. Ap̄s lauaricieux a lesperāce dauoir pl⁹s ioye ⁊ cōsolatiō de ses richesses q̄ dieu lui pourroit dōner. Ap̄s lauariceeux met son cueur en ces biēs ⁊ ou est le cueur la est lamour

⁊ amour est charite/ainsi lauaricieux a sa charite en richesses. Lauaricieux peche en mal acq̃stant ses richesses/ en mal vsant dicelles/en trop les aimãt ⁊ souuẽt plꝰ q̃ dieu. Lauaricieux se prẽt au trebuch et du dyable dont il pert la vie eternelle par vng peu de biens tẽporelz cõe la souris se prẽt a la ratiere ⁊ pert la vie pour vne noix. Les auaricieux ressemblẽt aux matins q̃ gardẽt la charõgne quant leurs vẽtres sõt plais q̃ les oyseaux mourãt de fain q̃ nẽ mengẽt/ainsi tiẽt lauaricieux les biẽs q̃ les poures nen ayent ⁊ les laissẽt mourir de fai/ ⁊ les tiẽt en sa subiection/⁊ le dyable le tiẽt en la sienne.

Septemẽt dit le lazare. iay veu en vne valee fleuue ort ⁊ puãt au riuage duquel estoit vne table auec touailles deshõnestes ou les gloutons ⁊ gloutonnes estoyent repeuz de crapaulx ⁊ autres bestes venimeuses ⁊ abreuez de leaue dudit fleuue

LA gorge est la porte du chasteau du corps de la personne/mais quant les ennemis veullent prēdre le chasteu silz gaignent vne foys la porte ilz auront apres le chasteau/aussi se le dyable gaigne vne foys la gorge de lhōe p gloutōnye facillemēt aura le remanāt ⁊ entrera dedēs le corps a tout sa compaignie de to⁹ pechez/ car les gloutons de legier se consentent a to⁹ vices ⁊ pour ceste cause seroit necessaire vne bōne garde a ceste porte q̄ le dyable ne le gaignast. car quāt on tiēt vn cheual p la bride on le maine la ou on veult/ si fait le dyable lhōe glouton ou il veult. Le seruiteur trop aise nourry est souuent rebelle a sō maistre/ ⁊ trop rēply de vin ⁊ de viāde est rebelle a lesperit si q̄ ne veult faire bōnes oeuures ⁊ p gloutonnie plusieurs sōt mors q̄ eussēt vescu lōguement. Ainsi ont este homicides deulx mesmes/ car exces de trop boyre ⁊ mēger corrōpt lestomac ⁊ engēdre maladie de laq̄lle souuēt on abrege la fin. Et ceulx q̄ nourrissēt leur corps p̄parēt viandes aux vers Aisi le gloutō est cuisinier aux vers Vng hōme de biē auroit hōte destre cuisinier a q̄lq̄ seigneur/ pl⁹ dōc doit estre hōteux destre cuysinier aux vers/ ceux q̄ viuēt selō le desir de la chair viuēt de la reigle du pourceau q̄ mēgeut sās heure ⁊ sās mesure/ ainsi le pourceau est cōe leur abbe duq̄l tienēt la reigle par= quoy sōt contrains deulx tenir en cloystre. cest en la tauerne/ ⁊ cōe le pourceau q̄ est leur abbe coucher en la boe q̄ est infectiō de gloutōnie

Ensuyuāt du peche de glnotonnie

DE to⁹ pechez luxure est le pl⁹ plaisāt au dyable pource quil macule le corps ⁊ lame/ ⁊ par leq̄l il gaigne deux persōnes ensēble aussi pource quil se vante nē estre point entache. Le luxurieux est pl⁹ difforme q̄ le dyable en superhabōdant de ce peche Le marchāt est biē fol q̄ fait tel marche dōt il scait biē q̄l se repētira/ mais nest q̄tte pour aīsi soy repētir. Le luxurieux viuāt est tourmē te de trois peines dēfer/ de chaleur/ de pueur/ ⁊ de remors de cōsciēce de loffēce quon fait a dieu. Luxure est la fosse du dyable laq̄lle fait cheoir les pecheurs/ desquelz aucuns aydēt au dyable a eulx getter dedēs quāt scientement vōt pres de la fosse en laq̄lle scauēt bien q̄ le dyable les veult mettre/ pource bōne chose est de non escouter la fē= me/ meilleure chose est nō la regarde/ tresbonne chose est ne la point toucher/ a ce peche appartiēt les ordes parolles villaines chāsons ⁊ atouchemēs deshōnestes qui sōt de luxure pquoy on peche souuent lesquelle parolles ⁊ chāsōs ne sortont point maquerelles/ paillardz putains/ ⁊ ceulx q̄ frequētent ⁊ aiment leur cōpaignie. ou q̄ aiment

⁊ desirēt perseuerer en ce peche de luxure

Septiemement dit le lazare iay veu vne plaine chāpaigne de puis parfōdz plais de feu ⁊ de souffre dōt yssoit fumee trouble ⁊ puante ou les luxurieux estoiēt tourmētez / du quel peche est parle cy dessus

Ensuyt la tierce partie du cōpost ⁊ kalēdier des bergiers science salutaire / ⁊ iardin aux champs des vertus

Qui veult a vne terre faire porter fruitz en habundance premier on doit oster toutes choses nuysibles ⁊ apres la bien labourer ⁊ remplir de toutes semēce Ainsi doit lhōme sa conscience nettoier de tous pechez / labourer p saictes meditatiōs. ⁊ semer des vertus ⁊ bonnes oeuures pour cueillir fruict de grace ⁊ vie eternelle affin dauoir son desir accōpli de lōguement liure. Puis q̄ dōcques cy deuāt a este dit des vices cōbien que grossemēt & legerement cōuiēt dire des vertus en ceste tierce partie du presēt liure laq̄lle sera cōe vng petit iardin plaisāt plain de fleurs / & arbres auquel la persōne ɔtemplatiue se pourra spacier & esbatre / & par bons enseignemēs & cuillir plusieurs vertus & soy edifier en bō exercice dont sera paree & ordonne son ame deuant son espoux iesucrist quant viendra la visiter & pour demourer auec elle Au cōmencement de laquelle partie sera loraison dominicale de nostre seignr auec sa declaration pour mieulx lentēdre / & cōtiēdra six parteis. La pmiere sera ladicte declaratiō & oraisō de nostre seignr. ¶ La .ii. sera la salutation angelique q̄ fist gabriel a marie quāt elle cōceut son enfāt iesus. La .iii. sera des douze articles de la foy. La iiii. sera des dix cōmandemēs de la loy. La v. sera des cōmandemēs de leglise. La vi sera le chmap des vertus. pour le pmier on doit scauoir que par lorasō de nostre seigneur: cest la patenostre quāt no⁹ la disons no⁹ demandōs a dieu suoffisāment toutes choses necessaires pour le salut de nos ames & de nos corps nō pas seullemēt pour no⁹ mais pour nous autres. Et pour ceste cause on doit auoir lad oraison en grāde contemplation & la dire en grāde reuerence & deuotion a dieu aux ieunes gens & aux autres on la doit aprēdre: & enseigner & leur dire plainemēt silz ne la peuēt entēdre neantmoins si leur profite elle cōe aux autres pour auoir misericorde & finablemēt la gloire de paradis silz la diēt deuotemēt en vroye amour & charite. Lad oraisō cōtiēt sept petitiōs & requestes quō fait a dieu quāt on la dit & par chascune des es petitions: on peut entendre sept autres choses cest assauoir les sept sacremens de saincte eglise leq̄lz on doit croyre fermemēt. les sept dōs du sainct esperit lesq̄lz hūblemēt doiuēt estre receuez / les sept armeures de iustice spirituelle quō doit vestir pour pour bailler cōtre les vices. les oeuures de misericorde corporelle & sept de misericorde spirituelles lesq̄lles piteablemēt on doit acq̄rir. & sept vices capitaux q̄ sōt sept pechez mortelz lesq̄lz tout hōe doit euiter & fouyr / la declaratiō est telle: Nostre pere q̄ es es cieulx sāctifie soit tō nom p laq̄lle petitiō nous req̄rōs a dieu nostre pere createur omnipotēt q̄ soyōs ses filz / car autremēt il ne pouroit estre dit nostre & q̄ sō nom soit sāctifie de no⁹ pl⁹ q̄ de nulle autre chose pourquoy receuōs le saīct sacremēt de baptesme: sās leq̄l nul ne peut sāctifier le nom de dieu & receuōs le nom du benoist saīct esperit dit le nom de sapiēce pour scauoir honorer dieu le pere tout puissant: & dieu le filz q̄ souffrit mort ⁊ passion en larbre de la croix Noꝰ vestõs le haubergõ dhumilite cõtre orgueil/ ⁊ reuestõs les poures corporellemẽt: ayãs cõpassiõ des idigẽs spũellemẽt/ acq̃rõs la vertu de prudẽce ⁊ euitõs ce vil peche dorgueil. La secõde peticiõ. Ton royaume noꝰ aduiẽne. ꝑ laq̃lle petition tãt que le nõ de dieu ne peut estre ꝑfaictemẽt sãcti fie de noꝰ en ce monde lui reqrons sõ royaume/ auq̃l ꝑfaictemẽt sanctifierons/ ⁊ duquel serons coheritiers cõe ses vrays enfans/ laq̃lle peticion noꝰ dõne a entendre le sacremẽt de ꝓstrise ꝑ lequel nous sõmes istruis a faire bonnes oeuures/ ⁊ le don du sait esperit don dentendemẽt/ ꝑ leq̃l noꝰ demãdons le royaume de paradis. Si nous armons du heaume de largesse dõnons a mẽger a ceulx q̃ ont fain corporellemẽt/ ⁊ corrigeons les dissolus spirituellemẽt/ aisi acq̃rõs en nous la vertu de force ⁊ euitons le peche dauarice. La tierce peticion Ta voulẽte soit faite en la terre cõe au ciel. Car la voye pour aller en paradis/ ⁊ faire la voulẽte de nostre seigneur cest que les cõmandemẽs soyẽt acõplis. par ceste peticiõ nous luy faisons obeyssance de nos cueurs qui lui demandõs faire la voulẽte q̃l nous dõne entẽdre le sacrement de mariage par lequel on euite fornicacion/ Et don de conceil du sainct esperit par lequel noꝰ ordonnõs nostre obediẽce Si noꝰ armõs du bouclier de cõsolaciõ cõtre enuie Dõnõs a boyre a ceulx qui ont soif corporellemẽt/ ⁊ enseignõs les ignorãs spirituellemẽt: parquoy acquerons la vertu de iustice ⁊ euitõs enuie. La .iiii. peticion. Nostre pain quotidian dõne noꝰ auiourdhuy. par laq̃lle peticion requerõs a dieu estre sustẽtez de pain materiel pour nos corps du pain spirituel pour nos ames cest du pain de vie le corps iesucrist ꝑquoy noꝰ receuõs le sacremẽt de lautel en memoire de sa passiõ. Et desirons auoir le don de force du benoist sait esperit affi q̃ soyõs fermes en la foy ꝓꝑienne. prenõs le glaiue d̃ patiẽce cõtre le peche de yre. Visitõs les malades corporellemẽt ⁊ pacifiõs les discordz spirituellemẽt: acq̃rõs en noꝰ la vertu datrẽpance ⁊ euitõs le mauldit peche de yre. La .v. peticion est telle. Et noꝰ pardõne nos pechez cõe atous pardõnõs. Es trois peticiõs sequẽtes req̃rõs a dieu q̃ soyõs deliurez de toꝰ maulx q̃ sõt trois en nombre Le ꝑmier est le pire qui est mal de coulpe celuy q̃ est ia cõmis ⁊ q̃ cõmetons par peche mortel. ⁊ par ceste peticion demãdõs a dieu estre assoubsz par sa misericorde pour scauoir faire bõnes oeuures ⁊ euiter vices. Si vestõs les chausses de legierete cõtre paresse/ Visitõs les poures prisõniers corporellemẽt/ Et auecques ce dõnõs bon conseil aux poures desolez. Et aussi des-

confortez spirituellemēt acqrōs en no⁹ la vertu de foy ⁊ euitōs le pe‑
che de paresse. La vi. peticiō. ⁊ ne seuffre pas q̄ soyōs vaicus en tēta‑
tion. pour le segōd mal q̄ nest pas cōmis / mais peut aduenir ⁊ y pou‑
ons escheoir p̄ moyen de tētaciō si reqrōs a dieu ceste peticiō q̄ soyōs
fermes ⁊ p̄seuerās en bōnes oeuures ⁊ en la vertu desperance / fors
pour resister aux tētatiōs aquoy no⁹ vault le sacremēt de cōfirmatiō
qui no⁹ dōne certitude de biēs q̄ no⁹ esperōs moyēnāt le don de veri‑
te du sainct esperit q̄ nous fait p̄seuerer en nostre credence. si doit on
prēdre la lāce de sobriete cōtre le peche de gloutōnie / ⁊ receuoir en sa
maisō poures pelerins estrāgiers corporellemēt p̄dōner les offēces
a soy faictes spirituellemēt / car ainsi on aquiert la vertu desperāce
⁊ euite on le peche de gloutōnie. La vii. petitiō / mais garde nous de
mal. amen. Le tiers mal est mal de peine ⁊ toute chose q̄ empesche de
seruir dieu duq̄l mal ⁊ de to⁹ reqrōs par ceste peticiō estre deliurez ⁊
soyōs sauuez en paredis amē. Cest adire aisi soit fait cōe no⁹ le desi‑
rōs: pourquoy receuōs le sacremēt de vnctiō q̄ no⁹ baille certainete de
voye de salut auec le dō du sainct esperit p̄quoy doubtōs le diuin iu‑
gemēt ⁊ ceingnons nos reins du baudrier de chastete contre luxure
si ensepuelissōs les mors corporellemēt ⁊ priōs pour nos ēnemis spi‑
rituellemēt. Acqrōs en no⁹ la v̄tu de charite ⁊ euitōs le peche d̄ luxure

¶ Autre declaration de la patenostre.

NOstre pere tressouuerai merueilleux en creatiō / doulx a
aymer riche de to⁹ biēs q̄ est aux cieulx miroir de trinite
courronne de iocūdite: ⁊ tresor de felicite / sāctifie soit tō
nom tāt q̄l soit miel en nostre bouche: harpe doulcemēt
sonnante en nos oreilles ⁊ deuotion p̄seuerant en nos
cueurs. Ton royaume no⁹ aduienne auq̄l serōs ioyeux sans aucune
tristesse en repos sās tribulatiō ⁊ asseurez de iamais ne le p̄dre. Ta
voulēte soit faicte en la terre cōe au ciel si q̄ no⁹ aymōs tout ce q̄ tu
aymes ⁊ hayōs tout ce q̄ tu hays / ⁊ q̄ no⁹ faisōs tousiours tes cōmā‑
demēs. Nostre pain quotidiē dōne no⁹ auiourdhuy: cest assauoir pai
de doctrine pain de penitēce / ⁊ pain pour nos corps substāter / ⁊ nous
pardōne nos pechez q̄ no⁹ auōs faitz cōtre nos p̄chais / ⁊ cōtre no⁹
mesmes / ainsi q̄ no⁹ pardōnōs a tous ceulx q̄ no⁹ ont offēce ou par
parolles ou en nos corps / ou en nos biēs: ⁊ ne seuffre pas q̄ no⁹ soy‑
ons vaincus par temptation / mais garde nous en ta saincte viee
eternelle. AMEN

Ensuit lhystoire

En lhistore cy dessus faicte pour les siples gẽs est cõe le patenostre ⁊ saincte oraisõ q̇ se dit adieu le pere/ a dieu le filz/ ⁊ a dieu sait esperit/ laq̄lle oraysõ cõtiẽt ⁊ cõprẽt tout ce quon peut iustemẽ a dieu demander/ ⁊ nostre seigneur la fist quant une foys endoctrinoit ses apostres ⁊ disciples a celle fin q̄ pl9 grãde esperãce ⁊ deuotiõ y ayõs. Car adõc nostre seigneur ouurit sa sacree bouche ⁊ dist a ses apostres.

¶ Quant vous vouldrez faire oraison vous direz

Nostre pere q̄ es es cieulx sãtifie soit tõ nom/ tõ royaume nous aduiẽne/ ta voulẽte soit faicte en la terre cõe au ciel/ nostre pain quotidian dõne no9 auiourdhuy ⁊ nous pardõne nos pechez cõe a to9 pardõnõs ⁊ ne seuffre pas que soyõs vaincus en tẽptatiõ/ mais garde no9 d mal. amẽ

La salutation que fist lange gabriel a la glorieuse vierge marie: en ceste hystoire premiere. Et les deux autres parties de laue maria sont en hystoire cy dessoubz ensuyuante.

Secondement au liure est laue maria. Et est tel.

Je te salue marie plaine de grace. Nostre seigneur est auecques toy.

Tu es benoiste sur toutes fēmes: ⁊ benoist est le fruict de ton vētre iesus. Saincte marie mere de dieu: prie pour nous poures pecheurs Amen. En cest, Aue maria/ sont trois mysteres. Le pmier est la salutation q̄ fist lange gabriel. Le second est la salenge ⁊ cōmādation que a fait elizabeth mere de de sainct iehan baptiste Le tiers est supplicatiō q̄ a fait leglise. Ce sōt les plus belles parolles que nous puissons dire a nostre dame q̄ laue maria ou nous la saluōs louons/ priōs/ ⁊ parlons a elle. Et pource seullement se dit a elle: ⁊ nō pas a saincte katherine ou a saicte barbe ou a autre/ saict ou saict. Et se tu demādes. Cōmēt dōcques priōs nous les sainctz ou sainctes. Je te respōs quon les doit prier ainsi q̃ saincte eglise en disãt a saict pierre. Mon seigneur sainct pierre prie pour nous Mõseignr sainct estiẽne prie pour nous Ma dame saincte katherine prie pour no9. Ma dãe saicte barbe prie pour no9. Et aisi des autres sainctz ⁊ sainctes de paradis

¶ Tiercemẽt au liure de iesus ⁊ science salutaire est le credo ou sont les douze articles de la foy que nous deuons croire sur peine d peche mortel ⁊ de dampnatoin

S. pierre. S. andre. S. iacq̃s le grãt. S. iehan. S. thomas. S. iacq̃s.

Je croy en dieu le pere tout puissãt createur du ciel, et de la terre. Et en iesu crist sõ filz vniq̃ nostre seignr Qui fut conceu du sait espit ne de la vierge marie Souffrit soubz põce pylate, fut crucifie, mort, et ensepuely Descẽdit es ẽfers le tiers iour resuscita de mort Mõta es cieulx se sied a la dextre de dieu le pere toult puissãt

Le credo a este fait ⁊ cõpose des douze apostres denostre seigneur desq̃lz vn chascun apostre a mis son artile cõe est mõstre cy dessus es persõnages contenus en lhistoire tãt dune part cõe dautre ⁊ est nostre foy cathatolique cõtenue en ces douze articles q̃ est cõmẽcemẽt de nostre salut sans lequel nul ne peut estre saulue ne faire chose qui soit a dieu agreable: ⁊ doit estre foy au cueur par cõgnoissãce de dieu en sa bouche par cõfessiõ ⁊ louenge de lui, operatiõ par exercite de ses cõmãdemens ⁊ bõnes oeuures ⁊ lesq̃lles demonstrẽt ceulx q̃ les font auoir vraye foy ⁊ viue, cest a dieu pour les sauuer: ⁊ combien que la foy en cueur soit bõne ⁊ celle en bouche aussi, toutesfois la meilleure est celle q̃ gist es bonnes oeuures quõ fait, ⁊ est vne mesme foy q̃ est en la bouche ⁊ au cueur, car il nest que vne foy comme vng dieu.

S. philippe S. barthelemy S. matheu

En apres viēdra iu ger les vifz & les mors	Je croy au sait esperit	La saicte eglise ca tholique	La com munion des sais la remis sion des pechez	La resur rectiō de la chair	La vie eter nelle. Amen

¶ Sensuit dōc le credo. premieremēt sainct pierre disāt. Je croy en dieu le pere tout puissāt createur du ciel & de la terre. Saict andre ii. disāt. Je croy en ihucrist sō filz vng seul dieu. Sainct iacques le grāt. iii. disāt. Je croy ql fut cōceu du saict esperit/ne de la virge marie. Sainct iehā. iiii. disāt. Je croy ql souffrit soubz pōce pylate fut crucifie mort & ensepvely Sanictthomas v. disāt. Je croy ql descēdit es enfers & le tiers iour ressuscita de mort. Sainct iacqs le mineur vi. disāt. Je croy ql mōta es cieulx se siet en la dextre de dieu tout puissāt. Sainct philippe vii. disāt. Je croy q aps viendra iuger les mors & les vifz. Saict barthelemi viii. disāt. Je croy au saict esperit Sainct mathias. ix. disāt. Je croy en saincte eglise catholiq. Saict simō. x. disāt. Je croy en la cōmuniō des saincts: la remssion des pechez. Sait iude. xi disāt. Je croy en la resurrectiō de la chair. Saint mathias. xii. Je croy la vie eternelle. amē ¶ Depuis q la psōne a vsage de raison il doit scauoir icelluy sait credo/& se doit dire soir & matin deuotemēt/car cest vne grande deuotion. Le bō xpien tantost ql est leue & habille sagenoille aupres de son lict/& premieremēt se seigne du signe de la croix. puis dit. pater noster. Credo in deū en francoys ou en latin. Comme cy dessoubz ensuyt. Et apres a nostre dāe Lave maria

Sensuyt le credo cōme on le doit dire.

Ie croy en
dieu le pe
re toutpu
issant/ cre
ateur du
ciel et de
la terre/ et en iesucrist son
filz/ ung seul nostre sei-
gneur/ qui fut conceu du
saint esperit/ ne de la vi
erge marie/ souffrit des-
soubz ponce pylate/ fut
crucifie/ mort et enseue-
ly/ descendit es enfers
le tiers iour ressuscita de
mort/ mõta aux cieulx
se sied a la dextre d dieu
le pere tout puissant/ en
apres viendra iuger les
vifz et les mors Je croy
au saint esperit/ la sain
cte eglise catholique/ la
communion des saīs/ la
remission des pechez/ la
resurrection de la chair/ la vie eternelle Amen

Sensuyuent quartement les dix commandemens de la loy que dieu donna a moyse en la
montaigne de synay pour bailler au peuple.

ng seul dieu tu adoreras.
Et aymeras parfaictement.
Dieu en vain tu ne iureras
Naultre chose pareillement.

Les dimenches tu garderas
En seruant dieu deuotemẽt
pere ꝛ mere honoreras
Affin que viues longuemẽt
Homicide poĩt ne seras.
De fait ne voluntairemẽt
Luxurieux poĩt ne seras.
De corps ne de consentement
Lauoir dautruy poĩt nẽbleras.
Ne retiendras a escient.
Faulx tesmoignage ne diras.
Ne mentiras aucunement
Loeuure de chair ne desireras
Quen mariage seullement.
Biens dautruy ne couuoiteras.
pour les auoir iniustement.

Quartemẽt iceulx commandemens doyuẽt garder ꝛ accomplir sur peine destre dãpnez to⁹ ꝛ toutes qui ont plain vsage de raisõ / car sãs congnoissãce diceulx conuenablemẽt on ne peut euiter les pechez ne cõgnoistre: ne soy veritablemẽt cõfesser parquoy lignorãce diceulx venue par desir / affectiõ / ou malice ne excuse point iceulx q̃ ne scay-uẽt: mais accuse ꝛ cõdãne. Et pource nostre seigñr cõmãde quon les ait en meditatiõ en sa maisõ ꝛ dehors / en veillãt en dormãt / ꝛ en tou tes oeuures. Et aisi on est tãt oblige de le garder q̃ qui nẽ auroit ouy parler ꝛ ne cuyderoit faire mal sil en trespasse vn volũtairemẽt ꝛ sil meurt delibereemẽt aisi il est dãpne. parquoy appert q̃ chacũ les doit scauoir ꝛ apprendre a ceulx de qui on rendra compte

¶ Quintemẽt au liure de ihesus sõt les cinq cõmandemẽs de nostre mere sainte eglise que doyuẽt garder to⁹ ceulx ꝛ celles qui ont vsage de raisõ selõ q̃l leur sera possible. Et est dit selõ q̃l leur sera possible pource que lhõe ou la fẽme ne se pouoit cõfesser / ou ouyr messe / ou receuoir nostre seigñr a pasqs / ou garder la feste cõmãdee ou ieune dobligatiõ quãt on auroit voulẽte dobeir puis quõ seroit legitimemẽt empeche on ne pecheroit pas / mais se garde lhõe ou la fẽme q̃ auarice paresse: desir de veoir esbatemẽs mõdains: cõe dãses ou bateleur ou desprisemẽt de saincte eglise ne soyẽt cause q̃l trspasse le cõmãdemẽt affin q̃l nẽcoure dãpnatiõ / de quoy no⁹ garde la misericorde de dieu

Icy est a noter q̃ la trãsgressiõ des cõmãdemẽs de saicte eglise oblige a peche mortel / ⁊ par cõsequẽt a dãpnatiõ / cõe fait obligatiõ des cõmãdemẽs de la loy / desq̃lz auõs parle / car ceulx q̃ oyẽt les p̃stres faisãs les cõmãdemẽs en leglise au dimenche: ⁊ acc̃oplissẽt iceulx / oyent dieu ⁊ fõt sa voulente / mais ceulx qui mesprisẽt les p̃stres et ne font leurs commãdemẽs: selon lordõnance de leglise mesprisent dieu ⁊ pechent mortellement.

¶ Les dimenches messe orras / ⁊ les festes de commandement.
Tous tes pechez confesseras / a tout le moins vne foys lan

O dieu du haultain firmament
Mõ vaissel souylle plai dordure
Par mõ mauuais gouuernemẽt
Nage en mer en grant aduẽture
Le vessel cest la creature
Et tout ce qua luy appartient.

Cest delict mõdain qui peu dure
Dõt peu souuẽt nous en souuiẽt
Naturellement cheminer.
Il me conuient vng iour auant
Et ne scay comme gouuerner
Mon vaisseau derriere ou deuãt

Jen ay le cueur triste ⁊ dolant
Moy qui ſuis en ieune aage
Car ie men voys tout en parlāt
Comme paſſe vent ou orage
¶ De grāt peine le cueur me pt.
Car faire me fault departemēt
Dicy ⁊ ne ſcay quelle part
Tirer pour mon auancement
Mon dieu mon pere q̊ nement
Se mon vaiſſel neſt conuoye
par vous a port de ſauuement
En peril ſuis deſtre noye
¶ Ancrer me fault en ceſte mer
Tant qua mon createur plaira
Dung voyage doit eſtre amer
Quant on ne ſcait ou on yra
Ne le iour quon partira
plus y penſe ⁊ plus meſmoye:
Cil qui me fiſt ⁊ deffera
Me conduyſe la droicte voye
¶ Neantmoins a dieu ie cōmetz
Mon voyage ⁊ tout mon affaire
Et en ſa grace ie me metz,
Mieulx ne me ſcauroye retayre
Il ſcait ce qui eſt neceſſaire
Si le requiers apres tous ditz
Quē fin aye pour tout laffaire
Le royaume de paradis
¶ Helas quelle dure departie
Quant il ny a point de deport
pour dieu ſoyez de ma partie
Vierge marie mon ſeul confort
Faictes moy ancrer en bon port
Mon vaiſſel ⁊ gouuernail
Arriere du puant ⁊ ort
Lieu dāpnable gouffre īfernale
¶ A dieu ie men voys ſās atendre
Mon chemin, car ie ſuis ſurpris
Puis q̄ ma voille ya voulu tēdre
Et que le nauiron ay prins
Jamais ne ſeray reprins
De cheminer le droit chemin
Que nos anceſtres ont aprins
Et qui deuāt noꝰ ont prins fin
¶ Ce par coy ie a perdicion
Mon vaiſſel eſgurer en mer
pour finable concluſion
Mon voyage me fault finer
Vray dieu vueillez moy deliurer
Du dāpne ſathan plain denuie
Et mon ame en glore mener
En ſante ⁊ pardurable vie

Nos ſumꝰ in hoc mūdo ſicut nauis ſuper mare. Semper in periculo ſe ptinet acubare. peruigilati oculo nos oportet remigare. Ne bibamꝰ de poculo dire mortis ⁊ amare Eſt homo res fragilis curis oppreſſa labore. Mortis iudicii baratri pplexa timore Sibiꝰ ſola tuam dat ducere vitā Virtꝰ ſola pt eterna comedere famam Felicē metit faciūt nō copia rerū Gradia nō dicāt dicat bene gradibus vti. Diſcite nūc mortales q̄ ſit mortalia vana, preceſſere patres matres magniq3 parētes Nos ſeqmur paribꝰ ad mortem paſſibꝰ ymꝰ. Vnde ſuperbimꝰ in terrā terra rebimꝰ. Supremū funeta nec ero pꝰ tpe pauco. Milia nunc putruit quorum iam nulla voluptas pdita fama ſilet aia anxia forſitā ardet. Qui finē attēdit felix ē q̄ bene viuit. Ergo quiſqs ades precor hic ſta plege

pensa mortem preme
tues veniam pete cor
tere plora d reliquis
caute bn facte crimi-
ne seua viue mori p-
sto munda sub mete
quietus semina non
victus deus optim9
anchora port9 felix
qui potuit tam tuum
tãgere portũ / sed mi
ser est quicũqz cadet
sub peste gehenne

Hõme mortel viuãt
au monde est bien cõ
pare a nauire en mer
ou sur riuiere peril-
leuse portãt marchã
dises lequel sil peult
venir au port d mar
chãt il sera riche & biẽ
eureulx. Le nauire
des quil entre en mer
iusqs a la fin de son voyage iour & nuyt est en grãt peril destre noye
ou prins des ẽnemis / car en la mer sõt des perilz sãs nõbre. Tel est
le corps de lhõe viuãt au mõde / la marchãdise ql porte est lame ses
vertus & bonnes oeuures le port est lamort & paradis pour les bõs
auql q y paruiẽt est souuerainemẽt riche: la mer est ce mõde plain de
pechez q q fault a la passer il est en peril de perdre corps & ame & to9
ses biens & destre noye en la mer denfer dõt dieu nous garde. amen

EN chemin plus oultre au champ de vertus & en voyage de salut pour venir en la tour d sapiẽce necessairemẽt 9 uiẽt amer dieu car sãs amour d dieu on ne peut estre sau ue & q le veult aymer premier le doit congnoistre car de sa congnoissance on viẽt a sõ amour q est charite la sou ueraine des vert9 ceulx congnoissẽt dieu & laymẽt qui font ses com mandemens & ceulx ly gnorent q ne les font mie ausquelz en grãde necessite d leur trespassemẽt & au iour du iugemẽt les ignorera & leur dira. Je ne vous congnois point: allez mauldictz hors de ma cõpaignie. Cõgnoissõs dõc dieu ꝯ premieremẽt cõgnoissõs noꝰ mesmes par quoy viendrõs a la cõgnoissance de dieu. Mais se sõmes ignorans de nous ia naurons congnoissance de dieu. A ce propos fault noter vne chose ꝯ en scauoir sept. La chose quon doyt noter est. Qui congnoist soy mesmes congnoist dieu ꝯ ne sera ia dampne/ mais qui ne se congnoist aussi ne congnoist dieu ꝯ ia ne sera saulue. entendu de ceulx qui ont sens ꝯ discretion ꝯ aage requis pour scauoir congnoistre. ¶ De laquelle congnoissance nul nest excuse apres que il a peche mortellemẽt pour dire quil en soit ignorant. Et par cecy appert lignorance de soy ꝯ de dieu/ tresperilleux. Le peche mortel est cõmencement de tout mal ꝯ contraire a congnoissãce de dieu/ ꝯ de soy tres necessaire: souueraine science ꝯ vertu/ cõmencemẽt de tout bien. Les sept choses quon doit scauoir sont les articles de la foy quon doibt croire fermemẽt. Item les petitions contenues en lorayson nostre seignr/ par lesq̃lles on lui demãde toutes chos necessaires pour soy/ ꝯ quon doyt esperer de luy. Itẽ les cõmãdemẽs de la loy ꝯ de saincte eglise qui enseignẽt ce quon doit faire ꝯ ce quon ne doit pas faire. Itẽ de q̃lle vacation on est ꝯ les choses appartenãs a icelle. Item se on est en la grace de nostre seigneur ou nõ. Cõbien quon ne le peut scauoir sinõ par aucunes cõiectures. Itẽ congnoistre dieu. Itẽ cõgnoistre soy mesmes. par lesq̃lles choses on viẽt a vraye amour ꝯ charite de dieu pour faire ses cõmãdemẽs: ꝯ pour meriter le royaume de paradis. ¶ Des troys p̃miers est assez dit. cest assauoir des articles de la foy ꝯ des choses que deuõs demãder a dieu qui sont contenues au pater noster. des cõmãdemẽs de la loy ꝯ de saincte eglise. Reste dire des autres quattre. Et p̃mieremẽt de la vacatiõ en quoy on est q̃ est la quatriesme chose que tout hõme doit scauoir. Tous doyuent scauoir leur vacatiõ ꝯ les choses appartenãtes a icelle pour son salut/ ꝯ repos de conscience. ¶ Vng bon bergier doyt scauoir lart de bergerie: gouuerner brebis ꝯ les mener en bonne pasture. et les medeciner quãt elles sont malades/ les tõdre en la saisõ: affin que par sa faulte nensuyue dõmage a son maistre. Aussi celuy qui laboure la vigne doit congnoistre le boys qui doyt porter fruict ꝯ couper le mauuais ꝯ selon les temps ꝯ lieux lui bailler les facons qui lui appartiennent affin que le maistre a qui elle appartient ne soit endommage. Semblablement vng medecin doyt scauoir conforter ꝯ guerir les ma lades desquelz il a charge sãs ignorer lart et sciẽce de medecine. Cõsequẽment vng marchãt doit scauoir debiter sa marchandise sans frauder aultruy nõ plus quil vouldroit estre fraulde. aussi vng aduocat ou vng procureur doyuẽt scauoir les droiz et coustũes des lieux q̃ par leur faulce iustice ne soit peruerty. Vng iuge doit congnoistre les parties laquelle a droit ou tort/ et rendre a chascũ ce q̃l doit auoir. Vng prestre aussi ou vng religieux doyuẽt scauoir leurs rigles. Et sur tous doyuẽt scauoir la loy de dieu et lenseigner a ceulx q̃ point ne la scayuẽt/ et ainsi de toutes autres vocatiõs. Car tout hõe q̃ ne scait sa vocatiõ nest pas digne dy estre/ et vit en peril de sõ ame pour nõ la scauoir. La cinquiesme chose q̃ tout hõe doit scauoir cest sil est en la grace de dieu ou nõ. Et cõbiẽ quil soit fort difficile/ car dieu seullement le cõgnoist./ touteffois on en peut auoir cõiectures q̃ le demonstrent a suffisant pour scauoir a bergiers et simples gens silz sõt en lamour de dieu/ et silz ont cõiecture dy estre/ pource ne se doyuent reputer iustes/ aincoys demãder sa misericorde par hũilite q̃ faict les pecheurs iustes. Et principallement on doyt scauoir ceste sciẽce au tẽps quõ veult receuoir le corps de iesucrist. Car q̃ le recoit en sa grace recoit sõ sauuemẽt/ et q̃ autremẽt le recoit il recoit son dãpnement. De laquelle chose chacun est iuge en soy mesme de sa conscience. Les cõiectures parquoy on congnoist son est en lamour de dieu sõt telles. La premiere cõiecture est quãt on a trauaille de nettoyer sa cõsciẽce: et faire belle sõ ame par penitẽce autãt cõe on trauailleroit pour gaigner quelque grant bien/ ou pour euiter quelq̃ grãt mal et que on ne soit coulpable daucũ peche mortel fait ou en voulẽte de faire/ ne en aucune sentẽce. lors est bõne cõiecture quõ soit en la grace de dieu. La secõde cõiecture quõ soit en la grace de dieu cest quãt on est prõpt a garder et obseruer les cõmandemẽs de dieu et faire toutes bonnes oeuures. La tierce coniecture est quãt on oyt voulẽtiers la parole de dieu/ cõe predicatiõs ou bõnes admonitiõs daucunes p̃sonnes pour le salut. La quarte cõiecture est quãt on a doleur et cõtritiõ au cueur dauoir fait et cõmis aucun peche mortel. La cĩquiesme cõiecture est quãt on a bon propos et voulẽte de soy preseruer et garder de peche au temps aduenir/ et soy garder de toutes mauuaises compaignies. Toutes ses coniectures deuãt dittes sont parlesquelles bergiers et simples gens scayuent se ilz sont en la grace et amour de nostre seigneur ou nõ autãt cõme a ceulx est possible de scauoir. La sixte chose q̃ tout hõe doit scauoir. cest q̃ tout hõe doit cõgnoistre dieu pour acõplir sõ cõmãdemẽt. p leql veult estre ayme de toute lame. d̃ tout le cueur / ⁊ de toute la force. parquoy cy apres sera dit cõe bergiers ⁊ simples gens le scaiuẽt cõgnoistre. Bergiers ⁊ simples gẽs pour le congnoistre considerent troys choses. La premiere cõsiderẽt la tresgrãt richesse de dieu / sa grant puissance / ⁊ souueraine dignite / sa souueraine noblesse / ioye / ⁊ lyesse. La seconde: cõsiderent de dieu les tresnobles ouurages. La tierce les inumerables benefices que ont receu ⁊ q̃ chacun iour recoyuẽt de luy. ⁊ p consideratiõ viennẽt a sa cõgnoissance. Et premieremẽt bergiers cõsiderẽt la grãt richesse ⁊ abũdãce de dieu / car to⁹ tresors du ciel ⁊ de la terre sõt a lui q̃ tous biẽs a faiz ⁊ desquelz est fontaine ⁊ les distribue a chacun / ⁊ na necessite nulle. Secondemẽt il est trespuissant. Car par sa puissance a fait ciel ⁊ terre / mer ⁊ toutes choses q̃ y sõt / a laquelle puissance toutes aultres sont subiectes ⁊ tremblantes. Et qui vouldroit considerer chascun ouurage de dieu se trouueroit assez esmerueille.

Ensuyuent les consideratiõs.

On congnoist dieu estre riche par la p̃miere de ses cõsideratiõs: pour remunerer ses amis. Et par la seconde on le congnoist estre puissant pour soy vẽger de ses ennemis. Tiercemẽt est souuerainement digne / car toutes choses du ciel ⁊ du monde luy doyuent honneur ⁊ reuerence cõe au createur ⁊ a celuy qui les a faictes / ainsi on voit enfans honorer pere ⁊ mere desquelz sont descendus par generatiõ / ⁊ toutes choses descendues de dieu / auquel pource doyuẽt hõneur ⁊ reuerence. Quartement il est souuerainemẽt noble. Car qui est souuerainemẽt riche et puissant cõuiẽt estre souuerainemẽt noble. mais nul autre que dieu na richesse puissance ⁊ dignite que lui / pourquoy fault dire quil soit noble. Quintement il a souueraine ioye ⁊ lyesse / car celuy qui est riche puissant / digne / ⁊ tresnoble: nest point sans auoir souuerainne ioye. Et ceste ioye est plenitude de tous biens / ⁊ doyt estre nostre felicite ⁊ fin / a laquelle deuons esperer a paruenir. cestassauoir veoir dieu en la souueraine ioye qui tousiours durera. Et est la premiere cõsideratiõ q̃ bergiers doyuent auoir. Secondement pour congnoistre dieu considerent ses tresgrans nobles ⁊ merueilleux ouurages la bõte ⁊ la beaulte des choses ql a faictes / ⁊ pource quõ dit cõmune

ment on cõgnoist louurier a louurage. Congnoissons dõc ouurages
de dieu ⁊ congnoissõs q̃ sa bõte ⁊ beaulte reluit es choses ql̃ a faictes
lesq̃lles si elles sont bõnes ⁊ belles cõuinẽt a louurier q̃ les a faictes
estre bon ⁊ beau sãs cõparaisõ pl⁹ q̃ nulle chose par lui faicte: si con
sidere des cieulx ⁊ choses q̃ y sõt le tresnoble ⁊ merueilleux ouurage
⁊ cõe on pourra en soy considerer leur bonte ⁊ beaulte. soit considere
aussi cõe lõ pourra de la terre le tresnoble ⁊ merueilleux ouurage de
dieu/lor largẽt to⁹ metaulx ⁊ pierres p̃cieuses en elle trouuer. Les
fruitz ql̃le porte. les arbres ⁊ bestes q̃lle soustiẽt ⁊ de la bõte les nour
rist soyẽt cõsiderees pareillemẽt, la mer/les riuieres ⁊ les poissõs q̃
nourrissẽt. Le tẽps les elemẽs lair les oyseaulx q̃ vollẽt ⁊ tout pour
lusage ⁊ seruitnde de lhõe/ ⁊ cõsiderõs louurier qui de sa puissance
tout fait ⁊ par sa patiẽce biẽ ordõne ses ouurages ⁊ les gouuerne p̃
sa tresgrãde bõte/ ⁊ par ceste maniere cõgnoistrõs dieu cõe bergiers ⁊
simples gẽs en cõsiderãt les ouurages. Tiercemẽt pour cõgnoistre
dieu cõsiderẽt les benefices ql̃z recoyuent chascũ iour de lui lesq̃les
on ne scaroit nõbrer pour la multitude ne parler pour leur noblesse ⁊
dignite/toutesfois en sõt notez en leurs cueurs p̃cipalemẽt six pour
lesq̃lz vn berger rendãt louẽges a dieu disant en ceste maniere. Sire
dieu ie cõgnois de vos benefices ĩfinis a moy fais par vostre grãde
bõte p̃mieremẽt le benefice de ma creatiõ par leq̃l mauez fait hõe rai
sõnable a vostre ymage ⁊ similitude dõne corps ⁊ ame ⁊ abillement
pour me gouuerner: la vie. la sãte. la beaulte. la force ⁊ science pour
ma vie hõnestemẽt gaigner/ dõt hũblement vo⁹ rends graces ⁊ lou
enges. Secõdemẽt sire ie cõgnois le biẽ d̃ ma redẽptiõ cõe par vostre
doulceur ⁊ misericorde mauez rachete chieremẽt par effusiõ d̃ vostre
p̃cieulx sang/peines ⁊ tourmẽs q̃ pour moy auez souffert. ⁊ en la fin
la mort endure/ mauez donne vostre corps/vostre ame/ ⁊ vostre vie
pour me garder de dampnatiõ/ dont hũblemẽt vous rens graces ⁊
louenges. Tiercement sire ie cõgnois le bien de ma vocation cõe de
vostre grace mauez appelle. ⁊ pour heritier: vostre eternelle benedic
tion mauez dõne la foy ⁊ cõgnoissance de vous/le baptesme ⁊ les au
tres sacremens que nul entendement ne peult comprendre leur no/
blesse ⁊ dignite/ ⁊ que tant de fois mauez mes pechez pardõnez. Sire
ie congnois que ce mest don singulier que nauez point fait a ceulx
qui nont cõgnoissance de vous dont suis plus oblige/ ⁊ humblemẽt
vous en rens graces ⁊ louenges. Quartement sire ie congnois que
mauez dõne ce monde ⁊ les choses, qui sõt faictes pour mon seruice

& vsage/loffice/le benefice & dignite en quoy ie suis. Car sire ie por/
te vostre ymage & similitude q̄ ie repute chose digne & noble / dōt hū
blemēt vous rens graces & louenges. Quitemēt sire vous me auez
donne le ciel & ses beaulx aornemēs / le soleil / la lune / & les estoilles
qui iour & nuyt me seruēt donnāt clarte & lumiere sans que leur fa/
ce aucune recompense / dōt hūblement vous rēs graces & louenges.
Septemēt sire ie cōgnois que mauez appreste vostre beau paradis /
ou ie viuray auec vous sans fin & en ioye se ie fais vostre voulente &
garde vos cōmandemēs. Et si cōgnois q̄ autres infinis biēs chacū
iour vous me faictes p̄ vostre bōte / lesquelz mēseignēt congnoistre
mon dieu / mō biēfaicteur / mō sauueur / & redēpteur. dōt hūblement
vous rēs graces & louenges. Et par ces cōsideratiōs bergiers cōtē/
plēt la bōte de dieu & les benefices q̄lz recoyuēt de luy / & no⁹ le con/
gnoissons: par quoy ne deuōs estre ingratz mais dōner aux poures
pour lamour de luy / car ingratitude est vng peche q̄ moult luy des/
plaist. Septiesmemēt est cōgnoistre soymesme / & nest meilleur moy
en pour venir a congnoissance de dieu ne pour faire sō sauuement q̄
premieremēt soy cōgnoistre. Aucūs cōgnoissēt plusieurs choses q̄ ne
se cōgnoissent pas, mais ceulx q̄ cōgnoissēt les choses du mōde les
aymēt quierent & gardent / car ilz ne se cōgnoissēt / ne saymēt / ne pri
sent ne gardēt / ne dieu pareillemēt quāt ne se cōgnoissēt. Que prof
fite a lhōe gaigner le mōde & p̄dre soymesme / plus lui prouffiteroit
perdre tout le monde sil lauoit: & ql se congneust pour estre saulue.
¶ Une question dung maistre bergier a vng simple bergier pour sca
uoir cōme il se cōgnoissoit. & demādoit en ceste maniere. ¶ Bergier
cōme te cōgnois tu: q̄ es tu? Je me cōgnois dist le bergier / car ie su/
is hōme bergier x̄pien. Quest estre bergier. Et il luy respōdit. A ce q̄
demandes quest hōme. Je dy que hōme est vne substāce composee de
corps & dame. Quāt au corps est mortel fait de terre de la cōdicion
des bestes / mais lame faicte des esperitz & condicion des anges est i
mortelle. Mon corps venu de semēce abhominable est vng sac plain
dordure & de puātеur la viande que vers mengeront. Mon commen
cement fut vil / ma vie est peine / labeur / crainte / & subiectiō de mort.
& ma fin sera douloureuse & en pleur. Mais mon ame est cree d̄ dieu
noblement & dignement a son ymage & semblance: apres les anges
de toutes creatures la plus parfaicte & belle / & par baptesme: et par
foy est faicte sa fille / son espouse / sō heritiere de sō royaume q̄ est pa

rabis & pour sa noblesse & dignite doit estre dame & mõ corps cõe serviteur luy doit obeir car raison ainsi le reqert & ordonne & q̃ fait autrement & prefere sõ corps devãt sõ ame pert usage de raisõ & se fait sẽblant aux bestes descẽdãt de noble dignite en miserable servitude de sẽsualite par laq̃lle se gouverne ainsi ie me congnois hõe. Quãt au secõd on demãde q̃lle chose est estre xp̃ien car estre baptise & nõ le suyvre ou/lensuyvre & nestre poĩt baptise ne sauveroit poĩt lhõe. Et pource q̃t on recoit baptesme on renõce au dyable & toutes ses põpes & fait on promesse densuyvre ihesucrist quãt on dit ie vueil estre baptise laq̃lle ꝓmesse q̃ la garde a vray nom de xp̃ien / & q̃ ne la garde il est ꝯviteur au dyable & nest dit xp̃ien sinõ cõe dũg hõe mort ou paict contre ung mur on dit q̃ cest ung hõe. Icy demãde le maistre bergier en quãt choses doit le xp̃ien ensuyvir iesucrist pour accõplir promesse de baptesme. respõd le bergier Je dis en six choses. La ꝑmiere est net de cõsciẽce car il nest chose plus plaisante a dieu q̃ cõsciẽce nette & veult estre faicte nette en deux manieres lune ꝑ baptesme quãt on le recoit/ & lautre par penitẽce adonc quãt on est net on est plaisãt a dieu q̃ de leaue de sa misericorde netoye les pecheurs q̃ fõt penitẽce & les fait[z] aux. La secõde chose en quoy le xp̃iẽ doit ensuyvre ih̃ucrist est hũilite a lexẽple de luy le seigñr du ciel q̃ cest hũilie de vestir n̄re humanite & devenir mortel luy q̃ estoit immortel & en fin pour no⁹ estre crucifie. La tierce chose est tenir & aymer vite en especial troys veritez ¶ La ꝑmiere verite est de soymesmes congnoistre car on est mortel & q̃ mourra en peche sera condãpne & ceste verite garde dᷓ faire mal & exhorte le pecheur de faire penitẽce & soy amender. La secõde verite est des biens tẽporelz car sõt trãssitoires & les quiẽdra laisser & ceste verite les fait mespriser pour desirer ceulx du ciel/ q̃ sont eternelz

LA tierce de ces veritez est dᷓ dieu q̃ est la ioye & felicite q̃ tous xp̃iẽs doyvẽt desirer & ycelle verite tire le crestien a sõ amour & linduire a faire bonnes oeuvres: affin quon soit en lamour de nostre benoist saulveur & redẽpteur ihesucrist. ¶ La quarte chose en quoy le xp̃ien doit ensuyvre ihesucrist est patience en adversite & ꝓsperite de vie par penitẽce soy cõfermãt en lestat de ihesucrist du quel la vie toute a este en peine & pource quil a endure pour no⁹ ¶ La cinquiesme de ces veritez est en compassion des povres a lexemple de ihesus qui par sa misericorde guerissoit povres de toutes maladies corporelles ⁊ pecheurs de toutes maladies spirituelles ⁊ no⁹ par cōpassiō deuōs dōner de nos biēs aux poures ⁊ les cōforter corporellemēt ⁊ spirituellemēt. La v. en quoy le xp̄ien doit ensuiure ihesucrist est douleur: deuotiō. ⁊ charite en contēplatiō des misteres de sa natiuite / ⁊ de sa mort ⁊ passiō / ⁊ de sa resurrectiō / ⁊ de sō ascētiō ⁊ de sō aduācement au iugemēt q̄ souuēt doit estre en nostre cueur par sainctes meditatiōs / ⁊ quāt au dernier q̄l chose est bergier. Je dis q̄ cest ma vocatiō cōe chacū la siēne / aussi deuāt est dit ⁊ aussi scauoir de toutes choses dictes les trāsgressions cōbien de foys en chacūe on a trangresse / car autāt on a offence dieu / ⁊ qui bien y pense treuue des obmissions ⁊ offences innumerables / lesquelles congneues on doit faire penitēce. Et cōe cōgnois hōe crestien ⁊ bergier

¶ Chanson de bergier qui ne stoit poit maistre a q̄ sa cōgnoissance ne proffitoit rien

¶ Je cōgnois q̄ dieu ma forme /
Et fait a sa digne semblance
Je cōgnois que dieu ma donne
Ame / sens vie / ⁊ congnoissance
Je congnois qua iuste balance
Selon mes faitz iuge seray
Je cōgnois molt / mais ie ne scay
Congnoistre dōt vient la folie
Que ie scay bien q̄ ie mourray
Et si namende point ma vie

¶ Je congnois en quel pourete
Vins sur terre ⁊ nasqui denfāce
Je cōgnois que dieu ma preste
Tāt de biens en grāt abundāce
Je cōgnois quauoir ne cheuāce
Auecques moy nemporteray
Je cōgnois que tant plus auray
plus dolent mourray en partie
Je congnois tout cecy pour vray
Et si namende point ma vie

Je cōgnois que iay ia passe
Grāt pt de mō tēps sās doubtāce
Je cōgnois que iay amasse
pechez ⁊ faiz peu penitence.
Je cōgnois q̄ par ygnorance
Excuser ie ne me pourray
Je cōgnois q̄ trop tart viendray
Quant lame sera departie
pour dire ie mamenderay
Et si namende point ma vie

prince ie suis en grant esmoy
De moy q̄ les autres chastie
Et moymesme pire ie scay
Et si namende point ma vie

¶ Finis

¶ Sensuit vne autre chanson dune bergiere qui bien congnoissoit / ⁊ a laquelle sa cōgnoissāce proufitoit ⁊ disoit

¶ Je cōsidere ma poure hūanite.
Et cōe en pleur nasquy sur terre.
Je cōsidere mōlt ma fragillite
Et mō peche q̄ trop le cueur me serre
Je ɔsidere q̄ mort me vēdra q̄rre
Je ne scay lheure pour me tolir la vie
Je cōsidere q̄ lennemy mespie
la chair le mōde me guerroyēt tresfort.
Je considere que cest tout par enuie.
pour me liurer sās fin d̄ mor a mort.
¶ Je ɔsidere tribulatiōs. De ce.
siecle dōt la vie nest pas nette.
Je cōsidere cēt mille passiōs.
Du hūaine creature est subiecte
Je cōsidere la sentēce parfaicte
Du vroy iuge faicte sur bōs et maulx.
Je ɔsidere q̄tāt plus vis ɔpirs vaulx

Dōt cōsciēce bil souuēt ma remort
Je cōsidere des dāpnez le deffault
q̄ sōt liurez sās fin de mort a mort
Je ɔsidere q̄ les vers mēgerōt
Mō dolēt corps est chose espoētable
Je ɔsidere les pecheurs q̄ ferōs
Quant viendra le iugemēt doutable
O doulce vierge honorable
Ayes merci de moy celle iournee
Qui tāt sera terrible et doubtee
Et ma poure ame ɔduise a bō port
Car a vous seulle du cueur ie lay vouee
pour la deffēdre sās fi de mort a mort
prīce du ciel vr̄e hūble creature
Vous crie mercy pour faire sō accord
Et de peine q̄ tousiours dure
La deffēdez sās fi de mort a mort

¶ Cy cōmence le dit dung mort disantt ainsi

¶ Se mon regard ne vous viēt a plaisir. par sa hideur q̄ est espouētable.. P̄nez en gre cōgnoissez le desir. parquoy p̄tēdez q̄l vous soit p̄fitable. Il nya point de moyen plus tirable. Les cueurs que bien soy se congnoistre. Congnoissez dōc par moy q̄l vous fault estre. Et p̄parer a mort vostre inuētore. Filz dadam a tous mort est notoire

¶ Las toy mōdain contēple ma maniere. Vng temps fus vif que auoye beau visage. pour yeulx riās las iay trou de teriere. Conduict a vers pour faire passage. Le dan dautruy se rēde dōc sage. Car cōme moy tu deuiēdras en pouldre. Tout picote cōe vn del a coulorod. dictas d̄ vers desq̄lz seras repas. Tous les humais fault passer p̄ ce pas

¶ Le temps durant que iestoye en ce monde. Honore fus de sublime puissāce. Mais mal garday ma ɔsciēce mōde. Dōt iay remors q̄ me point a oultrāce. Quesse dhōneur q̄sse aussi de iactāce. Sinon fagotz pour enfer allumer. Vain est le fol qui fait en bas trebucher. Car sur ce nas / sen bas prens gesine. q̄ trop hault mōte ayme ruyne.

¶ Larmes respādz de forcenee rage. De douleur q̄ me tiēt excessiue. Quāt pour mes maulx ay feu pour ostage. Ce q̄ ay seme fault q̄ me tiue Las que fera ma poure ame chetiue. pour se purger des pechez q̄ iay cōmis. Baigner ne puis / se nest par mes amis. Car suis vn ver q̄ ne puis plus q̄ paille. Qui fait peche il en poyra la taille

Dieu crea tout & benist ð sa dextre. Fors q̃ peche q̃ peut dõc delit estre Quesse de lui de quoy prĩt il engẽãce. peche nest riẽs fors carẽce ð biẽ Sil est aĩsi pour moy reqers penãce. Frãcz fusmes faictz vn chacũ sur le siẽ. Quãt dieu noꝰ fist garnis de frãc arbitre. Mais mal eleuz q̃ prins le feu pour mien. Dieu delaissãt pour sentir son chapitre.

Aĩsi enfer fut nul li na droiture. Que par ses maulx ou p ses actiõs Qui plꝰ y met plus prẽt grãt voiture. Nul nest blece q̃ de ses passiõs De iusticier ne des corections. Cest a q̃rir / car il est droicture. Bien est eureux qui va le droit sentier. Car tel aura son iuge a protecteur Combien quil soit pacient redditeur.

Las sil estoit q̃ eusse espace dõnee Le tẽps dũg iour pour faire penitẽce. Quel deul q̃l pleur helas q̃l menee. Feroit mon corps pour aorner consciẽce. Or nest apel apꝰs ceste sentẽce. Ou suis me prẽs en espoir dauoir mieulx. Jeune me vis / ie ne peuz quãt fus. Ou repẽtir lheure si est faillie. Ja fol ne croit tant quil voye sa follye

Il apert dõc par bien viue raisõ. Que fol espoir de viure lõguemẽt Me fist iadis quãt iestoye en choysõ. De mõ salut ou de mõ dãpnement. A pied leue fus sourpris chaudemẽt Et sãs arrest fuz de mort la saisine. Mais bien fait dieu q̃ lheure me termine. Car q̃ ne craint en grãt peril se boute. Quãt loeil ouuert en ses faitz ne voit goutte

Ou sõt les pleurs le deul de mõ trepas. par ẽs amis voysins a grãs plãte. Qui me pleuroyẽt voyre sãs cõtrepas. Ou est lespoir que sur eulx iay plãte. Bõ fait pẽser de soy durãt sante. Car cest follye dautrui q̃rir suffrage. Apꝰs la mort: se vif on eust lusage ð se pouruoir de uãt le iour derrien. Quãt apꝰs dieu nest amour sur le sien

Helas pour tãe vanite laissee. Eslisez mieulx que viure mõdain. Ny gnorez pas q̃ mort voꝰ soit passee. Qui estez pres de tõber en sa mai De tel est huy qui nest pas demain. Las quesse donc q̃ du mõde & sõ plaisir. Or vie & mort si est a tout choisir. Eslis deux & retiens la meilleure. Bien est eureux qui mort prẽt a bonne heure.

Et puis q̃ mort dessꝰ toꝰ a droicture. Efforcez voꝰ dauoir des meurs lesilite. Daignez les cieulx deuãt la pourriture. Appꝰstez voꝰ ꝯtre la mort despite. Voyez aussi quen ioye petite. Haultemẽt ont leurs delitz passez. Ieunes & vieulx sont ensemble entassez. Et prie ceulx q̃ verront ceste hystore. Des trepassez quilz en ayent memore.

Prenez patron vous qui portez les hucques
Robes pompans / & parpointz de satin.
Les grans plumaux & ces fardees perruq̃s
Que cest de moy / entendez ce latin.
Ignorez vous quil fauldra quelque matin.
Tous cõme moy estre de vers la proye
Se dieu se taist si pense il de la paye
Du tribut de vostre sacrifice.
De ses grans yeulx il contemple tout vice

Sensuyuent les dix commandemens du dyable / opposites & contraires a ceulx de nostre seigneur.

Toy qui les miens commandemẽs: veulx du cueur garder & scauoir. Auras denfer les grans tourmẽs. A iamais sans remede auoir Ton dieu point ne redoubteras. Ne congnoistras sa bonte. Mais scauoir mõdain apprẽdras. Et a faire ta voulente. pour deceuoir hõmes & fẽmes souuẽt tu te pariureras. Et pour plus fort dãpner tõ ame Dieu & ses sainctz blaphemeras. Les festes tu ten yureras. Et perdras ton temps follement. Et les autres prouoqueras. A viure vicieusement. pere & mere peu priseras. Et feras courroucer souuent. Et ia nulz biẽs ne leur feras. Tousiours leur pourcheras tourmẽt. haynes & rigueur porteras. Cõtre tõ pesme lõguemẽt. Et a nul ne pardõneras. Mais desireras vẽgemẽt. Grant luxurieux tu seras de fait & par attouchemẽt. Ton mariage faulceras. Nonobstãt q̃ dieu le deffẽd. Le bien dautruy tu retẽdras par tricherie & p fallace. Et iamais ne le rendras pour courtoysie quon te face. En iugement allegeras. Diffames & autres dommages. par langue tu leur feras. Femmes souuent frequenteras. par donner consentement. A les veoir grant plaisir prendras en ses desirant follemẽt. Tout ton engin applicq̃ras pour auoir lautruy folemẽt, ou au mois le conuoiteras, si faire ne peulx autremẽt. Qui mes cõmãdemẽs fera, ie le payre certeinemẽt Car en enfer dãpne sera sãs auoir allegemẽt Et q̃t viẽdra le iugemẽt Il mauldira le iour ⁊ lheure, ql fut ne pour si grãt tormẽt. Soustenir ⁊ en telle ordure ¶ En enfer sont grans gemissemẽs. Grãs desconfors ⁊ desolatiõs. Angoisses, ⁊ crys vllemẽs. Grãs douleurs ⁊ afflictiõs. Grãs regretz ⁊ cõpũctions. Dõc pecheur se doit cõuertir Car la on voit telz obstinatiõs. Telz blaphemes ⁊ detestatiõs Quõ ne se peut en nul iour repẽtir: Feu treshorriblemẽt ardãt. Froit autãt fort refroidissant. Grãs cris de douleur sãs cesser. Fumee qui ne peut enfer laisser. Souffre puãt ⁊ moult horrible visiõ des dyables terrible. Fain tourmẽtant cruellement. Et soif aussi pareillement. De toute gloire deffaillance Remors sans fin de conscience. Ire rãcune ⁊ murmure. Orgueil ⁊ rebellion dure. Biẽ daultruy mauldit te enuie. Et traite qui trop leur ennuye. peine ⁊ tourmẽt q̃ ne fault. Et de toute ioye deffault. Desir de la mort treshideuse/ ⁊ tribulatiõ treshonteuse.

¶ En lapocalipse est escript q̃ sainct iehã vit vng cheual de couleur palle sur leq̃l estoit la mort assise/ ⁊ enfer suyuoit le cheual. Le cheual signifie le pecheur qui a la couleur palle pour sa maladie de peche/ ⁊ porte la mort, car peche est la mort de lame/ ⁊ enfer le suyt affi de lengloutir sil mouroit impenitent.

Sur ce cheual hideux ⁊ palle. La mort suis fermemẽt assise Il nest beaulte q̃ ie ne halle, soit vmeille ou blãche ou bise. Mõ cheual court cõe la bise. Et en courãt mort rue ⁊ frape/ mais ie tue tout: cest ma guise. Tout hõme trebuche en ma trappe. Je passe par mõs et par vaulx, Sans tenir voye ne sente. Je prẽs par villes ⁊ chasteaulx Mõ tribut/ mõ cens/ ma rẽte. Sãs dõner delay nattẽte. Ne iour ny heure ne demye. Deuant moy fault quon se presente. A tous viuans ie oste la vie. enfer scait bien quelle tuerie. De gens fais/ car pas a pas. Me suyt ⁊ de ma boucherie. Auãt la fait mait gros repas. q̃t ie besongne il ne dort pas. par moy sattẽd que proye aura Aucun q̃ ne sen doubte pas. Sen garde qui garder vouldra Encor me suyt/ rayson pourquoy De ceulx que tue de mon dard. Et sont sans nombre croyez moy. Car il en a la pl9 grant part. paradis nẽ a mye le quart Ne la disme/ on luy fait tort. Grãt/ sil lauoit au plus tard Lhomme pecheur quant il est mort

Fol esiouissemēt
Immundicte
Trop parler
Menger a loysir
ebete entēdemēt
Lescherie
purongnerie

Otiosite
Vagation
pusilanimite.
errer en la foy
Tristesse
Omission
Desperation.

Fureur
Indignation
Clameur
Blaspheme
Courage gros
Noyse
Hayne

Singularite:
Discorde
Inobedience.
presumption
Jactance.
Obstination.
ypocrisie.

Detraction
Joye aduersite
Douleur de
p̄sper
Homicide.
Celericulo
Susurrement
Machiner mal

Larcin
Barat
pariurement
Usure
Rapine
Trahison
Symonie

Cõtẽplation
Joye.
Honnestete
Confession.
patience
Compunction
Longanimite
chastete
frãdespit
esprãce
foy
Religion.
Nettete.
Obedience.
Chastete.
Continence
Affection
Virginite
Discretion.
Moralite
Taciturnite
Jeusne.
Sobriete.
Affliction
Mesprisemẽt
Voye estroite
charite
prudẽce
Craindre dieu
Conseil.
Memore.
Intelligence.
prouidence.
Deliberation
Raison.
Felicite.
Confidence
Tollerance
Repos.
Stabilite
perseuerance.
Magnificẽce.
Hũilite racie
force
iustice
Loy
Seuerite.
Equite.
Correctiõ.
Obseruance.
Jugemẽt.
Verite
Arbre de vertꝰ

Cy est la signification de chascune vertu nõmee en larbre precedent ⁊ premierement quest humilite mere des vertus ⁊ racine de larbre: laquelle quãt est fermee larbre se tiẽt droit mais selle fault larbre touche bas auec branches. Humilite est inclinatiõ voulẽtaire de pensee ⁊ courage venue du regard ⁊ congnoissãce de dieu ⁊ a sept brãches principales q̃ cõstituent larbre des vertus ⁊ sõt / charite foy esperãce prudẽce iustice force attrẽpance ⁊ de chascune viennẽt plusieurs autres vertus cõe larbre le monstre qui sont cy declarees

De charite.

Charite qui est treshaulte vertu de toutes est desir de pẽsee ardãt biẽ ordonne aymer dieu ⁊ sõ prochain ⁊ sõt les branches grace paix: pitie doulceur misericorde indulgẽce compassiõ benignite cõcorde / grace par laquelle est demõstre vng seruice affectueux de beniuolẽce ẽtre telz amys de lung amy a lautre. paix est transq̃lite ⁊ repos bien ordõne des courages de ceulx q̃ sõt concordãs en bien. pitie est affection ⁊ desir de secourir ⁊ aider a tous ⁊ viẽt de doulceur p grace de benigne pẽsee quon a. Doulceur est par laquelle trãsq̃lite ⁊ repos de celui q̃ est doulx ⁊ hõneste par nulle improbite ne par point deshõnestete. Misericorde est vertu piteuse ⁊ egalle dignation de tous auec iclination de courage cõpacient est ceulx q̃ soustiennẽt afflictiõs. Indulgẽce est remission du mal fait dautrui par la cõsideratiõ de soy mesmes quon peult auoir offence / ou auoir remission ou courage cõdolẽt de la douleur ⁊ affliction quõ voit a sõ prochain Benignite est ardãt regard de courage diligẽce dũg amy a lautre auec vne replẽdissãt / doulceur de bonnes meurs quon a. Concorde est conuenances des courages cõcors en droit q̃ nest point derõpue tellemẽt sõt vnitz ⁊ conioinctz.

De foy.

Foy est la verite congnue des choses visibles esleuer sa pensee en estudiemẽt sainct pour venir a croyre les choses q̃ on ne voit point. ses brãches sõt Religion / nettete / obediẽce / chastete / cõtinẽce. Virginite affectiõ. Religiõ est p laq̃lle sõt exces ⁊ faitz les seruices diuis a dieu ⁊ aux saictz a grãt reuerẽce ⁊ grãt diligẽce: lesq̃lz seruices sõt ditz serimonies. Nettete ou virginite est integrite biẽ gardee tãt en corps que en ame pour le regard quon a de lamour ou de la crainte de dieu Obedience est volũtaire abnegatiõ ⁊ renũcement de sa propre voulente par piteable deuotion. Chastete est nettete ⁊ hõneste habitude de tout le corps ꝑ les chaleurs ⁊ furiosite des vices biẽ dõmagee ⁊ te nues subiectes. Cõtinẽce est ꝑ laq̃lle limpetuosite des desirs charnelz est refrenee ꝑ vne moderatiõ de cõseil pris de soy ou dautruy. Affecti on est effusiõ de piteable amour en sõ ꝓchain venãt dung esiouysse‑ mẽt cõceu par bõne foy en ceulx q̃ se aymẽt. Liberalite est vertu par laq̃lle liberal courage nest point garde ꝑ aucune conuoitise de faire planture use largitiõ de ses biẽs sans excez.

De esperance

¶ Esperãce est mouuemẽt de courage tẽdãt fermemẽt de prẽdre ou a uoir les choses quõ desire. de laq̃lle ses brãches sõt. Cõtẽplatiõ/ioye hõnestete/cõfessiõ/paciẽce/compunction/longanimite.
Contẽplatiõ est la mort destructiõ des desirs charnelz ꝑ vne esioysse mẽt interiore de la pensee esleuee pour cõtẽpler choses q̃ sõt haultes Joye est iocudite spirituelle venãt tãtost du cõtennemẽt des choses ꝑsẽtes ⁊ mõdaines. Hõnestete est vne vergõgne ꝑ laq̃lle on se rẽt hũ ble vers tous/de laq̃lle viẽt vng loable proffit/auec coustũe pudiq̃ ⁊ hõneste Cõfessiõ est ꝑ laq̃lle la maladie secrete de lame est monstree au cõfesseur a la louẽge de dieu/auec esperãce dauoir misericorde patiẽce est voluntaire ⁊ iseparable souffrãce des choses aduerses ⁊ contraires pour regard deternelle glore quon desire auoir Cõpũctiõ est vne douleur de grant value a lame souspirant/ou pour craite de diuin iugemẽt/ou pour amour du payemẽt quon attent. Lõganimi te est vne soustenãce dinfentigable vouloir accõplir les faictz ⁊ iu‑ stes desirs quon a en sa pensee.

De prudẽce.

¶ Prudẽce est diligẽte garde de soy auec sage ꝓuidẽce de scauoir con gnoistre ⁊ discerner entre biẽ ⁊ mal/⁊ ses brãches sõt. Craite de dieu Cõseil/memore/itelligẽce/ꝓuidẽce deliberatiõ. Craite d dieu ẽ vne grã de diligẽce q̃ veille sur soy ꝑ soy ⁊ bõnes meurs de diuis cõman demẽs. Cõseil est vng subtil regard des pẽsees q̃ les causes des cho‑ ses quon veult faire ou q̃ lon a en gouuernemẽt soyẽt biẽ examinees Memore est vne repsẽtatiõ ymaginatiue par regard de la pẽsee des choses ꝑterites quõ a veu faictes ou ouy racõter Intelligence est di sposer par viuacite raisõnable lestat ꝑsent ou les choses q̃ sont ꝑsẽ tes/ꝓuidẽce est par laquelle on cueille en soy laduenemẽt des chos. aduenir par sage subtilite ⁊ regard des choses passees. Deliberatiõ est vne consideration plaine de maturite ⁊ esperance deuant le com mencement des choses deliberees quon veult faire.

De attrempance

Attrẽpance est vne discrete dominatiõ de raisõ cõtre les ipetueux
mouuemẽs de courage es choses illicites/ ⁊ sõt ses branches. discre
tion/moralite/taciturnite/ieusne/sobriete/affectiõ/ ⁊ mesprisemẽt
du mõde. Discretiõ est vne raisõ ꝓuide ⁊ assuree/biẽ moderee de hu
mais mouuemẽs a iuger causes de toutes choses. Moralite est cõtẽ
perer ⁊ regler iustemẽt ⁊ doulcemẽt par les meurs de ceulx auecq̃z q̃
on a cõuerse. garde touteffois vertu de nature. Taciturnite est soy
attrẽper de paroles inutiles dõt viẽt vng repos fructueux a celui qui
aisi se modere. Jeusne est garde secrete de sobriete ordõnee pour gar
der les choses saictes ⁊ iteriores. Sobriete est vne pure attrẽpãce de
lune ⁊ lautre partie de lhõme cest de corps ⁊ dame. Afflictiõ d̃ corps
est ꝑ laq̃lle les semẽces de lascitie pẽsee ꝑ chastiemẽt discret sont cõ-
primez. Mesprisemẽt du siecle est vne amour des choses eternelles/
venãt du regard des choses caduq̃s ⁊ transsitoires du mõde.

De iustice.

Justice est ꝑ laq̃lle grace de cõite est entretenue ⁊ la dignite de chas
cune ꝑsõne est gardee ⁊ le siẽ rẽdu. Ses brãches sõt Loy/seuerite/eq
te/correctiõ/obseruãce/iugemẽt/verite. Loy est ꝑ laq̃lle sõt cõman-
dees toutes choses licites a faire: ⁊ defendues toutes choses quõ ne
doyt faire. Seuerite est ꝑ laq̃lle vẽgeãce iurrois est ꝓhibee estroite-
ment ⁊ on exerce iustice a pecheur qui a delinq̃. Equite est tresdigne
retribution des merites a la balãce de iustice droictemẽt ⁊ iustemẽt
pesee. Correctiõ est inhiber ⁊ defendre ꝑ le frain de raisõ aucunes er
reurs sõ y est/ou accoustumãce de faire aucun mal Obseruãce de iu
remẽt est vne iustice de cõtraidre aucune temeraire ou nuysible trãs
gressiõ de loix ou coustumes ꝓmulguees nouuellemẽt au peuple.
Jugemẽt est ꝑ leq̃l selõ les merites ou desmerites daucune ꝑsonne
ioye luy est dõnee ce q̃lle doyt auoir tormẽt pour auoir mal fait/ou
salaire en guerdõ pour auoir biẽ fait Verite est ꝑ laq̃lle aucũs dictz
ou faitz ꝑ raisõ ꝓuable sõt recitez sãs adiouster ne oster ne muer riẽ

De force

Force est auoir ferme courage entre aduersitez q̃ peuẽt aduenir/ ou
on peut cheoir/ ⁊ sõt ses brãches Magnificẽce/ cõfidẽce/ tolerance:
repos. stabilite. ꝑseuerance. raisõ. Magnificence est vne ioyeuse cla
ritude de courage administrãt hõnestement choses ardues ⁊ magni
fiq̃s. Cest a dire haultes ou grandes. Confidence est arrester ⁊ semer
la pensee ⁊ son ouurage par constance imobile entre les choses q̃ sõt

aduerses ou coutraires. Tollerance est quotidiēnemēt souffrir les persecutions ou iniures q̃ autres gēs fōt. Repos est vertu ꝑ laq̄lle vne securite est dōnee a la pēsee du contennemēt de la variete des choses transsitores ⁊ mōdaines. Stabilite est auoir pensee ou courage ferme ⁊ ne le geter en choses diuerses pour aucune variete ou chāgemēt de temps ou de lieux. perseuerāce est vne vertu q̃ establit ou cōferme le courage par vne perfectiō des vertus lesq̄lles on a ⁊ sōt ꝑfaictes ꝑ force de lōganimite. Raisō est vertu ꝑ laq̄lle on cōmāde faire les choses cōseillees ⁊ deliberees pour venir a aucune fin quō cōgnoist estre bonne ⁊ vtile destre faicte.

Finist lescrite ⁊ fleur des vertus en quoy chascune de celles nommees signifie larbre figuree.

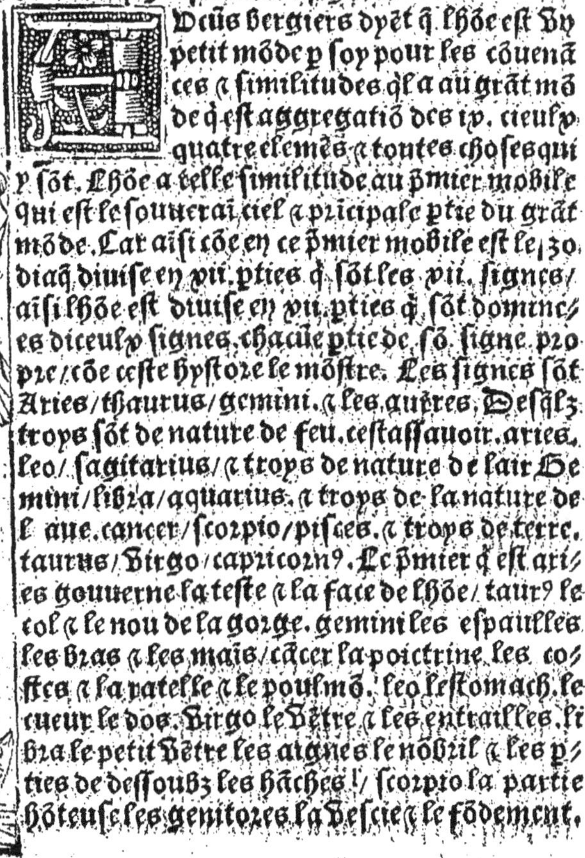

Deus bergiers dyēt q̄ lhōe est vng petit mōde ꝑ soy pour les couenāces ⁊ similitudes q̄l a au grāt mōde q̄ est aggregatiō des ix. cieulx quatre elemēs ⁊ toutes choses qui y sōt. Lhōe a telle similitude au ꝓmier mobile qui est le souuerai ciel ⁊ principale ꝑtie du grāt mōde. Car aīsi cōe en ce ꝓmier mobile est le zodiaq̄ diuise en xii. ꝑties q̄ sōt les xii. signes/ aīsi lhōe est diuise en xii. ꝑties q̄ sōt dominees diceulx signes. chacūe ꝑtie de sō signe propre/ cōe ceste hystore le mōstre. Les signes sōt Aries/ thaurus/ gemini. ⁊ les autres. Desq̄lz troys sōt de nature de feu. cestassauoir. aries. leo/ sagitarius/ ⁊ troys de nature de lair Gemini/ libra/ aquarius. ⁊ troys de la nature de lyaue. cancer/ scorpio/ pisces. ⁊ troys de terre. taurus/ virgo/ capricorn9. Le ꝓmier q̄ est aries gouuerne la teste ⁊ la face de lhōe/ taur9 le col ⁊ le nou de la gorge. gemini les espaulles les bras ⁊ les mais/ cācer la poictrine les costes ⁊ la ratelle ⁊ le poulmō. leo lestomach. le cueur le dos. virgo le vētre ⁊ les entrailles. libra le petit vētre les aignes le nōbril ⁊ les parties de dessoubz les hāches/ scorpio la partie hōteuse les genitores la vescie ⁊ le fōdement.

Sagittarius les cuysses. capricornꝰ les genoulx / aquariꝰ les iãbes depuis les genoulx iusques aux piedz. pisces a les piedz

En ne doyt on faire incision ne toucher de ferremẽt le mẽ-bre gouuerne daucun signe le iour q̃ la lũe y est pour craĩ-te de trop grãt effusiõ de sãg / ne pareillemẽt quãt le so-leil y est pour le peril qui en pourroit venir.

Ensuyt la nature des xii. signes.

Aries est bõ pour faire saignee quãt la lune y est fors en la p̄tie q̃lle domine. Aries est chauld ⁊ sec de la nature du feu. ⁊ gouuerne la te-ste ⁊ la face de lhõe / ⁊ est bõ pour seigner quãt la lune y est

Taurus mauuais pour seigner.

Taurus est froit ⁊ sec. nature de terre / ⁊ gouuerne le col ⁊ le nou de la gorge / ⁊ est mauuais pour faire seignee

Gemini mauuais pour seigner.

Gemini est chauld ⁊ humide nature de lair / ⁊ gouuerne les espau-les les bras ⁊ les mais / mauuais pour seigner.

Cancer indifferent pour seigner.

Cãcer est froit ⁊ hũide nat̃e deaue / gouuerne la poytrine lestomach / ⁊ le poulmõ. idifferẽt. cest / ne trop bõ ne trop mauuais a seigner

Leo mauuais pour faire seignee

Leo chauld ⁊ sec nature de feu / gouuerne le dos ⁊ les costez / ⁊ mau-uais pour faire seignee.

Virgo indifferent pour seigner.

Virgo froit ⁊ sec nature de terre / gouuerne le vetre ⁊ les entrailles ne trop bon ne trop mauuais pour seigner

Libra tresbõ pour seigner. chauld ⁊ hũide nature de lair ⁊ gouuerne le nõbril les rains ⁊ les basses parties du ventre.

Scorpio idifferẽt pour seigner. froit ⁊ hũide naturẽ de leaue. ⁊ gou uerne les parties genitales

Sagittariꝰ bõ pour seigner.

Sagittariꝰ chauld ⁊ sec nature de feu / ⁊ gouuerne les cuisses.

Capricornus mauuais pour seigner. ⁊ est froit ⁊ sec nature de terre / ⁊ gouuerne les deux genoulx.

Aquarius indifferent pour seigner. ⁊ est chauld ⁊ hũide natu-re de lair / ⁊ gouuerne les iambes.

pisces indifferẽt pour seigner. ⁊ est froit ⁊ hũide nature deaue ⁊ gouuerne les piedz

Aries libra sagittarius: sont tresbons. Cãcer / Virgo / scorpio. indif ferens. Taurus / gemini / leo ⁊ capricornus sont mauuais.

On peut ꝯtēpler en ceste hystore les os ⁊ ioinctures de toutes les ꝑties du corps dedens ⁊ dehors de la teste des couldes. espaules. bras. maīs. costez. poictrine. leschine. hāches cuisses. genoulx. des iambes. ⁊ des piedz. desq̄lz os les nōs ⁊ le nōbre diceulx seront ditz cy apres. ⁊ est dicte lhistore anathomie.

On peut ꝯtēpler ꝑ ceste figure les ꝑties du corps hūain sur lesq̄lles les planettes ont regard ⁊ dn̄atiōs pour garder dy atoucher de ferremēt ne faire icisiō es vaies q̄ en ꝓcedēt pēdant que la planete dicelle ꝑtie soit ꝯioīte auec autre planete maliuolāt sās auoir regard daucūe bōne planete q̄ puisse empescher sa mauuaistie

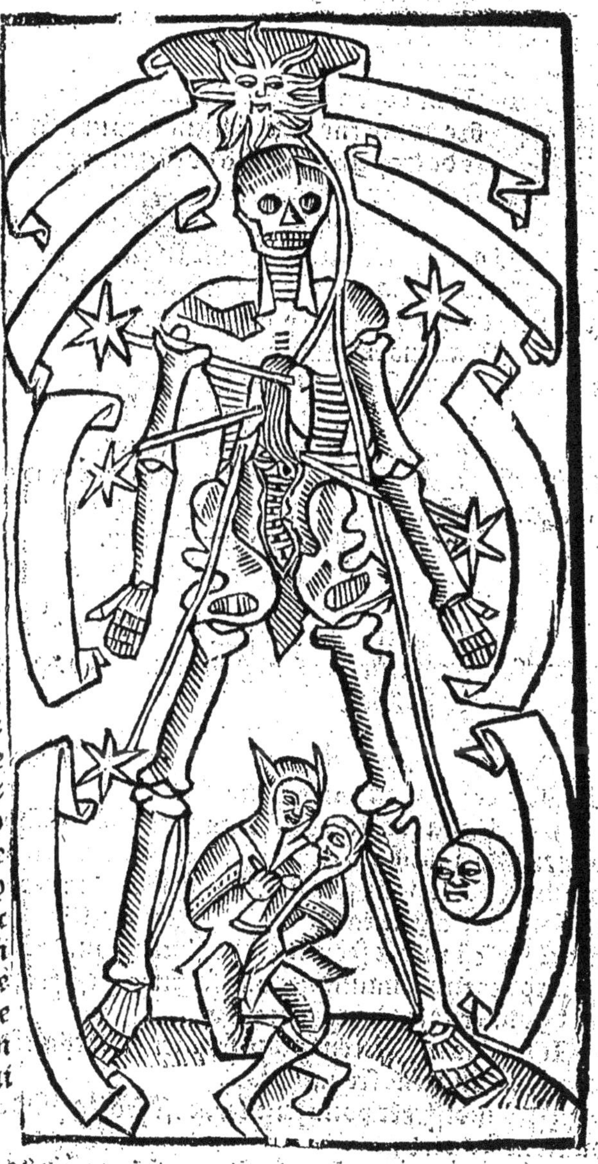

¶ Les noms des os du corps humain & le nombre diceulx qui sont en somme deux cens. xlviii.

Premierement au sōmet de la teste est vng os qui couure la ceruelle / leql barbiers appellent os capital au test de la teste sōt deux os ꝑs de celui qlz nōmēt os parietaulx qui tiēnēt la ceruelle close & ferme. plus bas au cerueau est vn os appelle courōne du chief / & dune part & dautre de ceste courōne sont deux pierreux. Dedēs est los du palaix en ꝑtie de derriere de la teste sōt quatre os parelz lesqlz tiēnent la chayne du col / les os du nez sōt deux / les os de la mādibule dessus sōt: vi. & de la machoere dessoubz sōt deux: a loppofite du cerueu derriere est vn os nōme collateral: les os des dēs sōt. xxxii. viii. deuāt. iiii. dessus & iiii dessoubz trāchātes pour coupper les morceaux: puis quattre agues deux dessus & deux dessoubz dictes conynes / car elles semblent aux dens des cōgnis. Et apres sōt. xvi. dēs q̄ nous appellōs marteaulx ou dēs moulās. Car elles moulēt & maschēt ce quon mēgeut / & sōt en chascun coste. iiii. dessus & iiii. dessoubz. Et puis les. iii. dēs de sapien ce en chacū bout des mādibules vne dessus & vne dessoubz En leschine depuis la teste iusq̄s au bas sōt. xxx. os appellez noux ou ioictures En la poictrine sōt. vii. os & en chascū coste. sōt. xii. costes: pres du col entre la teste & les espaulles sōt. ii. os nōmez fourchettes apres sōt les deux os des deux espaulles. De lespaule iusq̄s au coutte en chascun bras est vn os q̄ est dit adintoire: du cotte iusq̄s en la main en chascun bras sōt deux os qui sont appellez cannes ou mōgnon. En chascūe main sōt. vii. os au hault de la paulme sōt. iiii. os q̄ on dit le peigne de la mai les os des doys en chascūe main sōt. xv. en chascū doy trois au bout de leschine sōt les os des hāches ausqlz sont atta chez les os des cuisses. De chascun genoil est vn os quon appelle la plate du genoil iusq̄s au pied en chascūe iābe sont deux os appellez cānes en chascū pied est vn os appelle la chemille du pied derriere la qlle est os du talon la plꝰ basse ꝑtie de la persōne. Sur le col du pied en chascun est vn os cāne en la plāte de chascū pie sōt quattre os: apꝛs est le peigne du pied ou sōt en chascun. v. os. les os des orteilz en chas cun pied sōt. xiiii. Deux os sont deuāt le ventre q̄ le retiēnent ferme auec les deux hanches / deux os sont en la teste derriere les oreilles ditz oculaires. Nous ne comptōs les os tendres des boutz des espaul les ne des coustez / ne plusieus espines dos qui ne sont aucunement comprinses au nombre dessus dit Finist la nothomie

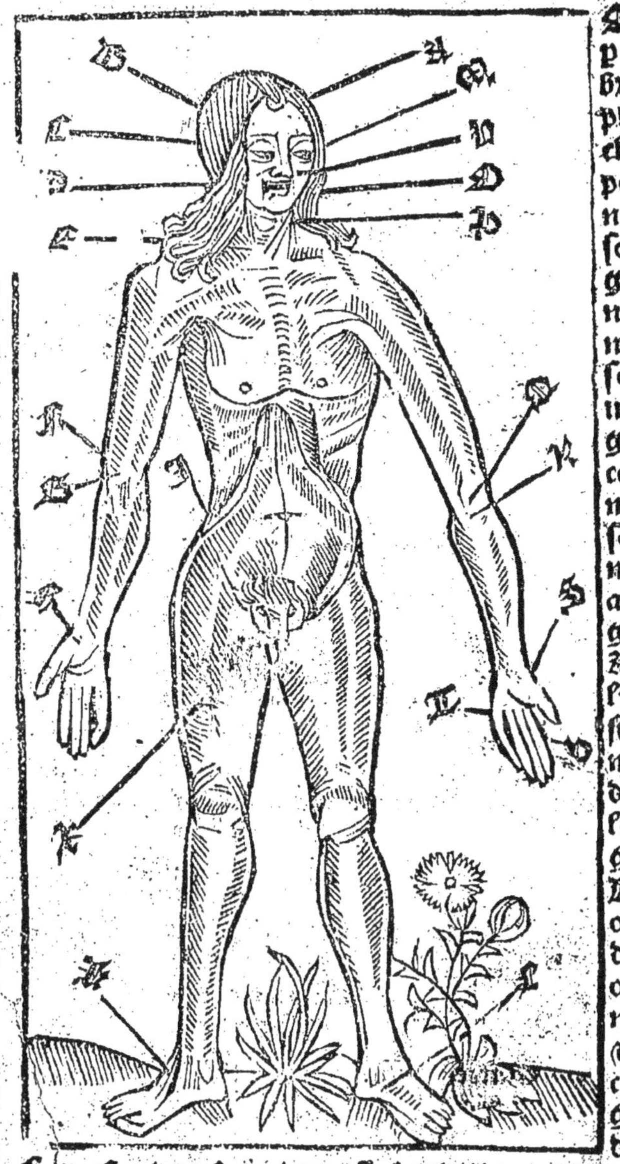

On veut cōgnoiſtre ꝑ ceſte figure le nombre des veines/⁊ les places du corps ou elles sōt. eſq̃lles on peut faire ſeignee ⁊ nō ailleurs poſe quil ſoit bō iour pour ſeigner q̃ la lune ne ſoit nouuelle ou plaine. ne en quartier quelle ſoit en aucū ſigne deuāt nōme bō pour ſeigner/q̃ tel ſigne fuſt celuy qui domine le mēbre auq̃l on veult ſeign̄r lors/car adōc ny cōuiēdroit touch̄r auſſi q̃l ne fuſt le ſigne du ſoleil

A La vaie du melieu du front veult eſtre ſeignee pour les maladies ⁊ doleurs du chef pour fieure litargiq̃ ⁊ goutte migraine

B Deſſ⁹ les deux oreilles derriere ⁊ deux vaies/eſq̃lles on ſeigne pour donner cler ētendement ⁊ vertu de biē ouyr cler. ⁊ a q̃ lallaie engroſſit/pour doubte de meſellerie.

C Es temples a deux vaies dittes artiers pource q̃lz battent les q̃lles on ſeigne pour oſter ⁊ diminuer la grāt replecion ⁊ abūdance de ſāg q̃ eſt au cerueau q̃ nuyſt au chef ⁊ aux yeulx ⁊ vault contre goutte mygraine ⁊ plusieurs autres accidẽs q̃ peuẽt venir au chief

D Dessoubz la lãgue a deux vaines quon seigne pour vne maladie nõmee epilãce/ ⁊ cõtre les enfleures ⁊ apostumes de la gorge ⁊ cõtre cq̃nãcie par quoy vne persõne pourroit mourir soudaiement par faulte dune telle seignee.

E Au col a deux vaines quon nõme originaulx. pource q̃lz õt le cours ⁊ labundance de toult le sang q̃ gouuerne le corps humain. ⁊ pricipallemẽt le chief/ mais on ne les doit seigner sãs le cõseil du medecin ⁊ vault moult celle seignee a la malladie de lepre ⁊ polipie quãt sont principallemẽt causees de sang

F La vaine du cueur prinse au bras vault pour oster aucunes humeurs ou mauuais sãg q̃ pourroit nuyre a la chãbre du cueur ou a sõ apptenãce/ ⁊ si vault moult a ceulx q̃ crachẽt sãg ⁊ q̃ õt courte allaie pquoy on pourroit mourir incõtinẽt p faulte de telle seignee.

G La vaine du foye prinse au bras vault moult pour oster ⁊ diminuer la grãt chaleur du corps de la psõe ⁊ tenir le corps en sante vault celle seignee cõtre toute fieure iaune ⁊ toute apostume de foye ⁊ cõtre pleresie pquoy vne psõe pourroit mourir p faulte de telle seignee

H Entre le maistre doy ⁊ le myre on fait vne seignee q̃ vault contre les douleurs qui viennẽt en lestomach ⁊ es costez/ cõe bosses apostũes ⁊ autres accidẽns qui peuent venir en telz lieux par trop grãt abundãce de sang/ ⁊ dhumeurs

I Es costez entre le vẽtre ⁊ la hanche a deux vaines desq̃lles on seigne celle de la ptie dextre cõtre ydropisie. ⁊ celle de la ptie senestre pour aucũes doleurs lesq̃lles viennent autour de la ratte/ ⁊ doit on selon q̃ la persõne est gras ou maigre biẽ regarder a quattre doys pres de lincision ⁊ ne doit poĩt faire telle seignee sãs le cõseil du medecin

K En chascun pied sõt trois veines dõt en ya vne soubz la cheuille du pied par dedens qui sappelle sophane/ laquelle on seigne pour diuertir ⁊ diminuer ⁊ mettre hors plusieurs humeurs comme bosses ⁊ apostumes q̃ viennẽt entour des aynes/ ⁊ vault moult aux fẽmes pour faire venir leurs menstrues en bas ⁊ au fix ⁊ emoroides q̃ viennent es [illegible] es maladies semblables.

L Entre le col du pied ⁊ le gros orteil a vne vaine quõ seigne pour plusieurs maladies ⁊ incõueniẽs cõe epydimie q̃ prẽt soubdainemẽt p trop grãt habũdãce dhũers/ ⁊ se fait ceste seignee dedẽs vn iour naturel cest assauoir. xxiiii. heures d puis q̃ la maladie est prise au paciẽt ⁊ deuãt q̃ le paciẽt aye fieure ⁊ doit faire seignee selõ q̃ le paciẽt est

M Es angles des yeux sōt deux vaines quō seigne pour les yeulx rouges ou larmeux / q̄ pleurēt cōtinuellemēt / ⁊ pour plusieurs maladies qui y peuēt venir par trop grāt abondāce dhūeurs ⁊ de sang
N Au bout du nez on fait vne seignee bōne pour visage rouge ⁊ bibeleux / gouttes rouges / pustules / boutercaulx / ⁊ autres infectiōs du cueur q̄ peuent venir en ycelui par trop grant replexion de sāg ⁊ dhūeurs ⁊ si vault contre polipe de nez ⁊ autres sēblables maladies
O En la bouche ⁊ gencives sont quatre vaines / cestassavoir deux dessus ⁊ deux dessoubz / lesq̄lles on seigne pour les eschauffoysōs ⁊ chancre de la bouche / ⁊ contre douleurs des dens
P Entre la levre ⁊ le mētō a vne vaine quon seigne pour donner amendement a ceulx qui se doubtent davoir lalaine puante.
Q Es deux bras en chascun sont quatre vaines dont la vaine du chief est la pl⁹ haulte / la secōde dapres celle du cueur / la tierce celle du foye / la quarte est la ratelle autrement ditte basse vaine foye
R La vaine du chef prise au bas doit on seigner pour oster la grāt replexion ⁊ habōdāce de sāg q̄ pourroyt nuire au chief ou aux yeux ou au cerveau / ⁊ si vault mōlt aux chaleurs trāsmuables ⁊ aux enfleures de la gorge / ⁊ a ceulx a q̄ le visage enfle ⁊ rougist / ⁊ a mōlt d̄ maladies q̄ peuēt venir par trop grāt habondance de sang
S La vaine de la ratelle autremēt ditte basse vaine doit estre saigne contre toutes fievres tierces ⁊ quartes / ⁊ en ycelle doit on faire pl⁹ large playe ⁊ mains profōde quen nulle autre vaine pource q̄lle pourroit cueillir vēt / ⁊ pour paur de pl⁹ grāt icōuenīēt pour vn nerf qui est dessoubz que nous appellons lezar
T Es deux mains a en chacūe troys vaines dōt celle de dessus le poulce on doit seigner pour oster la grāt chaleur du visage / ⁊ pour gros sāg ⁊ hūeurs du chef. Celle vaine evacue pl⁹ q̄ celle du bras
V Entre le petit doy ⁊ le doy nomme myre on fait vne seignee qui vault cōtre toutes fievres tierces ⁊ quartes / ⁊ cōtre colles ⁊ ōtre plusieurs autres empeschemens qui viennēt au pys ⁊ a la rate
X Es cuisses sōt deux vaines / cestassavoir en chascūe vne au plat d̄ laq̄lle la seignee vault aux enfleures des genitoires / ⁊ pour faire avertir ⁊ mettre hors du corps humeurs qui sont en aynes
Y La vaine q̄ est soubz la cheville du pie p̄ dehors se nōme sciat dōt sa seignee vault mōlt aux maladies des hāches / ⁊ pour separer plusieurs hūeurs q̄ en ce lieu se veulēt assēbler / ⁊ vault aux fēmes pour restraindre leur menstrues quāt elles ont trop abundamment

Finissent la nothomie ⁊ fleubothomie des corps humains / ⁊ cõme on le doit entẽdre

Cy deuant nous auons dit le regard des planettes sur les parties de lhõe: ⁊ la diuisiõ ⁊ nõbre des os du corps hũain / ensuit a cõgnoistre quãt aucũ est sain ou malade ou dispose aucũement a malladie Parquoy trois choses sont par lesq̃lles les bergiers cõgnoissent quãt vne persõne est saine ou mallade ou q̃lle est disposee a malladie. Sil est sain / soy maintenir ⁊ garder / sil est mallade soy guarir ou q̃rir remede / ⁊ se il est dispose a malladie soy p̄uenir q̃l ny enchee. Et pour chascũe desdittes trois choses cõgnoistre ⁊ scauoir mettẽt yceulx bergiers plusieurs signes Sante propremẽt est temperance. accord. ⁊ equalite des quattre qualitez de lhõe qui sont / chaleur / froydeur / secheresse / ⁊ moyteur / lesq̃lles quãt sõt egales ⁊ biẽ attẽperees q̃ lune ne surmõte lautre adõc le corps dicelui est sain mais quãt sont inegalles ⁊ q̃ lune domine lautre / lors mallade ou dispose pour lestre: ⁊ sõt les qualitez q̃ les corps tiẽnẽt des elemẽs desq̃lz sõt faitz ⁊ cõposez cest assauoir du feu chaleur / de leaue froydeur de lair moiteur ⁊ de terre secheresse / lesq̃lles qualitez q̃t lune est desmoderee des autres ẽsuit malladie. ⁊ se lune destruit lautre du tout on est mort

Signes par lesq̃lz bergiers cõgnoissẽt lhõe estre sain ⁊ bien dispose en son corps

LE p̄mier signe a quoy cõgnoissẽt bergiers lhõe estre sain ⁊ bien dispose en son corps. Et quãt mẽgeust ⁊ boit bien selon conuenance de la fain q̃l a sans faire exces. Item quãt digere bien tost / ⁊ q̃ ce q̃l a menge ⁊ beu ne force poĩt son estomach. Item quãt il treuue bõne saueur ⁊ bon appetit a ce q̃l mẽgeut ⁊ boit. Item quãt il a fain ⁊ soif aux heures q̃l doit mẽger ⁊ boyre. Item quãt il sesiouyst auec ceulx qui sõt ioyeux Item quãt il ioue volẽtiers q̃lque ieu de recreatiõ auec ses cõpaignõs de ioyeux courage. Item quãt il ioue voulẽtiers aux champs ⁊ boys pour prendre lair ⁊ soy esbatre parmy les champs au pres de leaue Item quãt il mẽgeut voulẽtiers de bõ appetit de beurre de fourmage: des flãs: ⁊ du laict de brebis sans riẽs laisser en son escuelle pour enuoyer a lospital. Item quãt il dort bien sãs resuer ne sõger: ne faire chasteaulx en espaigne Item quant il se sent legier ⁊ q̃l chemine bien. ¶ Item quant il sue tost / ⁊ que peu ou point il nesternue. Item quant il nest trop gras ne trop maigre. Item quant il a bonne conleur au visage. & q̃ ses sens sõt tous bien disposez pour leur operatiõ faire cõme ses yeulx a regarder / ses oreilles a ouyr son nez adorer & ainsi iuxte la conuenãce de laage & la disposition de son corps auſ= si du tẽps. Des autres signes ie ne dy riẽs / mais ceulx cy sõt les pl9 cõmũs & q̃ doyuẽt biẽ souffire pour bergers cõgnoistre les signes d̃ sãte

Signes opposites aux precedẽs par lesquelz bergiers cõgnoiſ sent quant eulx autres sont malades.

Quant on ne peut biẽ mẽger ou boire ou quõ na poĩt dape tit a heure de mẽger cõe de disner ou soupper: ou quãt on ne treuue bõne saueur en ce quõ boit ou mẽgeut: ou quãt on a fain & on ne peut mẽger & quãt on ne fait pas bonne digestiõ ou quele est trop lõgue. Item quãt on ne va pas a chãbre moderemẽt cõme on doit. Item quãt on est triste & poĩt ioyeux & en cõpaignie on le deueroit estre. Lors maladie cõtraĩt & fait lhõe estre triste. Sẽblablemẽt q̃t on ne peut dormir ne prẽdre repos a droit quãt il est heure. Aussi quant on a les mẽbres pesãs / la teste les bras iambes / & aussi quãt on ne peut cheminer legieremẽt / & q̃ on ne sue poĩt souuẽt. & quãt on a coleur pallie ou iaune: ou quãt les ieulx oreilles & autres ne fõt bien leurs operatiõs. Pareillemẽt quãt on ne peut labourer ou trauailler. Item quãt on oublye legierement ce q̃ est necessaire a souuenir & quãt on crache souuẽt: ou quãt les narilles habondent en superfluitez dhumeurs. & quant on est negligent a ses oeuures quãt on a la chair bouffie & enflee le visage / les iãbes ou les piedz / ou quãt on a les yeulx chassieux. Ce sõt les signes q̃ signifient lhõme estre en maladie.

Autres signes pres que sẽblables aux dessusditz & demõstrent replexion dhumeurs mauuaises pour sen purger.

Replexiõ de mauuaises hũeurs & dispoisitiõ a maladie selon lopiniõ des bergiers laq̃lle replexiõ est a cõgnoi= stre pour faire purger lesdittes humeurs quelles engẽ= drẽt maladie & sõt congneus p les signes qui sensuiuẽt Premieremẽt quãt on a trop grãt rougeur au visage es mains ou es ongles: auoir aussi les vaines plaines de sãg ou saigner de nez trop souuẽt: ou auoir mal au frõc: aussi q̃t les oreilles cornẽt & quãt les yeulx pleurẽt ou sõt chacieux: & auoir lẽtendemẽt trouble & quant le poux va legieremẽt / & quant le vẽtre est resolu lõguemẽt

⁊ quāt on a la lumiere trouble. Menger ⁊ nauoir point dapetit: ⁊ to9 les autres signes deuāt ditz sōt ꝑquoy on peut congnoistre le corps estre mal dispose ⁊ auoir en soy humeurs corrompues ⁊ mauuaises

Finissent les signes par lesquelz bergiers cōgnoissēt quant ilz sont sains ⁊ bien disposez/ ⁊ aultres signes par lesquelz ilz congnoissēt quant ilz sont malades.

¶ Une diuision du temps ⁊ regime/ duquel bergers usent selon que la saison ⁊ temps le requierent

Pour remedier a maladies quon a ⁊ soy garder de celles quō doubte aduenir disēt bergiers q̄ le temps naturellemēt se chāge quattre fois lan/ ⁊ aisi diuise lā en quattre parties qui sōt printēps/ este/ autōpne/ ⁊ yuer/ ⁊ en chacūe de ses ꝑties se gouuerne selō q̄ la saisō requert a leur entendemēt ⁊ biē leur en prēt/ ⁊ cōe les saisōs se changēt aussi chāge facon ⁊ manere de viure disēt q̄ chāgement de tēps q̄ biē ne se garde souuēt ēgēdre maladie pource que vn tēps ne quiēt pas user daucūes viādes lesq̄lles sōt bōnes en autre/ cōe en yuer de aucūes de quoy on use en este/ ⁊ pour cōgnoistre le chāgemēt du temps selō ces parties cōsiderēt le cours du soleil ꝑ les douze signes/ dēt chascūe des dittes quattre ꝑties ⁊ saisōs durer trois moys: q̄ le soleil passe par trois signes/ cestassauoir en printēps: par pisces: aries: ⁊ thaur9: ⁊ sōt les moys. Feurier/ mars/ ⁊ auril/ que la terre ⁊ les arbres sesiouyssēt ⁊ chāgēt verdure: fueilles: ⁊ fleurs ⁊ mōlt les fait beau veoir en este ꝑ geminy/ cācer/ ⁊ leo: ⁊ sōt ses moys/ may/ iuing/ ⁊ iuillet q̄ les fruitz de t're ⁊ des arbres se grossissēt ⁊ meurissēt/ en autōpne ꝑ ṽgo/ libra ⁊ scorpio/ ⁊ sōt ses moys aoust septēbre/ ⁊ octobre q̄ la t're ⁊ les arbres deschargēt fruitz ⁊ est le tēps quō doit amasser ⁊ cuillir les fruitz en yuer ⁊ sagittari9/ ⁊ capricorn9/ aquari9/ ⁊ sōt ses moys/ nouēbre/ decēbre/ iāuier q̄ la t're ⁊ les arbres sōt cōme mors de deuest9 de fueilles ⁊ de toute ṽdure/ selō lesq̄lles quattre saisōs bergiers deuisēt tout le tēps q̄ lhōe peut viure en quattre aages q̄ sōt iennesse. force vielesse decrepite. ⁊ se raportēt aux quattre saisōs qui sōt en lā/ cestassauoir ieunesse en printemps q est chauld & moiste & cōe les arbres & fruitz de la terre croissēt: si fait lhōe ieune iusqs a xxv ans croist de corps en force beaulte/ & vigueur. Force se raporte au temps deste chault & sec ou le corps de lhōe est en sa force & vigueur si se meurit iusques a xlv. ans Viellesse est cōparee au temps dautōpne froit & sec q lhōe se descrist & affieblit & pense damasser pour crainte dauoir necessite en sa veillesse/ & dure iusqs a lvi. ans. Decrepite sēble au tēps dyuer froit & huide p abundāce de froides hūeurs & faulte de chaleur. lhōe despend ce ql a amasse en sō tēps/ q sil na riēs espargne demeure po ure/ & dure iusqs a lxii. ās ou plus. ¶ Printēps est chauld & moyste nature de lair & cōplexiō du sanguin ¶ Este est chauld & sec nature de feu & cōplexiō de colerique. Autūpne est sec & froit nature de terre & cōplexiō du colerique. Yuer est froit & moyste/ nature deaue & com plexiō du flumatique. Quāt vne cōplexiō est biē proporciōnee elle se sēt mieulx disposee au tēps auql est sēblable q aux autres temps Mais pource que chacun nest pas biē cplexiōne doit prēdre regime selō les saisōs. soy gouuerner p les saisōs en chacune ptie de lā/ af fin de viure longuement/ saynemēt & ioyeusement

Regime pour le printēps. Mars Auril May

En printēps bergiers se tienēt assez biē vestus dhabil lemēs/ ne trop froitz ne trop chauldz. En ce tēps fait bō seigner pour oster les mauuaises humeurs qui en yuer ce sont assēblees au corps dōt maladies naissēt au printēps. Printēps est pour prēdre medecine aux charnelz & plains de grosses humeurs pour eulx purger. En celuy temps on doyt mēger legieres viādes q refroidissent/ cōe poussins cheureaux au vert ius porees de arroces/ bourraches/ bettes/ moy aux doeufz/ ocufz au vert ius/ brochetz/ perches/ & to9 poissōs a es caille. Boyre vin tēpere q ne soit ne trop fort ne trop doulx. Car en ce tēps on ne doyt pas vser choses trop doulces. On doyt dormir lō gue matinee & nō pas sur iour ¶ Vne reigle generalle que bergiers ont pour tout temps. Cest que pour menger on ne perde son appetit: & quon ne mengeust iamais iusques a saturite. Itē toutes chairs & tous poissons sont meilleurs rostis que boullis/ & que les boullis amēdēt destre grillez sur les charbons:

Regime pour le temps deste Juing Juillet Aoust

¶ En este bergiers sõt vestus de robes froides ⁊ legieres ⁊ leurs chemises ⁊ draps sõt de lin, car sur to⁹ linges nẽ nest point de pl⁹ froit Ilz ont pourpoitz de soye: de sarge ou de toille / ⁊ mengẽt legieremẽt viandes cõme poussis ou vert ius: leurars counis ⁊ laicttues pourcelaines: melõs: citerõs: coordes: poires: prunes ⁊ les poissõs que no⁹ auõs deuãt nõmez. Et aussi mẽgeussẽt de toutes viãdes q̃ refroidẽt Mẽgeussẽt peu ⁊ souuẽt beuẽt q̃ le soleil soit hault / ⁊ souppẽt deuãt ql soit couche ⁊ vsẽt de choses aigres pour dõner appetit. Se gardẽt de mẽger trop sallez ⁊ de eulx grater: boyuẽt souẽt eau fresche boullie auec succre: ptizẽne ⁊ eaues q̃ refroidissẽt. ⁊ le fõt a toute heure quil ont appetit de boyre excepte a heure de mẽger cõe disner ou soupper q̃ ilz boyuẽt vin verdelet ⁊ messle le tiers deaue ou demy Se gardẽt aussi de trauailler trop ou eulx efforcer / car en ce tẽps nest riẽs q̃ pl⁹ greue q̃ trop eulx eschauffer En ce tẽps se gardẽt de coucher auec fẽmes ⁊ se baignẽt souuẽt en eau froide pour laffeble chaleur q̃ est dedẽs le corps mise p̃ lefforcemẽt. Tousiours ont auec eulx succre ou autre dragee dõt vsẽt peu ⁊ souuẽt ⁊ en to⁹ tẽps au matin se pforcẽt de toussir moucher vider les flumes engẽdres en la nuyt: se vuidẽt p̃ hault ⁊ p̃ bas myeulx q̃ peuẽt: lauent leurs mains: leurs bouches ⁊ visages

Regime pour autõpne. septembre. octobre. ⁊ nouembre

En autõpne bergiers sõt vest⁹ en maniere du printẽps excepte q̃ leurs draps sõt vn peu pl⁹ chaulx. en celui tẽps se diligẽtẽt deux purger ⁊ seigner pour tẽperer les hũrs du corps / car cest la saison de lan pl⁹ maladiue en laqlle perilleuses maladies aduieuẽt ⁊ pourtãt mẽgeussẽt bõnes viãdes cõe chapõs poules ieunes pigeõs q̃ cõmencẽt a voller boyuẽt bon vin sans eulx trop rẽplir. Et en celui tẽps se gardẽt de mẽger fruitz / car cest la saisõ pl⁹ dãgereuse a fieures. ⁊ dyẽt q̃ celui neust oncq̃s fieures q̃ oncq̃s ne mẽgea fruit. En ce tẽps ne boyuẽt poĩt ⁊ ne lauẽt en eaue / fors seullemẽt les mains ⁊ le visage. Ilz gardẽt leurs teste de froit de la nuyt du matin / ⁊ se gardent de dormir a midy / ⁊ trop trauailler / ne endurent fain ne soif / mais mengeussent quant en ont tallent non pas quen soyẽt pl⁹ pesans ne quen apent la fourcelle enflee

¶ Regime pour le tẽps dyuer. Decẽbre iãuier freurier

En yuer bergiers sõt vestus de robes de drap de layne espesse de drap velu hault tõdu fourre de regnars / car cest la pl⁹ chaulde fuorrure q̃ soit / chatz cõnis lieures ⁊ autres fourrures espesses sõt bõnes en ce tẽps. Bergiers mẽgẽt chair d̃ beuf ⁊ de porc / de cerf de biche ⁊ de toute venoysõ / perdrix faisãs to⁹ oyseaux de riuiere / ⁊ autres viãdes qlz ayment le mieulx. Car cest la saisõ de lã q̃ nature seuffre pl⁹ grãt plã te de viãdes pour la chaleur naturelle q̃ est retiree dedẽs le corps En ce tẽps aussi boyuẽt vis fors chacũ selõ sa cõplxiõ : vin bastard ou dozoye. Deux ou troys foys en la sepmaie vsõs de bõnes espices en nos potages / car cest le pl⁹ sai de lãnee : au ql ne viẽdra ia maladie. fors p grãs exces ⁊ oultrages fais a sa nature. ou p mauuais gouuernemẽt. dict aussi bergiers q̃ printemps est chauld ⁊ moyste de la nature de lair ⁊ cõplexiõ du sãgui : en celui tẽps nature sesiouyst ⁊ le sãg sespãd parmy les vaies pl⁹ quen autre temps. Este est chauld ⁊ sec de la nature du feu ⁊ cõplexiõ du colerıq̃ : au ql temps on se doit garder de toutes choses q̃ esmeuuent a chaleur / to⁹ exces de viãdes chauldes. Autõpne est sec ⁊ froit de la nature de terre ⁊ cõplexion du melencoliq̃. au ql tẽps on se doit garder de faire exces plus quen autre temps pour dãger des maladies esqlles celui temps est dispose. Mais yuer est froit ⁊ moiste de la nature de leau ⁊ de cõplexiõ flumatiq̃. q̃ lhõme se doit chauldemẽt tenir moyẽnemẽt pour viure saiemẽt Icy doit on noter q̃ tout hõe est fait ⁊ forme des quattre elemẽs desquelz tousiours vng a seigneurie sur les autres. Et celuy sur q̃ le feu a seigneurie est dit coleriq̃ / cest a dire sec ⁊ chauld. Celuy sur qui lair seigneurie est dit sãguin / cest a dire chauld ⁊ moiste. Celui sur q̃ leaue a seigneurie est fleumatiq̃ / cest a dire moiste ⁊ froit. Celui sur qui la terre a seigneurie est dit melẽcoliq̃ / cest a dire froit ⁊ sec. desqlles cõplexiõs sera parle au cõmẽcemẽt de phizonomie pl⁹ ãplment.

Nescio quo cequo lenta papauere dormit
Mens que creatorem nescit iniqua suum
En iterum toto lingua crucifigitur orbe
En eternum patitur dira flagella deus.
Factorem factura suũ stimulãte tyrãno
Delictis factis deserit orba suis
Inde fames venit inde discordia regum
Inde cananeis preda cibusq; sumus
Inde premit gladius carnalis spiritualẽ
Et vice versa spiritualis eum
Hinc atropos predatrix occupat artus
Nec sinit vt doleat peniteatq; miser.

Iure vides igitur q̃ recta ligamina nectit:
Immundus mundus hec duo verba simul.

Finist la phisique ⁊ regime de sante des bergiers.

Sensuyt leur astrologie.

Esũ celi dño: terrã autẽ dedit filiis hoīz. Non mortui laudabunt te dñe: neq; oẽs q̃ descẽdũt in ifernũ. Sed nos q̃ viuim⁹ bñdicim⁹ dño. Qm̃ videbim⁹ celos tuos opa opa digitoꝝ tuorũ: lunã ⁊ stellas q̃ tu fũdasti. Nr̃ subiecisti sub pedib⁹ nr̃is oues ⁊ boues vniuersas: insup ⁊ pecora cãpi. Volucres celi: ⁊ pisces maris q̃ pambulãt semitas maris. Dñe dñs noster: q̃ admirabile ẽ nomẽ tuũ i vniuersa terra.

CEluiq̃ veult viure cõe bergiers q̃ guardẽt les brebis: aux chãps sãs scauoir lettres / mais seullemẽt p aucunes figures q̃lz fõt en petites tablettes de boys pour auoir ꝯgnoissãce des cieulx mouuemẽs ⁊ ꝓprietes ⁊ plusieurs choses cõtenues en ce presẽt cõpost ⁊ kalẽdrier des bergẽers leq̃l est extraict. ⁊ cõpose de leurs kalẽdriers: mis en lettre telle q̃ chacũ pourra cõprẽdre ⁊ scauoir cõe eulx les choses dessusdittes. Premieremẽt on doit scauoir q̃ la figure est la dispositiõ du monde le nõbre ⁊ ordre des elemẽs ⁊ le mouuemẽt des cieulx appartienẽt a scauoir a tout hõe q̃ est de frãche cõdicion ⁊ de noble engi / ⁊ est tresbelle chose: delectable: pffitable: louable: ⁊ hõneste: ⁊ auecq̃s tout ce est tresnecessaire pour auoir autres cõgnoissances / en especial pour astrologie ditte des bergiers pquoy est assauoir q̃ le monde est aussi rond q̃ vne pelote Et selõ les sages bergiers nest pas possible d trou uer vne pelote aussi rōde quest le mōde / car est pl9 rond que aulcune chose artificiellemēt faicte de quelq̄ bō ouurier que ce soit: ⁊ pl9 fort est. En ce mōde nous ne voyōs ne iamais ne verrōs aucune chose si iustemēt ⁊ egallemēt rōde cōme luymesmes / ⁊ est cōpose du ciel ⁊ des quattre elemēs / ces. v. pricipales pties. Apres doit scauoir q̄ la terre est au milieu du mōde / car cest le plus pesāt element. Sur la terre est leaue ou la mer / mais elle ne couure pas toute la terre: affin q̄ hōmes ⁊ fēmes y peuēt viure. Et la ptie descouuerte est ditte la face de laire car elle est cōme la face de lhōe tousiours descouuerte / ⁊ la partie qui est couuerte deaue est cōe le corps de lhōe qui est vestu ⁊ ne le voit on point. Sur leaue est qui enclost terre ⁊ mer: ⁊ est diuise en troys regions Vne basse ou habitent bestes ⁊ oyseaux. Vne moyenne ou sōt les nues en laq̄lle se fōt impressiōs cōe esclers / tōnairre / ⁊ autres / ⁊ tousiours est froyde. La tierce est pl9 haulte ou na ne vēt ne pluye ne fouldre ne autre impressiō / ⁊ sōt aucunes mōtaignes qui attaignēt iusq̄s au ciel: ⁊ les elemēs sōustiennēt les cieulx cōe les coulōpnes soustiēnēt vne maisō. De telles montaignes en pa vne en affricque nōmee athlas. Apres est lelemēt du feu q̄ nest ne flābe ne charbō / mais est pur ⁊ inuisible pour sa grāt clarte / car dautāt q̄ leaue est pl9 clere ⁊ legiere que la terre / ⁊ lair plus cler ⁊ legier q̄ leaue / dautant le feu est plus cler: legier: ⁊ beau q̄ lair / ⁊ les cieulx a leq̄polēt sōt pl9 clers legiers / ⁊ beaulx que nest le feu / leq̄l tourne auec le mouuemēt du ciel aussi fait la prochaine regiō de lair en laq̄lle sēgendrēt cometes q̄ sōt dittes a cause q̄lles sōt luysātes ⁊ mouuēt cōe estoille. Selon aucūs bergers le feu est inuisible pour sa subtilite / ⁊ non pour sa clarte / car dautant que vne chose si est plus clere dautant est elle plus visible pourtāt voit on biē les cieulx / mais nō le feu / car il est trop pl9 subtil que lair q̄ est inuisible p la mesme cause leaue ⁊ la terre espesse par quoy est visible. Les cieulx ne sōt proprement pesās ne legiers / durs ne moulz / clers ne espes / chaulz ne froitz / ilz nont saueur ne odeur / couleur ne sō / ne telles qualitez fors q̄lz sōt chauldz en vertu / car ilz peuēt causer chaleur en bas p leurs lumieres mouuemēs ⁊ influēces ⁊ sōt ppremēt durs / car ilz ne peuent estre diuisez ne cassez. Aussi sōt improprement coulourez de lumiere en aucūes ptics / sōt espes cōe est la ptie ditte des estoilles: esq̄lz ne peut estoille ne autre ptie estre adioustee ou ostee: ⁊ ne peuēt croistre ne appetisser: ou estre dautre figure q̄ rōde ne peuēt muer ne chāger: empirer ne enuiellir estre ne corrōp9 ne alterez fors en lumiere comme en tēps declipse de soleil ou de lune ꝗ ne peuēt arrester: reposer: ne tourner daultre guise plus tost ne plus tard en tout ne en partie: ne eulx auoir autremēt que selō leur cōmū cours sinō p miracle diuin / pource les cieulx ꝗ les estoilles daultre nature que les elemēs ꝗ choses q̄ en sōt cōposees lesq̄lles sōt trāsmu ables ꝗ corruptibles. Les elemēs ꝗ les choses qui en sōt cōposees sōt enclos dedēs le ꝑmier ciel cōme le moyeul de loeuf est enclos dedēs laubin / ꝗ le ꝑmier ciel est enclos du secōd ꝗ le second dedēs le tiers ꝗ aīsi des autres. Le premier ciel ꝑchain des elemēs est le ciel de la lune / apres est le ciel de mercure / apꝛ est le ciel de Ven9 / puis le ciel du soleil / puis celui de mars / puis d iupiter / ꝗ puis de saturne. Et sōt les cieulx des planettes selō leur ordre. Le. viii. ciel est des estoilles fichees ꝗ sōt aīsi dittes pource q̄ mouuēt pl9 regulierement ꝗ toutes dūe guise q̄ ne fōt pas les planettes. Puis p dess9 est le ꝑmier mobile auquel napert chose que bergiers puissēt veoir / aucūs bergiers dyent que par dessus les neuf cieulx en a vng dit imobile pource q̄l ne tourne point / dessus leq̄l est en vng autre q̄ est de cristal / p dess9 leq̄l est le ciel imperial auq̄l est le trosne de dieu: desq̄lz cieulx nappartiēt a bergiers den parler: mais seulemēt du premier. Vne chose sesmerueilēt cest cōe dieu a distribue ses estoilles q̄ nē a mis au. ix. ciel ꝗ il en a tāt mis au. viii. quon ne les scauroit nombrer / ꝗ es autres vii nen a mis fors en chascun vne en appellant estoilles le soleil ꝗ la lune.

Du mouuement des cieulx ꝗ des planettes

Lz sōt aucuns mouuemens des cieulx ꝗ planettes q̄ excedēt les entēdemēs des bergiers cōme est le mouuemēt du firmamēt auq̄l sōt les estoilles contre le ꝑmier mobile en cēt ans dūg degre: ꝗ le mouuemēt des planettes en leurs epicicles / desq̄lz combiē q̄ bergiers nē soyēt ignorās du tout si nen fōt il point ex mētiō / car il leur suffist seullemēt de deux dōt lūg si est de oriēt en occidēt par dess9 la terre / ꝗ de occidēt en oriēt par dessoubz qui est mouuemēt iournal / cest a dire quil se fait de iour en iour en vigtquattre heu

tes/ꝑ le quel mouuement neufiesme ciel est le premier mobile tire a-
pres fait tourner les autres cielz q̃ sont dessoubz luy. Lautre mouuemēt est des sept planettes/⁊ est doccidēt en oriēt par dessus t̃re: ⁊ doriēt en occidēt par dessoubz: est cōtraire au ꝑmier ⁊ sōt les deux mouuemēs des cieulx q̃ bergiers cōgnoissēt biē/⁊ cōbien que soyēt opposites si se fōt ilz cōtinuellmēt ⁊ sōt possibles cōe mōstrēt par exēple.
Si vne nef sur leaue venoit de oriēt en occidēt ⁊ vng hōe estoit dedēs en la ptie vers occidēt: ⁊ de sō mouuement ꝓpre cheminast en la
nef tout bellmēt contre oriēt/celui hōe mouueroit a double mouuement dont lung seroit de la nef ⁊ de luy ensemble/⁊ lautre seroit

son mouuemēt propre ql fait tout bellemēt cōtre orient. Semblablement les planetes sōt trāsportees auec leur ciel de oriēt en occidēt p le mouuemēt iournal du pmier mobile / mais pl9 tard et autremēt q les estoilles fixes par ce q chacune planete a sō mouuemēt propre cōtraire au mouuemēt des estoilles p ce quen vng moys la lūe fait vn tour mois enuirō la terre q ne fait vne estoille fixe / et le soleil vn iour moins en vng an. les autres planetes en certain tēps chacune selon la qtite de son ppre mouuemēt. Ainsi appert que les planetes mouuēt a deux mouuemēs. Aucūs bergiers dyēt que pose p ymaginatiō tous les cieulx cessassēt de mouuoir du mouuement iournel / la lune feroit vng tour ou vng circuit en allāt de occident en oriēt en autāt de tēps cōe durēt maintenāt. xxvii. iours et viii. heures / et mercure venus et sol feroyēt pareil tour en lesspace dung an: et mars en deux ans ou enuirō / et saturne en. xxx. ans ou enuiron / car maitenāt sōt ilz leurs tours ou reuolutiōs et accomplissēt leurs ppres mouuemēs es espasses de tēps cy nōmees. Le ppre mouuement des planetes nest pas tout droit de occidēt en orient / mais est ainsi cōme en bihaiz et le voyēt bergiers sēsiblemēt / car quant regardēt en vne nuit la lune deuāt vne estoille la secōde ou troiziesme nuit apres la voyēt derriere nompas tout droit vers oriēt / mais sera tiree vne fois vers septētrion et autre fois vers midy / et cecy est pour cause de la latitude du zodiaque auquel sōt les. xii. signes soubz lesquelz mouuent les planetes

De lequinoccial et zodiaque qui sont au neufuiesme ciel qui contient le firmament soubz soy.

Au cōcaue du premier mobile bergiers ymaginent estre deux cercles et y sont reallement vng gresle comme est vng filet / et appellent cestui equinoccial: et lautre large en maniere dune ceinture large ou dung chappeau de fleurs lequel il appellent zodiaque et ces deux cercles se intersequent et diuisent lung lautre egallement / mais nōpas droictement / car le zodiaque croise en bihaiz et les endroitz ou se croisēt sont ditz equinocces. Pour entēdre lequinoccial on voit sēsiblemēt le ciel tourner de oriēt en occidēt cest apelle le mouuemēt iournel si doit on ymaginer vne ligne q passe parmy la terre venāt dūg bout du ciel en lautre / entour laqlle ligne est fait ce mouuemēt: et ses deux boutz sōt deux poītz au ciel q ne mouuēt poīt et sōt appellez les poles du mõde desq̃lz lung est sur no⁹ pres de lestoille du nort q̃ tousiours a no⁹ appert ⁊ est le pole artiq̃ septẽtrional ⁊ lautre est soubz terre qui est tousiours mucee appelle pole antartique ou pole austral. Au meil lieu desq̃lz poles ou p̃mier mobile est le cercle eq̃noctial egallemẽt de uãt vne ptie cõe lautre desdis poles / ⁊ selõ ce cercle est fait ⁊ mesure le mouuemẽt iournal de .xxiiii. heures cest vn iour naturel / ⁊ est dit eq̃noctial pource q̃ q̃t le soleil y est le iour ⁊ la nuit sõt egaulx p tout le mõde. Le zodiaq̃ cõe dit est au p̃mier mobile aussi est cõe vne ceictu re gẽtillemẽt ferree ou figuree es ymages des signes entailees sub tillemẽt ⁊ biẽ cõposees: ⁊ destoilles fichees aĩsi cõme descarboucles luisãs ou de pcieuses gẽmes pleines de grãs vert⁹ assises p maistri se tresnoblemẽt paree: auq̃l zodiaq̃ sõt .iiii. pricipaulx poĩs q̃ le diui sẽt egallemẽt en quattre parties. Ung hault dit le solstice deste auq̃l quãt le soleil est entre en cãcer est le pl⁹ lõg iour deste. Ung autre bas dit le solstice dyuer auq̃l q̃t le soleil est entre en capricorn⁹ est le plus court iour dyuer. Vn autre moyẽ dit eq̃noctial dãtõpne q̃ le soleil en tre en libra au moys d decẽbre. Et lautre dit eq̃noctial de printẽps q̃ le soleil entre en aries du moys de mars. Lesq̃lles iiii. pties diuisees chũe en .iii. pties egalles sõt .xii. parties q̃ sõt appellez signes nõ mez. Aries / taur⁹ / gemini / cãcer / leo / virgo / libra / sagitari⁹ / capri corn⁹ / pisces. Aries ɔmẽce ou leq̃noctial croise le zodiaq̃. ⁊ quãt le so leil y est cõmẽce decliner: cest a dire ap pcher de septẽtriõ ⁊ vers no⁹ se extẽd vers oriẽt. Aps est taur⁹ le second: gemini le tiers / ⁊ aĩsi des autres cõe la figure cy aps se mõstre. Item chascũ signe est diuise en xxx. degrez / ⁊ sõt ou zodiaq̃ troys cẽs .lx. degrez: ⁊ chascũ degre di uise p .lx. minutes chascũe minute en .lx. segõdz. chascũ secõd en lx. tiers ⁊ suffit pour bergers ceste diuisiõ Bergiers cõgnoissẽt vne vari atiõ subtille au ciel. Et est car les estoilles fixes ne sont pas soubz les mesmes degrez ou signe du zodiaq̃ q̃lles estoyẽt q̃t elles furẽt cre es a cause du mouuemẽt du firmamẽt auq̃l elles sõt otre le p̃mier mo bile en cẽt ãs dũg degre. Pour laq̃lle mutatiõ le soleil peut auoir au tre regard a vne estoille ⁊ autre signifatiõ q̃l nauoit le tẽps passe ⁊ mesmes quãt les liures furẽt faitz p ce q̃ lestoille a chãge le degre ou le signe soubz q̃ elle estoit. Et fait souuẽt faillir ceulx q̃ p̃nostiquẽt choses a venir. To⁹ cercles du ciel sõt greslles fors le zodiaq̃ q̃ est lar ge ⁊ cõtient en longeur .ccc.lx degres ⁊ en largeur douze laquelle est diuisee p droit mellieu six degrez en vn coste ⁊ six daute ⁊ est faicte ceste diuisiõ p vne ligne nõmee eclitiq̃ laq̃lle est chemin ⁊ voye du so leil/car iamais le soleil ne part dessoubz celle ligne/ ⁊ aisi est tousiours au my lieu du zodiaq̃/mais les autres planetes sõt tousiours dūg coste ou dautre de la ligne/ sinõ quāt sõt en la teste ou queue du dragõ/cõe la lūe y passe to⁹ les moys deux foys. ⁊ sil aduiēt q̃ soit quāt se renouuelle il est eclipse de soleil/ ⁊ si cest en plaie lūe ⁊ q̃ elle soit soubz le nadir du soleil ⁊ si cest droictemēt il est eclipse generalle/ ⁊ si nest que vne partie on ne la voit poīt Quāt est eclipse de soleil elle nest poīt gn̄alle p tous les climatz/mais biē en aucū climat seulemēt.mais quāt est eclipse de lune elle est generalle p toute la terre

De deux grans cercles/lung meridian/ ⁊ lautre oziron. q̃ se intersequent ⁊ croissent droictement.

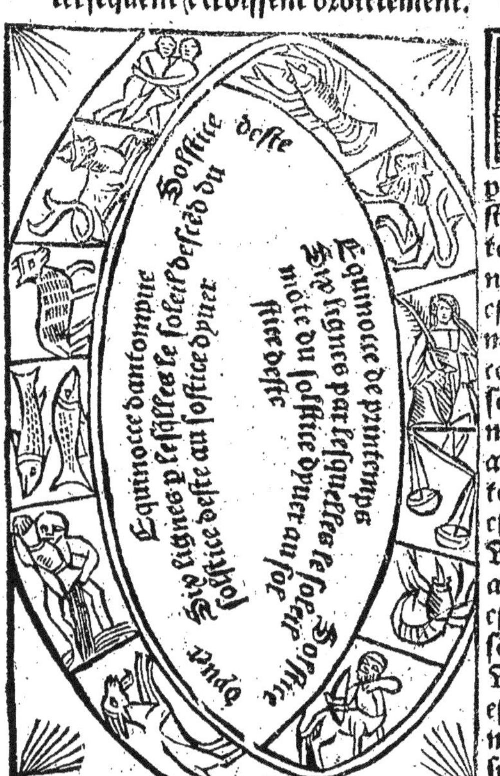

LE meridiā est grāt cercle imagine au ciel qui passe p les polles du mõde/et p le poīt du ciel droit sur nostre teste q̃ est nõme zenich. ⁊ toutesfoys q̃ le soleil est venu doriēt iusq̃s a ce cercle il est midy/ ⁊ pource est apelle meridiē: ⁊ est la moytie d ce cercle dess⁹ tre ⁊ lautre dessoubz q̃ passe par le poīt de mynuit droictemēt opposite a zenich/ ⁊ quāt le soleil attouche celle ptie du cercle il est mynuit/ ⁊ se vn hõme va vers oriēt ou vers occidēt il a nouuel meridiē/ ⁊ pource est pl⁹ tost midy a ceulx qui sõt vers oriēt q̃ ceulx q̃ vont vers occidēt/ ⁊ se vn hõme est tousiours en vng lieu sõ meridiē est tousiours vn/ ⁊ sil va droit cõtre midy ou deuers septētriõ/ mais ne se peut remuer q̃l nait autre zenich. ⁊ ces. ii. cercles meridiēs ⁊ ozirõ se intersequent ⁊ croissēt droictment Oziron

est vng grãt cercle q̃ deuise la ptie du ciel laquelle nous voyõs de cel
le laq̃lle ne voyõs pas ⁊ dient bergiers q̃ se vng hõe estoit en plat pays
verroit iustemẽt la moytie du ciel laquelle apellẽt leur emispere/ cest
a dire demie espe ⁊ est lozirõ ioingnãt presq̃ a la terre duq̃l oziron le
cẽtre cest le meillieu ⁊ la place en laq̃lle no⁹ sõmes/ ainsi chascun est
tousiours au meillieu de sõ ozirõ: ⁊ zenich en est le pole ⁊ cõme vng
hõe se trãsporte de lieu en autre ẽdroit du ciel ⁊ a autre zenich ⁊ autre
ozirõ. Tout ozirõ est droit ou obliq̃. Ceulx õt droit ozirõ q̃ habitẽt
soubz leq̃nocctial ⁊ õt leur zenich en leq̃noctial/ car leur ozirõ ĩtreseq̃
⁊ deuise leq̃noctial droictemẽt par les poles du mõde. tellemẽt que nul
des poles nest esleue sur leur ozirõ ne deprime dessoubz: mais ceulx
q̃ habitẽt ailleurs q̃ soubz lequinoctial ou ozirõ obliq̃ leur ozirõ in
terseq̃ ⁊ deuise leq̃noctial en byais ⁊ non pas droit. leur appert tout
tẽps vn des poles du mõde esleue dessus leur ozirõ: ⁊ lautre leur est
tousiours muce q̃ ne voyẽt poĩt/ pl⁹ ou moins selõ diuerses hitati-
õs ⁊ selõ quon est eslõgne de leq̃noctial: ⁊ tãt pl⁹ est le pole esleue:
tãt pl⁹ est lozirõ obliq̃ ⁊ lautre pole deprime/ ⁊ est assauoir q̃ autant
ya de distance de lozirõ au pole cõe du zenich a leq̃noctial ⁊ q̃ zenich
la quarte ptie du meridiẽ ou le meillieu de larc iornel duq̃l les deux
boutz sõt sur lozirõ. Itẽ ⁊ q̃ du pole iusques a leq̃noctial est la quar
te ptie de toute la rõdeur des cieulx ⁊ aussi du cercle le meridiẽ puis
que passe par les poles ⁊ croisees de leq̃noctial droictement

Exẽple de lozirõ de paris selõ loppiniõ des bergiers/ sur
leq̃l oziron dyent que le pole est esleue xlix. degrez pour
quoy dyẽt aussi q̃ du zenich d̃ paris a leq̃noccial sõt xlix
degres ⁊ que de lozirõ iusques a zenich q̃ est la quarte p
tie du cercle meridien sont nonãte degres/ ⁊ du pole iusq̃
q̃s a zeuich sõt xli. degre/ du pole iusq̃s au solstice deste lvi. degres:
du solstice iusq̃s a leq̃noctial xxviii. degres. Aĩsi sõt du pole iusq̃s
a leq̃noctial nonãte degrez: ⁊ est la quarte ptie de la rõdeur du ciel/
de leq̃noctial iusq̃s au solstice dyuer a. xxiii. degrez du solstice ius
q̃s a lozirõ xviii. Aĩsi seroit leq̃noctial esleue sur lozirõ de pis. xli
degre/ ⁊ le soltice de. lxiiii. degrez/ auq̃l soltice est le soleil a midy au
pl⁹ grãt iour deste ⁊ a donc ẽtre en cãcer ⁊ ẽ le pl⁹ pres du zenich d̃ pis
⁊ autres de nostre ptie habitable q̃ pourroit estre/ ⁊ q̃t le soleil est au
solstice dyuer le pl⁹ court iour de lã a midy entre en capricorn⁹ ⁊ nest
esleue cestui solstice sur lozirõ de pis q̃ xviiii degrez lesq̃lles eleua
tiõs on peut facilemẽt trouuer toutes mais quon en congnoisse vne

Des deux autres grãs cercles du ciel ⁊ quatre petis

Deux grãs cercles sõt au ciel nõmez colures q̃ diuisẽt les cieulx en quatre ꝑties egalles ⁊ croissẽt droictemẽt passãt lũg ꝑ les polles du mõde ⁊ ꝑ les deux solstices ⁊ lautre par les poles aussi ⁊ ꝑ les deux eq̃nocces. Le premier des petis est dit cercle artiq̃ cause du pole du zodiacq̃ entour le pole artiq̃ ⁊ sõ pareil est a sõ opposite nõme cercle antartique Les autres deux sõt nõmez tropique / lũg deste ⁊ lautre diuer. Le tropiq̃ deste est cause du solstice deste cõmencemẽt de cãcer ⁊ le tropiq̃ dyuer du solstice dyuer cõmencemẽt ð capricorne: ⁊ sõt egalemẽt distãs lũg cercle de lautre. Icy doit on noter q̃ les distãces du polle artiq̃ au cercle artiq̃: ⁊ la distãce du tropique deste ⁊ leq̃nocciał / ⁊ celle de leq̃nocciał au tropiq̃ diuer ⁊ du cercle antartiq̃ au pole antartiq̃ sõt iustemẽt egales chascũe ð. xxiii. degrez ⁊ demi ou enuirõ dõt la distãce ð eq̃nocciał au tropiq̃ deste ⁊ du cercle artiq̃ sõt au pole ensẽble. xl viii degrez reste q̃l en demeure. xliii q̃ sõt la distãce entre le tropique dyuer ⁊ le cercle antartique ⁊ sõt ditz ses cercles petis / car ne sõt si grãs que les autres toutesfois sõt ilz diuisez chascũ ꝑ. ccc. lx. degrez cõe les pl9 grãs ¶ Du lieuemẽt ⁊ recõsemẽt des signes en loziron

Oziron est emispere / car ozirõ est le cercle qui diuise la ꝑtie du ciel laq̃lle no9 voyons de celle soubz t̃re que ne voyons pas. Emispere est celle partie du ciel sur terre q̃ no9 voyõs Item oziron est vng cercle qui ne meut si non cõe nous mouuõs de lieu en autre / mais emispere cõtinuellemẽt tourne / car vne ꝑtie lieue ⁊ mõte sur nostre ozirõ: ⁊ lautre partie recõse ⁊ entre dessoubz / aĩsi loziron ne lieue ne ne reconse / mais ce qui vyẽt dess9 lieue ⁊ ce q̃ va dessoubz reconse. Equinocciał est le cercle iournal qui lieue ⁊ recõse regulieremẽt autãt en vne heure cõme en vne autre ⁊ tout en. xxiiii. heures / ⁊ zodiaque cercle large ⁊ obliq̃ auq̃l sont les signes lieue ⁊ recõse tout en vn iour naturel / mais nõ pas regulieremẽt / car il en lieue pl9 en vne heure q̃ en vne autre pourtãt que nostre oziron est obliq̃ ⁊ diuise le zodiaque en deux ꝑties: dõt lune tout tẽps est sur nostre ozirõ ⁊ lautre dessoubz. Ainsi la moytie des signes se lieuẽt sur nostre ozirõ chascũ iour artificiel tãt soit petit ou lõg ⁊ lautre moytie ꝑ nuyt pourquoy cõuiẽt q̃ es iours q̃ sont pl9 briefz q̃ ne sõt les nuitz les signes lieuẽt pl9 tost ⁊ es iours lõgs pl9 a loisir / ⁊ aĩsi zodiaq̃ ne lieue pas regulieremẽt en ces ꝑties cõe leq̄noccial: mais ya deux fois la variatiō / car la moytie du zodiaq̄ q̄ est cōmēcemēt de aries iusq̄s a la fin de virgo tout ēsēblemēt autant de tēps a leuer cōme la moytie de leq̄noccial qui est de coste ⁊ cōmēcemēt a leuer en vn momēt: ⁊ acheuēt en vn momēt aussi Mais ceste moytie du zodiaq̄ lieue au cōmēcemēt pl⁹ tost / ceste moytie de leq̄noccial plus a loysir: ⁊ ce est appelle obliquemēt Item lautre moytie du zodiaq̄ q̄ est du cōmēcemēt d̄ libra iusq̄s a la fin de pisces ⁊ la moytie de lequinoccial qui est en coste soy cōmencēt ⁊ laissēt a leuer ensēble: mais leq̄noccial en celle ꝑtie lieue au cōmencemēt plus tost: ⁊ le zodiaque pl⁹ a loysir / ⁊ ce est appelle leuet droit q̄ est tousiours plus leue de leq̄noccial q̄ du zodiaq̄ / ⁊ neātmoins finēt ensēble. Exemple pour les deux mouuemēs qui sōt ditz / cōe se deux hōmes alloyēt de Rouen a paris / ⁊ ꝑtissē ensēble: mais au cōmencemēt lūg cheminast pl⁹ tost: ⁊ lautre pl⁹ a loysir / celui q̄ chemineroit pl⁹ tost seroit ꝑmier au milleu du chemin q̄ lautre / mais celui q̄ auroit tost chemine chemineroit a loysir: ⁊ lautre chemineroit tost / aussi tost seroiēt a paris lūg cōe lautre Itē la moytie du zodiaq̄ depuis le cōmēcemēt de cācer iusq̄ a la fin de sagitari⁹ en leuāt apporte pl⁹ q̄ la moytie de leq̄noccial q̄ ceste moytie lieue droit: ⁊ lautre moytie du zodiaq̄ lieue obliq̄mēt

De la diuisiō de la terre ⁊ de ses regions

Deuāt q̄ parlōs des estoilles a cōgnoissāce q̄ bergiers en ōt dirōs de la diuisiō de la t̄re ⁊ de ses parties a leur opinion pourquoy est a noter q̄ la t̄re est cōe rōde ⁊ pource aisi cōe on va de pays en lautre on a autre ozirō quō na uoit. ⁊ apparest autre ꝑtie du ciel: ⁊ se vn hōe alloit de septētriō droit vers midy le pole artiq̄ luy seroit moins esleue / cest a dire aparestroit plus pres de la terre / ⁊ sil aloit au cōtraire lui seroit pl⁹ esleue cest a dire appestroit pl⁹ hault. ⁊ pource sil alloit vers my dy soubz vn meridiē tant q̄ le pole artique fust moins esleue sur son ozirō par la trentiesme partie de la sixiesme partie de larc meridiē il auroit la trētiesme ꝑtie dune des six ꝑties de la moytie du circuit de la t̄re ⁊ lui seroit le pole mois esleue dūg degre. ou au contraire tant q̄l fust plus esleue dung degre. lors auroit passe vn degre du circuit de la t̄re de laq̄lle tous les degrez ēsemble sont trois cens ⁊ quarante. ⁊ cōtiēt vn degre de la terre xviii. lieues ⁊ demye ou ēuirō ⁊ cōme lespere du ciel est deuisee ꝑ les moīdres cercles en ciq ꝑties dittes zones Ainsi la terre est diuisee en ciq regiōs desq̄lles la premiere est ētre le pole artiq̄: la secōde est ētre le cercle artique ⁊ le tropique deste

La tierce est entre le tropiq̃ deste & le tropiq̃ dyuer. La quarte entre le
tropique dyuer & le cercle antartique. La quĩte entre le cercle antarti
que & le pole antartique. Desq̃lles parties ou regiõs de la terre au=
cuns bergiers dyẽt que la premiere & la v. sõt inhabitables par trop
grãt froidure. Car ilz sõt trop loing du soleil. La tierce q̃ est moyen
ne est trop pres du soleil/ & inhabitable pour la grãt chaleur. La .ii.
& la .iiii. ne sont trop pres ne trop loing du soleil: ainsi sõt attrẽpees
en chaleur & froideur & pource sõt habitables Silny auoit autre em
peschemẽt pose quil soit vray/ si nest [illegible] possible de passer a trauers la
region dessoubz la voye du soleil dic[illegible] zone torride pour aler de la se
cõde a la quarte. Car aucuns bergie[illegible] eussẽt passe q̃ en eussẽt parle
Parquoy dyent quil nya regiõ habi[illegible] la secõde en quoy nous &
autres sõmes viuans.

De la variation qui est pour diuerses habita cions & regions de la terre

BErgiers dyẽt q̃ sil estoi[illegible] possible q̃ la terre fust habi
tee tout entour: pose qu[illegible] soit. Premieremẽt ceulx q̃
habitẽt soubz leq̃noccial [illegible] en to⁹ tẽps iours & nuytz
esgaulz. & õt les deux poles du mõde au .xii. coĩgz de
leur orizõ/ & peuẽt veoir toutes les estoilles quãt voy
ent les deux poles. & le soleil passe .ii. foys lã p dess⁹ leurs testes Cest
quãt passe p leq̃noccial. Aĩsi le soleil leur est par vne moytie de lan
vers le pole artiq̃: & p lautre moytie deuers lautre pole/ & pource õt
deux yuers en vn an sãs grãt froit. Aussi õt .ii. estez/ lũg en mars q̃t
no⁹ auõs printẽps/ lautre en septẽbre q̃t nous auõs autõpne. Et p
aĩsi õt .iiii. solstices .ii. haulx q̃t le soleil passe p leur zenith & deulx
bas q̃t decline dune pt ou dautre. Et aĩsi õt .iiii. vmbres en lan Car
quãt le soleil est es eq̃nocces .ii. foys lan. au matin leur vmbre est en
occidẽt. Et du iour en oriẽt & a midy nõt point de vmbre. Mais q̃t le
soleil est es signes septentrionaulx leur vmbre est vers la ptie des si
gnes meridionaulx & au cõtraire. Ceulx q̃ habitẽt entre leq̃noccial &
le tropiq̃ deste õt .ii. estez deux yuers .iiii. vmbres en lan / & nõt dif=
ferẽce des p̃miers sinõ q̃lz ont pl⁹ grãt iour en este & moĩdres en yuer
Car cõe on eslongne leq̃noccial les iours deste eslongnẽt. Et en ce=
ste ptie de la terre est le p̃mier climat/ & p̃s q̃ la moytie du .ii. & est nõ=
mee arabie en quoy est ethiopie. Tiercemẽt ceulx q̃ habitẽt soubz le
tropicq̃ deste õt le soleil sur leurs testes le iour du solstice deste a mi
dy pl⁹ petite q̃ no⁹ & en ya vne ptie dethiopie. Quartemẽt ceulx qui

sõt entre le tropicque deste ⁊ le cercle articque ont les iours plꝰ grãs en este q̃ les dessudits de tãt cõe ilz sõt plus grãs de leq̃inoccial ⁊ plus cours en yuer/ ⁊ nõt iamais le soleil sur leur teste ne deuers septẽtrion. Et en ceste ptie de terre noꝰ habitõs. Quintemẽt ceulx q̃ habitẽt soubz le cercle ont leclipse du zodiaq̃ leur oziron/ ⁊ quant le soleil est au solstice deste ne leur recõse point. Ainsi nõt point de nuit vn iour naturel de vingtequattre heures. Quant il est au solstice dyuer il est vn iour naturel q̃l est tousiours nuyt. Septemẽt ceulx qui sõt entre le cercle artique ⁊ le pole artiq̃ ont en este beaucoup de iours naturelz q̃ leur sõt vn iour artificiel sans nuit: ⁊ aussi en yuer sont aucũs iours naturelz esquelz est tousiours nuit: ⁊ tant plꝰ on approche du pole tãt est le iour artificiel deste plus grãt ⁊ dure en vn lieu vne sepmaine: ⁊ en autre vn moys: en autre deux: en autre trois: ⁊ proportionallemẽt est plꝰ grãde la nuit dyuer/ car aucũs des signes sõt tousiours sur leur oziron: ⁊ aucũs tousiours dessoubz. Et tant cõe le soleil est es signes dessꝰ le est iour/ ⁊ tant cõe il est es signes dessoubz il est nuit. Septiesmemẽt ceulx q̃ habitẽt droictemẽt soubz le pole ont moytie de lan le soleil sur leur margin ozirõ ⁊ cõtinuel iour/ ⁊ lautre moytie de lan tousiours est nuit: ⁊ lequinoccial est leur oziron qui diuise les signes six haulx ⁊ six bas: Pourquoy quãt le soleil est es signes q̃ sont haulx ⁊ deuers eulx il ont tousiours iour/ ⁊ quant est en ceulx deuers midy il est tousiours nuit. Ainsi nont en lan que vng iour ⁊ vne nuit Et cõe dit est de ceste moytie de t̃re vers le pole articque on peut entẽdre de lautre moytie ⁊ ses habitaciõs deuers le pole ãtartiq̃

Diuision de la terre: ⁊ seulement de la partie qui est habitee

Cy diuise cõme bergiers ⁊ autres partẽt la t̃re habitable en. vii. climatz ⁊ les dyameroes. Le. ii. climat dyacenices le. iii. climat dalexãdrie/ le. iiii. diarhodes/ le. v. dyaromes/ le. vi. dyaboristenes/ le. vii. dyaripheros. Desq̃lz chascũ a sa lõgueur determinee ⁊ sa largeur aussi/ ⁊ tant plus sont pres de lequinoccial ⁊ plus sont longz ⁊ larges. Et procedent de longueur dorient en occident. ¶ Et en leur largeur procedent de midy en septentrion. Le premier climat cõe dyent aucũs bergiers q̃tiẽt de lõg la moytie du circuyt d̃ la t̃re q̃ est cẽt mille. ii: cẽs ly cues: ainsi auront cinquãte mil: ⁊ cent lieues de large. Le deuxiesme climat est pl⁹ court ⁊ mais large. Et le troysiesme plus q̃ le deuxiesme: ⁊ aisi des autres. Pour lappetissemẽt de la t̃re venãt vers septẽtriõ Pour entẽdre quest climat cõe bergiers dict. Climat est vne espace de terre esgalemẽt large: de laq̃lle sa longueur est de oriẽt en occident / ⁊ sa largeur est venãt du midy ⁊ de la terre bien habitable vers lequinoccial tirant a septentriõ tant cõme vne horloge ne se change poit / car en la terrr habitable les orloges se changẽt. vii. fois en la largeur des climatz est necessite dire q̃ soyẽt. vii. Et ou est la variatiõ des orloges est la variatiõ des climatz. Cõbien q̃ telle variation propremẽt doit estre prinse au millieu des climatz ⁊ non au cõmẽcement ne a la fin pour ꝓximite ⁊ cõuenance de lũg a lautre. Item en vng climat tousiours a vn iour artificial destre plus long ou plus court que lautre climat. Et ce iour mõstre la differẽce ou millieu de chacun mieulx q̃ au cõmencemẽt ou en sa fin. Ce quõ peut cõgnoistre sẽsiblement a loeil / ⁊ par ce iuger de la differẽce des climatz. Et est a noter que soubz lequinoccial les iours ⁊ les nuitz en tous tẽps sont esgaulx chascũ de douze heures. Mais venãt vers septẽtriõ les iours de este allongnẽt ⁊ ceulx dyuer appetissẽt. Et tãt plus approche len septentrion tãt plus les iours croissẽt tellemẽt que en la fin du dernier du climat les iours en este sõt plus grãs troys heures ⁊ demie q̃ ne sõt au cõmẽcemẽt du premier. ⁊ le pole pl⁹ est eleue de trente huyt degrez. Au commẽcemẽt du premier climat le plus long iour deste a douze heures ⁊. xl v. minutes. Et est le pole esleue sur lorizon douze degrez ⁊ quarãte cinq minutes. Et au millieu du climat le pl⁹ long iour a. xiii. heures. ⁊ est esleue le pole saize degrez: ⁊ dure la largeur iusq̃s ou le pl⁹ lõg iour deste est traize heures ⁊. xx v. minutes ⁊ le pole esleue. xx. degrez ⁊ demy. Laq̃lle largeur est deux cẽs ⁊. xx. lieues de terre. Le segõd climat cõmẽce a la fin du premier: ⁊ le meillieu est ou le pl⁹ lõg iour a. xiii. heures ⁊ demye / ⁊ le pole est esleue sur lorizõ xxiiii. degrez ⁊ xx v. m. ⁊ dure la largeur iusq̃s ou le plus long iour a xiii. heures ⁊. xl v. m ⁊ le pole est esleue. xx vii. degrez ⁊ demy / ⁊ cõtiẽt de t̃re ceste largeur. ii. cẽs lieues iustemẽt / le tiers climat cõmẽce ou est la fin du segõt son millieu est le pl⁹ lõg iour a. xiii. heures ⁊ le pole est eleue trẽte degrez. xl v. minutes ⁊ la largeur sestẽd ou le pl⁹ lõg iour a. xiii. heures ⁊ quinze minutes / ⁊ le pole est esleue trente ⁊

troys degrez xl. mi. ¶ Le quart climat commence a la fin du tiers ⁊ son meillieu est la ou tout le plus long iour si a quatorze heures / ⁊ demie ⁊ le pole est esleue. xxxvi. de[gr]es ⁊ xx minutes / sa largeur dure iusq̃s ou pl⁹ lõg iour a. xiiii heures ⁊. xlv minutes ⁊ le pole est esleue: xxx degrez ⁊ cõtiẽt de t̃re largeur: l. lieues Le. v. climat commẽce en la fi du quart / ⁊ meillieu est ou le pl⁹ lõg iour a. xv. heures ⁊ le pole est esleue. xl. ⁊ vng degre ⁊ xx. mi. ⁊ dure sa largeur iusques ou le pl⁹ lõg iour a. v. heures xv. m: ⁊ le pole est esleue. xliii. degrez ⁊ demi / ⁊ sa largeur cõtiẽt de t̃re cẽt xxvi. lieues Le sixiesme climat cõmẽce en la fi du. v. ⁊ sõ meillieu est au pl⁹ lõg a. xv. heures ⁊ demie ⁊ le pole est esleue sur lozirõ. xlv. degrez ⁊. xxxiii: m. laq̃lle largeur est ou le pl⁹ lõg iour a. xvi. heur̃ ⁊ le pole est esleue. xlviii. degrez ⁊. xl m la largeur se est[end] iusq̃z ou le plus lõg iour. xvi heur̃ ⁊ xv. m ⁊ le pole soit esleue cinquãte degrez ⁊ demi ⁊ contiẽt ceste largeur de terre quatre. xxiiii. lieues

Une merueilleuse consideration de grant entendement des bergiers

Il fault poser le cas q̃ selõ la longitude des climatz on peut enuirõner la terre tout en tour en allant droit vers occidẽt tãt q̃ on fust retourne au lieu dõt lon seroit parti aucũs bergiers diẽt q̃ peu sen fault quõ ne face ce tour: diẽt p̃ cause de exẽple q̃ vn hõe fist ce tour. en xii iours naturelz allãt regulieremẽt vers occidẽt ⁊ cõmẽcast maintenãt a midi il passeroit chascun iour naturel a xii. p̃ties du circuit de la terre ⁊ sõt. xxx. degrez autre tãt q̃l retournast au meredien de celui hõme ⁊ aisi auroit celui hõme sõ iour ⁊ nuit de. xxvi. heures ⁊ seroit pl⁹ lõg par la douzieme p̃tie dũg iour q̃ sil se reposast parquoy il sẽsuit necessite quen xii. iours naturelz celui hõme auroit seulemẽt vnze iours vnze nuitz / ⁊ q̃lq̃ peu mais ⁊ q̃ se le soleil ne lui luysoit q̃ neuf fois ⁊ ne resc[õ]seroit tãt seulemẽt q̃ vnze fois / car vnze iours ⁊ vnze nuitz chascũ iour ⁊ nuyt de. xxvi. heures sõt xii. iours naturelz chascun iour naturel de. xx. quattre heures. Par sẽblable consideratiõ cõuiẽ droit q̃ vn autre hõme q̃ feroit ce tour allãt vers oriẽt eust sõ tour allãt vers oriẽt est sõ iour ⁊ nuyt pl⁹ court q̃ nest vng iour naturel de deux heures / ⁊ ne seroit sõ iour ⁊ nuyt q̃. xxii. heures dõt sil faisoit ce tour ce mesme temps en. xii. iours sensuiuroit par necessite quil auroit .xiii. iours. Ainsi se iehan faisoit le tour vers occidet et pierre vers orient et robert les attedist au lieu dot seroiet partis lug quat et lautre et retournissét lug quat lautre aussi pierre diroit ql auroit .ii. iours et .ii. nuitz plus q iehan et robert qui seroit repose vn iour mois q pierre et vng pl9 que iehã cobien ql eussent fait ce tour en .xii. iours naturelz ou en cent ou en dix ans cest tout vng et est beau a cosiderer entre bergiers come pierre et iehan arriueroiet en vng mesme iour po se que fust dimeche et iehan diroit il est samedi et pierre diroit il est lu di et robert diroit il est dimenche

Du pommeau des cieulx estoille nommee le stoille de nort pres laqlle est le pole artique. dit septemtrional

Aps ce que dessus est dit cy venos a parler daulcunes estoilles en pticulier: et pmieremet de celles que bergiers nomet le pomeau des cieulx ou estoille d nort pquoy le doit scauoir q sesiblemet no9 voyos le ciel tourner de orient en occidet par mouuemet iournel / cest du premier mobile lequel se fait sur deux pointz opposites qui sont les poles du ciel desquelz lug nous appert et est le pole artique / et lautre ne voyons pas / cest le pole artiq ou midy q tousiours est muce soubz la terre pres du pole artique qui no9 appert est lestoille plus pchaine q bergiers appellet le pommeau des cieulx laqlle dient plus haultes loingtaines de no9 et p laquelle ont la cognoissace quilz ont des autres estoilles et parties du ciel les estoilles q sot pres de cest pomeau ne vot iamais soubz terre desquelles sot lesestoilles q sot le chariot et plusieurs autres / mais celles qui sot loig vot aucunefois soubz terre: come le soleil et la lune et autres planetes. Soubz ce pomeau droictemet est langlet de la terre lendroit ou est le soleil heure de minuit

De endromede estoille fixe.

Aries est signe chault qui gouuerne le chief la teste / et la face et des regios babilone / pse / et arabie: et signifie petites arbres et soubz lui au xvi. degre se lieue vne estoille fixe nomee endromeda q bergiers figuret vne fille en cheueux sur le riuage de la mer mise pour estre deuoree de monstres maris / mais perceus filz de iupiter cobatit de son espee le mostre et le tua dont fut deliuree laditcte andromeda. Ceulx qui sot nez soubz sa constellatio en dagier de prison ou de mourir es prisos / mais se bonne planete y regarde eschapet de mort et priso. Aries est lexaltation du soleil au neufuiesme degre et si est aries maiso de mars auec scorpius en laquelle mars sesiouist plus

M.i.

De lestoille fixe nōmee perceus seigneur de lespee

Taur⁹ a les arbres/plantes/gentes/⁊ gouuerne de lhomme le col ⁊ le noud du gozier: des regiōs ethiope: egipte ⁊ le pais dētour ⁊ soubz son .xxii. degre se slieue vne estoille fixe de la premiere magnitude q̄ bergiers applēt perceus filz de iupiter qui coupa la teste de medusa laq̄lle faisoit mourir tous ceulx qui la gardoyēt ⁊ par nul engin ne sen pouoyēt garder. Bergiers dict que quāt mars est conionct auec ceste estoille ceulx qui sont nez soubz sa cōstellation ont la teste trēchee se dieu ne leur fait grace/appellēt aucunesfois ladite estoille le seigneur de lespee ⁊ le figurēt vng hōme nud ⁊ lespee au poing: ⁊ lautre chief de medusa ⁊ ne le regarde point/ ⁊ est taurus exaltation de la lune au troiziesme degre

De oziron estoille fixe ⁊ ses compaignes

Gemini signifie largesse: bon courage/sens beaulte/clergie/⁊ gouuerne de lhōme les espaules les bras/les mains. ⁊ des regions iugeen armenie cartage ⁊ a les moyēs arbres. ⁊ soubz son .xviii. degre se lieue vne estoille fixe nōmee ozirō/ ⁊ .xxxvi. aultres estoilles auec soy ⁊ est en figure dung hōme arme. vestu dūg haubergion ⁊ ceint vne espee ⁊ signifie grās capitaines. Ceulx qui sōt nez soubz sa cōstellation sont en dāgier de violēce ⁊ estre tue en trahison se bōne fortune faicte en leur natiuite ne les saune. Gemini ⁊ virgo sōt les maisōs de mercure/mais virgo est celle en quoy se siouist le pl⁹ ⁊ si est gemini au troiziesme degre lexaltatiō de la teste du dragon

De lestoille fixe que bergiers appellent alhabor

Cancer domine les arbres longs ⁊ egaulx ⁊ du corps de lhōme la poictrine/le cueur/lestomach/les costes/la ratelle/ ⁊ le poulmō/⁊ des regiōs gouuerne armenie la petite: ⁊ la region de oriēt. ⁊ se lieue dessoubz lui au huitiesme degre vne estoille fixe q̄ bergiers nomment alhabor cest a dire le grāt chien: ⁊ dient que ceulx q̄ sont nez soubz sa cōstellation ⁊ que elle est en lascendāt au milieu du ciel elle signifie bonne fortune. ⁊ se la lune est auec elle ⁊ la ptie de fortune celui qui sera ne deuiēdra moult riche ⁊ est cācer maisō de la lune/⁊ si est lexaltation de iupiter au quinziesme degre

De lestoille fixe nommee cueur de lyon

Leo a les grās arbres/cest a dire quil les seigneurie: signifie hōe terrigineulx plai de courour ⁊ dangoisse/⁊ au corps de lhōe regarde le cueur ppremēt le dos ⁊ les costes ⁊ des regiōs artitri iusq̄s a la fin de la terre habitable/⁊ soubz son .xxiii. degre vne estoille fixe nommee cueur de lyon / et ceulx qui sont nez soubz sa constelation ainsi q̃ dyent bergiers sont esleuez en hault seigneurie en grant office / puis sõt deprimez ou abaissez et en dãgier de leur vie / mais se bonne planete regarde laditte estoille ilz seront sauuez de grant peril. Leo est la maison du soleil / et en aries est son exaltation.

De lestoille fixe ditte nebuleuse / estoille coupp edor.

Virgo gouuerne tout ce qui est seme sur terre / et signifie hõme de bon courage: philosophe et large: et toute maniere de sẽs / et de hõe regarde le ventre et les entrailles. Et des regions algeramita: assen q̃ est vne region pres de iherusalem: eufratẽ: et sylle despaigne. Soubz sa lõgitude au. xv. degre seslieue vne estoille fixe ditte nebuleuse ou queue de lyon: et en latitude septẽtrionalle dudit signe virgo. Soubz ledit signe se lyeue vne autre estoille fixe q̃ nommons couppe dor / et est au xiii. degre dudit signe vers la ptie meridionalle. Laq̃lle estoile est la nature de venus et de mercure / et signifie ceulx qui sont nez soubz sa coustellation scauoir choses dignes

De lespic estoille fixe:

Soubz le signe de libra q̃ domine les grãs arbres / et larges signifie iustice / et de lhõme dñe les rais et le dessoubz du ventre. Et des regiõs le pays de rõmenie et de grece. Soubz sõ. xviii. degre seslieue vne estoille fixe nõmee porc espic. Ceulx q̃ sõt nez soubz sa cõstellation ont belle figure / sõt hõnestes / et sõt choses dõt les gẽs sesmerueillent / et signifie richesse par marchãdises hõnestes et precieuses et sõt vouletiers aymez des dames et des seigñrs / et est libra soubz qui se lieue ceste estoille vne des maisõs de ven⁹ celle ou plus sesioyst / et si est le exaltatiõ de saturne / car le tẽps y cõmẽce a deuenir froit. Cest au moys de septẽbre et saturne est planete seigneur de froydure q̃ se veult exaulcer q̃t entre en libra.

De la courõne septẽtronalle estoille fixe

Soubz le scorpiõ q̃ domie les arbres q̃ sont de lõgitude et larges et signifie faulcete / et du corps de lhõe gouuerne les lyeux honteux. Et des regiõs la tre heberget et le cãp darabie. Le secõd degre se lieue vne estoille ditte courõne septẽtrionalle / laq̃lle quãt est en lascendãt au millieu du ciel elle dõne hõneur et exaltatõ a ceulx qui sõt nez soubz sa cõstellation. specialemẽt quãt elle est biẽ regardee du soleil. Le scorpiõ est vne des maisõs a mars: en laq̃lle sesiouyst pl⁹: et aries est lautre / et si est le signe ou cõmence a mars a dechoir de sõ exaltatiõ.

Du cueur de scorpion estoille fixe

Soubz le sagittaire q̃ signifie hõe plain dengin ⁊ sage ⁊ gouuerne les cuisses de lhõe Et des regiõs ethiope: maharobẽ ⁊ anenich. Soubz sõ premier degre se lyeue vne estoille fixe de la pmiere magnitude q̃ bergiers nõmẽt cueur de scorpion. Laq̃lle q̃t est bien regardee de iupiter ou de Ven⁹ elle eslyeue ceulx q̃ sõt nez soubz sa cõstellation en grant hõneur ⁊ richesse. mais q̃t elle est mal regardee d̃ saturne ou de mars elle met ceulx q̃ sõt nez soubz elle a pourete. Le sagittaire est maisõ de iupiter en laq̃lle se sioupt plus ⁊ pisces est son autre maison si est ledit sagittarius lexaltation de la queue du dragon.

De laigle vollant estoille fixe.

Capricorne signifie hõme de bõne vie sage preux / ⁊ de grãt tristesse ⁊ gouuerne les genoulx. Et des regiõs ethiope: arabõ: ⁊ vehemẽ iusq̃s aux deux mers. Et soubz sõ xxviii. degre si lieue vne estoille q̃ bergiers nõmẽt aigle vollãt q̃ signifie les roys ⁊ ẽpereurs souuerais Ceulx q̃ sõt nez soubz sa cõstelatiõ q̃t elle est bien regardee de iupit ⁊ du soleil mõtãt en grãt seigneurie / ⁊ sõt amis aux roys ⁊ prices Aquari⁹ ⁊ capricorn⁹ sõt maisõs de saturne / mais en aquari⁹ saturne se siouist pl⁹ / ⁊ si est ledit capricornus exaltacion de mars

Du poisson meridional estoille fixe

Soubz aquari⁹ q̃ garde les iãbes de lhõe iusques aux cheuilles des piedz. Et des regiõs hazenoth: alẽpha. vne ptie delphige: vne ptie degipte. Soubz sõ xxi. degre se sleue vne estoille q̃ bergiers nõment poissõ meridional Ceulx q̃ sõt nez soubz sa cõstellatiõ sont eureux en pescherie dedẽs la mer de midy. ⁊ soubz le ix. degre du dit signe se slieue le delphin q̃ signifie sigñrie sur choses marines / sur estãcz ⁊ riuieres cõe dit est / aquari⁹ est maisõ de saturne: en la q̃lle se siouist

De pegasus qui signifie cheual dhonneur estoille fixe

Pisces regarde de lhõe les piedz / ⁊ signifie hõe subtil sage: ⁊ de diuerses couleurs Et des regiõs tabrasẽ / iurgẽ / ⁊ toute la ptie habitable qui est pl⁹ septẽtrionalle / ⁊ a part rommenie. Et soubz sõ saiziesme degre se lieue vne estoille qui est nommee pegasus / cest le cheual dhõneur: ⁊ est figure en signe dũg beau cheual. Tous ceulx q̃ sont nez soubz sa cõstellation sõt a hõneur entre les grãs capitaines ⁊ seigneurs. Quãt ven⁹ est auec luy ilz sõt aymez des grãs dames se la dicte estoille est au millieu du ciel en lascẽdant. Et est pisces vne des maisõs de iupiter: ⁊ sagittari⁹ lautre en laq̃lle se siouist le pl⁹: ⁊ si sont lesditz poissons au. xxvii. degre lexaltation de venus

¶ Les cieulx & la terre peuuent estre diuisez en quatre ꝑties par .ii. deux cercles qui se croiseroyẽt droictement sur les deux poles & croyseroyẽt quatre fois lequinoccial. Chascune des .iiii. ꝑties diuisee en troys egallemẽt seroyẽt en tout douze ꝑties egales tãtau ciel que

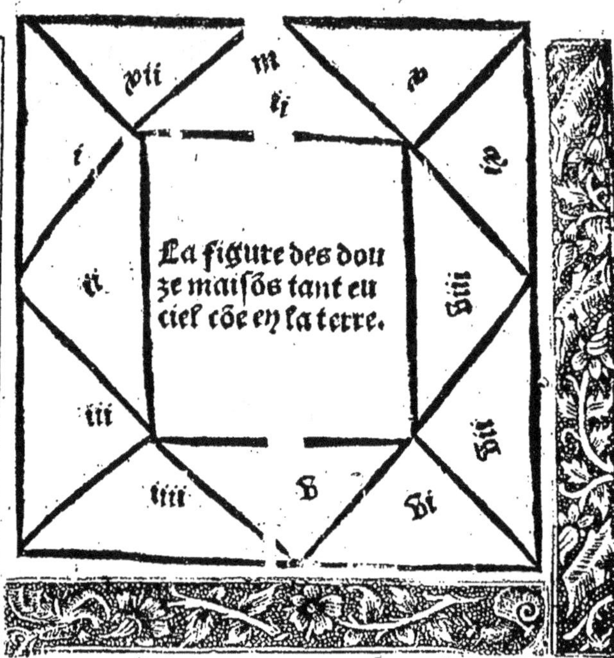

terre que bergiers appellẽt maisõs/ & en sont douze. Desquelles six sõt tousiours sur terre & six dessoubz/ & ne mouuẽt point ces maisõs: aincoys sõt tousiours chascune en son lieu/ & les signes & planetes tous y passẽt une fois en .xxiiii. heures. Trois des maisõs sõt de oriẽt a minuit allãt soubz terre. La ꝑmiere soubz t̃re cõmence en oriẽt nommee maison de vie. La secõde maisõ de substãce & richesses. La tierce q̃ finist a mynuit est maison de freres/ la quarte q̃ cõmence a mynuit venãt en occident est nõmee maison de patrimoine/ la cinquiesme en suyuant est maison de filz/ la .vi. qui finist en occidẽt soubz terre est maison de malladie/ la .vii. cõmence en occidẽt sur terre & tendãt contre midy est maison de mariage/ la .viii. maisõ de mort la .ix. finist a midy & est ditte maison de foy de religiõ & peregrination/ la .x. cõmence a midy venãt contre orient & est maisõ dhõneur & royaulme la .xi. apres est maisõ de vrays amys/ & la .xii. qui finist en orient sur la t̃re est ditte maisõ de charite. Mais ceste matiere est difficille pour bergiers cõgnoissãs la nature & ꝓpriete de chascune de ses .xii. maisõs si sẽ deportẽt legierement & suffist de ce que dit est auec la figure presente

M .ii.

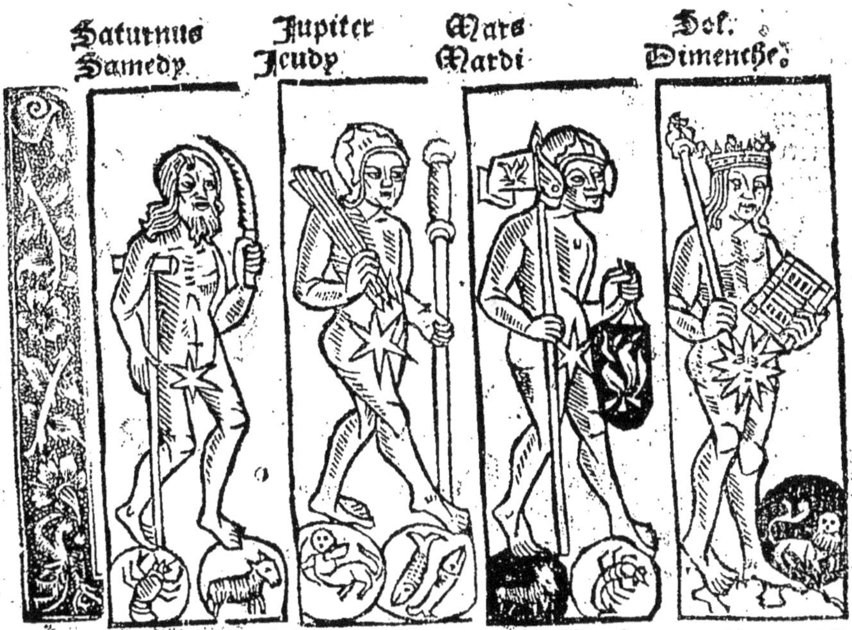

Qui veult scauoir cõe bergiers quelle planette regne chũe heure du iour ⁊ de la nuyt. ⁊ ql planette est bon ou mauuais / doyt scauoir la planete du iour / ⁊ veult senquerir ⁊ la pmiere heure tẽporelle du soleil leuãt ce iour est por celuy planete. La secõde heure est pour le planete ensuyuãt / ⁊ la tierce pour autre: cõe sõt cy figurees. ⁊ cõuiẽt aller de sol a venꝰ mercure ⁊ luna. puis reuenir a saturne iusqs a xii. q est deuant soleil couchãt. ⁊ incõtinẽt q le soleil est couche cõmẽce la pmiere heure de nuyt q est pour le pmier planete. ⁊ la secõde heure de nuyt pour le traisiesme. ⁊ ainsi iusqs a xii. heures pour la nuyt q est lheure pchaine q est deuant soleil leuãt. ⁊ viẽt droictemẽt cheoir sur le xxiii. planete q est pchain deuãt celuy du iour ensuyuãt. Et ainsi le iour a xii. heures. ⁊ la nuyt xii. Lesquelles sõt heures tẽporelles differentes aux heures des horologes: lesquelles sont artificielles. Bergiers dyẽt q saturne ⁊ mars sõt mauuais. iupit ⁊ venꝰ bõs. sol luna indifferẽs. La ptie deuers le bõ planete est bõne. ⁊ la ptie vers le mauuais mauuaise. Mercure gioict auec vn bõ planete ⁊ vn mauuais. ⁊ qt aux influẽces bõnes ou mauuaises q sont desd. planetes ca bas.

Venꝰ. Vendredy | Mercure Merquedy. | Luna Lundy

Les heures des planetes
differẽt celles des horloges
car les heur̃ des orloges p
toꝰtẽps sõt egalles chũc de
lx m̃. mais celles des plan̄
quãt les iours ⁊ nuitz sõt
egaulx q̃ le soleil est en vn
des eq̃nocces elles sõt ega
les/mais aussi tost que les
iours croissẽt ou apeticent
aussi sõt les heur̃ nat[ur]elles
p ce q̃l quiẽt toꝰ tẽps lo ior
auoir xii. heur̃ tẽporelles/
⁊ la nuyt xii. aussi. ⁊ quãt
les iours sõt plꝰ grãs ⁊ les
heures plꝰ grãdes. ⁊ quãt
sont petis ⁊ les heures plꝰ
petites: pareillement de la
nuyt. Et nonobstant vne
heure de la nuyt auecques
vne de nuyt ensẽble ont xvi. xx m̃. autant que deux heures artificiel
les/car ce q̃ lũe laisse lautre prẽt Et p̃ nõs nostre iour des planetes du
soleil leuãt nõ pas deuãt iusq̃s a soleil couche nõ pas apͣs/ ⁊ tout le
remanẽt est nuyt/exẽple de ce q̃ est dit. En decẽbre les iours n'õt que
viii. heures artificieles des orloges: ⁊ ilz en õt. xii. tẽpelles/soyẽt di
uisees les viii. heur̃ artificielles en xii. pties egalles ⁊ ce seront: xii.
foys. xl. m̃. chacũe ptie sera vne heur̃ tẽporelle q̃ sera de. xl. m̃. ⁊ non
plꝰ Ainsi en decẽbre les heur̃ tẽporelles de iour nõt que. xl. m̃. ⁊ celles
de la nuyt. iiii xx: car en ce tẽps les nuitz ont. xvi. heur̃ artifficielles
lesq̃lles diuisees en. xii. ptres sõt. iiii xx. m̃ pour chascũe qui est vne
heure tẽporelle Ainsi les heu. de nuyt en decẽbre ont. iiii xx m̃. et. xl.
min̄ dune heure de iour/ ⁊ iiii xx/dune de nuit sõt xvi xx m̃ q̃ deux
heures/ ⁊ deux heures tẽporelles ont autãt cõe deux artificielles/q̃
sont de chacũe lx m̃. En iuing est par le cõtraire/en mars ⁊ septembre toutes heures sõt egalles cõme les iours sõt egaulx/ ⁊ es autres
moys pareillement par egalle porcion. Auecques chacun planete cy
dessus sõt figurez les signes qui sont la maison dicelup planete cõme dit est cy deuant. Capricornus ⁊ aquarius sont maison de satur-

ne sagittari9 pisces de iupiter/scorpi9 & aries de mars/leo de sol/tau
r9 & libra d venꝰ/vgo de gemini de mercure/cãcer de luna/auec autres significatiõs qui seroient longues a roconter

Enseiguement du pere au filz
Mon filz ie te donne a entendre
Ce que iay & puis comprendre
Du ciel & estoilles qui y sont
Ou ie pense bien au parfond
Je considere les signes tous
partie sur terre autres dessoubz
Et aussi des sept planettes
Tant belles cleres & nettes
Je pense la lune coucher
Et du soleil qui veult leuer
Je considere de orient
La partie midy & occident
Septentrion: & le pommeau
Des cieulx moult cler & tresbeau
Pour toute creature humaine
Je vueil mõstrer voye certaine.
A toy cõgnoystre & bien regler
Cõme tu ten doys gouuerner.
Et pourras cy voir comment
Tous bergiers scaiuẽt seuremẽt
Les natures des planettes.
que dieu a ordõne & faictes
En les suyuãt de dẽs leurs fines
Tu trouueras belles doctrines.
Qui te dourrõt aduisement
De tõ faict & gouuernement.
Car ie te dys & si tenseigne.
Que chascũ porte son enseigne.
Lune est triste lautre ioyeuse
Lune fyere/lautre amoureuse.
Lune chaulde. lautre froyde
Lune est doulce/lautre royde
Lune venteuse: & lautre fresche
Lune moyste/& lautre seche
Lune arogante lautre bõne
Ainsi que dieu si leur ordonne.
Cõclusion plaise ou non plaise.
Lune bonne lautre mauuaise
Saturne froit qui tient lempire
Des sept planettes est le pire
De mars chault d q̃ biẽ lappcoit
Ne vault riẽ mieulx chose q̃ soit
Jupiter bon aussi venus.
Cez deux sõt les meilleurs de toꝰ
Mercure ploye a deux endroys.
Bõ ou mauuais cõe par drois.
Se treuue ioingt a q̃lcun autre
Qui le fait tel & non autre
Sol & luna ont les renoms
De moitie mauuais moitie bõs
Ainsi scauras sans faire doubte
Leur mauuaistie: ou bonte toute
par la figure q̃ sensuit
Cõgnoistras de iour & de nuyt
En chascũe heure quelle planete
Regne se bien scauoir te haitte
Et cõe leurs heures sõt toutes
Aucũ tẽps lõgues autres courtes
Je te mõstreray par figure.
De chascun quelle est sa nature
Par quoy scauras pour verite
par vertu & ppriete. Saturnus si
gnificat hoĩez ĩ nigrũ & croceum
ãbulãdo mergẽtẽ oclõs ĩ terrã q̃põ
derõs9 ẽ icessu adiũgẽs pedẽs & ma
cer recuru9 hñs oclõs puos siccã
cutã barbã rarã labia spissa call
d9 igenios9 seductor ĩfector hoĩez
q3 corpe pilosũ iũctis superciliis

Saturne
pla nette
nōme. su
is sur toꝰ
autres re
nōme. en
mō siecle
plꝰ nota-
blement.
De toꝰ / ⁊
naturelle
mēt. Dō
nāt eau ⁊
grāt froi
dure Sec
froit suis
de ma na
ture. En le seremice ie vueil teuir
pour mieulx a mes fins puenir
Et si ne puis enuirōner. Les xii
signes ne passer. Vne foys seule
tout cōclus. Que ny mette trēte
ans ou plus De sa ppriete
Saturne par sa faulce enuie.
A toutes choses q̄ ont vie Est en
nemy de saturne. Qui soubz luy
est ne par droicture. Il est plain
de mauuais malice. A vil ⁊ ord
mestier ppice. Est ppre pour cuyr
cōroyer. Et en toutes guises ou
urer. De pai ⁊ de chair grāt men
geur. Et en bouche puant odeur
pesant pensif malicieux Triste
dolēt et couuoiteux. De science
mal aprins. De rober ou battre
repris. cheueux a noirs ⁊ biē agꝰ
Et si nest poīt trop fort barbus
petis yeulx cault ⁊ seducteur.
Visage mesgre / grant menteur
pour segret assez cōuenable. Et
dōner conseil prouffitable. Sca
ra parler choses antiq̄s. Hysto-
res batailles croniq̄s. Grosses
espaules bas deuāt. Mal lāgage
mal aduenant. Grosses leures
noyre couleur. Et celle q̄ luy est
meilleur Se fortune ne luy faict
guerre. Grant amasseur sera de
terre. Et fera grosse nourriture
Basse sera sa regardure.
Naymera gueres voulentiers
Ne les sermōs ne les moustiers.
pays cheminera loingtains
Bon se fera garder de ses mais
Chōe regarde sur deux parties.
Sur la ratelle ⁊ les ouyes

Jupiter signi ficat hoiez albu hñtē rubore ĩ facie: hñtē oclos nõ prorsus nigros nares non equales & breues / caluũ ĩ aliquo dētiũ: hñtē nigredinē / pulcre stature: boni aĩmi bonis moribꝰ pulcri corporis. magnos oculos hñtē / pupillã latã / barbam crispam.

Jupiter

Jeudi.

Jupiter seconde planette.
De saturne est clere & nette
Mõlt chaulde / moytie vtueuse.
Et de deux signes amoureuse
Du poisson & du sagittaire.
Nul meschef on ne luy voit faire
Naulcune perte ne dommage:
En le seruice se soullage.
Et se maintient ioyeusement.
Si fait bon deuoir seuremẽt.
De dēs xii. ans denuironner.
Les douze signes & passer

De sa propriete

Qui soubz iupiter sera ne
Bening & gracieux trouue
Sera riche de grant substance
Sage discret plain de science
Il aymera paix & concorde
Bon iugement misericorde
Joyeuse vie vraye verite Religion & ecte. Toutes choses ingenieuses Cõgnoistre pierres pcieuses Habũdera fort a nature. Et de tous artz il aura cure. Auoir aucune cõgnoissãce. Voul dra auoir de lart nigromãce. De mesure large & lõg. Le hault & aussi le parfond Au visage blanche couleur. Biẽ peu couuerte ď rougeur. Aucũs dētz noirs & nez camus. Chauue sera & fort barbus yeulx larges & grans sourcilles cheueux crespes grosses nazilles Choses q sõt delicieuses. Odorãtes & sauoureuses Aymera biẽ & beau lãgage. Net corps aura & frãc courage. Le drap aymera vert ou gris. De nul ne sera repris pour mal / mais a toꝰ plaisãt. Dautruy ne sera medisant.

De noble fait entreprenable. Chã
tãt riãt & delitable. En marchãdi
se droicturier. Dor & dargent
grãt tresorier. stomach / foye / o-
reille senestre. Bras dextre dhõme
ie gouuerne Mars Mardi

Mars signat hoĩem
rubeũ hñtẽ capillos
ruffos / faciẽ rotũdã
hñtẽ oculos croceos:
horribilis aspectus /
hoĩem ferocẽ: hñtẽ su
perbiã / leuitatẽ & au
daciã.

Mars ie suis pla-
nette troysiesme. qui
dié ay tout regime
Chauld & sec la bar-
be rousse. Voulẽtiers
ie me couroucé. Lũg
de mes signes est le
moutõ. Et lautre est
lescorpiõ. Quant eneulx ie me
peulx retraire Guerres & batail
les fais faire. En lescreuice veil
mõter. pour les signes enuironer
Tous les xii. p ma vigour. passe
en ii. ãs cest mõ droit tour.

De sa propriete

Quiconq̃ sera ne soubz mars:
a plusieurs maulx faire e̅ espris.
Il est rouge malicieux Les
yeulx petis & noirs cheueux
Du tout adõne a faire guerre
Ou vng grãt chemin par terre
Faiseur despee & de cousteaux
Bateur de fer & de metaulx
Felon despit & plaĩ dinitures
Respãdeur de sãg p batures
Demesure fort aluxure
Grosses bestes nourrir a cure
Rousse barbe & rond visage
Hideux regard & dur courage
Barbier tailler bõ pour saner
playes / scauoir dentz arracher
soubz mars sõt nez qui larcins:
Font & qui espient les chemins:
Diligẽt est bien peu sõmeille:
En toutes choses il est trauaille
Dauec tout hõme se discorde
Car en luy nest misericorde.
sa force a plusieurs maulx ẽclie
Et a ses piedz a quelque signe
Jureur de dieu & de tous sainctz
Fort dãgereuses sõt ses mains:
sur les couleurs ayme le rouge.
Ou celle q̃ de plus pres la touche
En corps de lhõme vous affie /
Quil garde les rains & le fiel.

Sol dimenche

Sol significat hoiez q̃ hz colorẽ inter croceũ ꝛ nigrũ id est fu scũ tectũ cũ rubore breuis stature: crispũ cal/uũ. pulchri corporis/capillos parũ rubeos/oculos a liq̃tulũ croceos: ꝛ miptaz hz naturã cũ planeta q̃ cũ eo fuerit dũmodo dignio/rẽ hẽat locũ eius insequtur naturam Je suis pla/nete nõpareil. Des autres nõme le soleil. Et si suis iustemẽt moyẽs. De mes freres tresãciens. Chault ꝛ sec suis de ma nature

Jayme du lyõ la figure
Et en sa maison me retraire
Saturne si mest fort contraire.
par sa froidure ꝛ sans cesser
Ma grant chaleur veult abaisser. Les signes passe sãs seiours
En troys cens soyante iours.

De sa propriete

Qui soubz le soleil sera ne.
Beau de face sera trouue.
Blanche couleur aura ꝛ tendre.
Et si voul dra en soy contendre.
Monstrer estre de belle vie.
Segret vsant ypocrisie
Sil se done par bonne guise
Bien pourra estre hõe deglise
sage net ꝛ de bonne foy.
Gouuerneur dautre que soy.
Aymera le deduyt de la chasse.
Chiẽs oyseaux pour sa largesse
Auoir voul dra hõneur science
Chantera de voix a plaisance
Hault courage bien diligent.
pour seigneurer sur autre gent.
Juge sera entre les sages
Eloquẽt plai de doulx lãgages
preuost baillif ou chastelain
point ne sera son cueur villain
Car sõ vouloir sera grãmẽt
Auoir dautruy gouuernement.
Subtil sera en fait de guerre
A luy viẽdrõt põ cõseil querre
par femme aura benefice.
Ou en court de seigneur office
En court de seigneur aura grãce
pour son cõseil ꝛ sa prudence.
Son seing portera au visage
Et sera petit de corsage
Crespes cheueux la teste chauue
Et les yeulx tirãs sur le iaune.
Des mẽbres regarde le cueur.
Qui du corps tiẽt le meilleur.

Venus significat hoiem Vanus Vendredy

albū trahētē ad nigrediez pulchri corporē ꝯ capillor facie rotūdā paruā haben tē maxillā pulchros ocu- los ꝯ eorū nigredo plusꝗ͂ opꝫ signatqꝫ hoiez pulcrā faciem habētem ꝯ multos capillos ad albuz cōfectū rubore crassū ostendētem beniuolētiam

Venꝰ planette suis nōmee des amoureux bie aymee Moiste ꝯ froit suis ꝑ nature deux signes si sōt ma cure Cest le thoreau ꝯ la balāce Menet ie fais ioyeuse vie aux amoreux car seigneu rie. Ay sur eulx ꝗ mars me oste- roit voulētiers si pouoir auoit En douze moys sās riēs laisser: par douze signes vueil passer

De sa propriete.

Qui sera ne dessoubz venus
Amoureux gay sera tenus:
plaisant ꝯ beau a ladnenāt.
beaux yeulx peu brū bouche riāt
De trōpettes clarōs haulx bois
Querra iouer/ ꝯ vne voix
Aura bonne pour chanter.
pource vouldra danser saulter:
Jouer aux eschetz ꝯ aux tables
Et estre longuemēt a tables
parler mēger boyre bon vin
Tant ꝗ soit yure soir ꝯ matin.
Aymera dames a tous beaux:
Vestemēs ꝯ riches ioyaux
painctures pierres precieuses:
fleurs ꝯ odeurs delicieuses.
Veritable ꝯ de bonne foy.
Autruy aymera comme soy.
Large pour festoyer amys
peu gens serōt ses ennemis.
Dispose sera par facon
pour chanter bien toute chansō.
Tāt est ꝑpre ꝯ bien diuisant
Car tout ce quil fait est plaisāt:
Brun de face mais biē forme
De corps est: ꝯ de mēbres aorne
Visage rond/courtes maxilles
Barbe noire ꝯ les sourcilles
Grosse perruque tresfort noyre:
Quāt il iure on le doyt croyre
Les rais aussi tout ce ꝗ est entre.

N.ii

Les cuisses auec le petit ventre
Cest vng quartier segret tenus.

Soubz le regne de Venus

Mercure Mecredy

Mercurius significat hoiem nō multū albū neqz nigrū/frōtē leuatā et longā/i facie lōgitudiez & nasū longū/barbam in maxillis/oclōs pulcros non ex toto nigros. longos quoqz digitos. significatqz perfectū magisterium

Mercure planette notable. suis pour fort vēter agreable. Sec & plai suis de grāt chaleur En deux signes est ma haulteur
Lūg est appelle gemini:
Lautre virgo / de grant soussy Mō deduyt par cōdicion:
Je prēs en virgo & au poisson
point ne requiers auoir de repos
De bien labourer iay ppos
Jay passe les signes tousiours:
en troys cens & trente huit iours

De sa propriete

Qui soubz mercure sera ne:
De subtil engin est trouue:
Deuot & de bonne conscience:
et plain sera de grāt science:
Amys acquerra par labeurs
Hantera gens de bōnes meurs:
de marchandise & de scripture
Aura soussy souuēt & cure
De fēmes sera fort harie
Ne luy chauldra estre marie
Vouldra volētiers amer dames
Mais q̄ de luy ne soyent dames
Bon religieux sans faintise
Sera sil est hōme deglise
Aussi marchāt p mer & par terre:
Naymera point aller en guerre
Or argent & grosse cheuance
Amassera par sa prudence
Ou pourra estre bon ouurier
Daucun mecanique mestier
Grant prescheur rethoricien
philosophe geometrien
Bien aymera des escriptures
Nombres & metrificatures.
Lart de musique & mesurer
Draps toilles scaura composer
procureur daucun grāt seigneur
Ou de leurs deniers receueur
Hault front aura & longue face

beaulx yeulx barbe nõ pas espesse
En iustice grant pledoyeur
Des autres ditz contredisent.
Les cuisses & hanches regarde
Cest la partie du corps ql garde.

Luna lundi.

Luna significat hoiem albūq fectū rubore iūcte supciliis beniuolū/ hñtē oculos ñ ex toto nigros/ faciē rotūdā/ i facie ei9 signū in initio qñ crescit significat de qd faciēdū est.

Luna suis planete derniere.
Dõnant sobremēt la lumiere.
Froide & moyste de ma nature
Suis la plus belle pour cõclure
en lescreuice est ma maison.
De moy sont deux roes enuirõ.
Quāt ie regarde biē mes meurs
Faire ne puis mauuais labeurs
Car en scorpion descend
Qui en moy grāt deul comprēt.
Les douze signes sans seiour
Enuirõne en trētesept iours

De sa propriete.

Qui soubz luna peut estre ne.
Bon pour seruir sera trouue.
Il aura sa figure belle:
Ronde/ ia nen trouueres telle.
Fort sera/ doulx/ & pacient.
et si viura honnestement.
Blãc/ bien forme de corps asses
Les deux sourcilz amassez
Vestu sera honnestement.
& si viura moult chastement
Le plus sera pres q̃ tousiours
Vestu de diuerses coulours.
Le frõt lui suera voulentiers.
Sa couleur blanche/ peu rougie
et tousiours fait chiere lye
Sur les caues/ mer & riuiere
Soy bien gouuerner la maniere
Scaura aussi de prendre poissõs
engins faire & les saisons
En ses ditz sera veritable.
& aura beau maintien a table
Fort & legier pour cheminer
Et scaura viandes apprester.

Bō poursuyuant bō messagier
Or ꝛ argent voul dra forger
Compaignie querre pour mēger
Pour diuiser ꝛ pour coucher.
Hayne gardera par faintise
querra soubz couleur de seruise
pour parler contentera gent.
Autant cōme autre par argent.
Femmes honnestes aymera
Autres non ꝛ si mourra
Les siens enfans de bō courage
Serōt plains de beau corsage
Le poulmon le cerueau fort
De bien garder est son effort

Une question ꝛ respōce q̄ bergiers font Touchant la matiere des estoilles.

Vn berger a lautre dit Je demāde q̄ tes estoilles sōt soubz une des xii parties du zodiaq̄ cest soubz ung signe seullement. Respond lautre bergier Soit trouue une piece piece de terre en plat pays cōe beausse/ ou champaigne. Et que celle terre ait. xxx. lieues de lōg ꝛ. xii. de large. apꝰs quon ait des cloux a grosse teste/ comme pour ferrer des roues de charette. tāt q̄ suffise ꝛ soyēt iceulx cloux fichez iusq̄s a la teste en icelle piece de terre a quatre dois pres lūg de lautre: si q̄ toute la piece soit plaine. Je dy q̄ autant quil ya de cloux fichez en celle piece de terre/ autāt sōt destoilles soubz le cōtenu du signe seulemēt ꝛ autant soubz chacun des autres. ꝛ a leq̄polēt p les autres endrois du firmamēt. Demāde lautre bergier. Cōe le prouueras tu. Respōd le second q̄ nul nest oblige ne tenu a prouuer choses impossibles ꝛ ql doyt suffire a bergiers touchāt ceste matiere croyre siplemēt sās soy enquerir trop ce que les predecesseurs bergiers en ont dit

Cy dessoubz est note lan q̄ ce present compost ꝛ Kalēdier a este fait ꝛ corrige par gens expers a ce.

Lan mil cinq cens est lan q̄ ce presēt Kalendrier a este fait en impression ꝛ corrige duql an le pmier iour de iāuier le soleil estoit au signe de capricornꝰ. xxi. degre ꝛ une mīn. La lūe en architenēs xxvi degrez ꝛ. xxi. mīn. Saturne en aries. v. degrez ꝛ. xxi. mīn. Jupiter en archilenes a.iiii.degrez.lxviii.minutes. Mars en scorpion.xiiii. degretz.xliii.minutes. Venꝰ en aquariꝰ.iii.degrez.xxxix.minutes. Mercuriꝰ en capricornꝰ.vii.degrez:xviii.minutes. La teste du dragō ou lyon.xiii.degrez.iii.minutes

¶ Cy finist lastrologie des bergiers ⁊ la cōgnoissāce qlz ont des estoilles planettes ⁊ mouuemens des cieulx
En apres ensuit leur phizonomie.

De la phizonomie des bergiers

CEst vne science que phizonomie q̄ bergiers scaiuēt pour congnoistre linclination naturelle bonne ou mauuaise des hommes ⁊ femmes par aucūs signes en eulx a les regarder seullement: laquelle inclinatiō quant est bōne on peut ⁊ doit on ensuiuir/mais quāt est mauuaise p vertus ⁊ forces dētendement on la doit escheuer ⁊ fouyr quāt aulx effectz: ⁊ a ceste fin bergiers vsent de ceste science ⁊ non autrement Lhōe sage prudent ⁊ vertueux peut estre tout autre q̄t aux meurs que les signes de lui demonstrent. Ainsi la chose demonstre e quāt est a vice nest point a lhōe sagesse/ combien que le signe y soit. Ainsi cōme lenseigne du vin peut estre deuant la maison en laquelle aucunesfois na point de vin/ car nonobstant que lhōe par sagesse nēsuiue les influences mauuaises des corps celestieulx qui sōt sur lui pour tāt ne corrōpe par les signes ⁊ demonstrances desdittes influences mais ceulx signes naturelz ont seigneurie ⁊ dominatiō en ceulx esqlz ilz sōt pour auoir naturellemēt ce qlz signifiēt ⁊ demōstrēt pose quō lape ou quon ne lape mye pourquoy bergers diēt que la plꝰ part des hōes ⁊ fēmes ensuiuēt leurs inclinatiōs naturelles a vices ou a vertus par ce q̄ la plꝰ part ne sont pas sages ne prudens cōe deueroyēt estre/ ⁊ si ne vsēt de la vertu de leur entēdemēs/mais ensuiuēt la sēsualite/ ⁊ par aīsi linfluēce celestielle qlle est demōstree par signe exteriore/ ⁊ de telz signes est la p̄sēte sciēce de phizonomie/ pour laqlle cōuiēt p̄mieremēt scauoir q̄ le tēps est diuise par quattre p̄ties cōe deuāt a este dit/ cest assauoir printēps: este autūpne/ ⁊ yuer: q̄ sōt cōparez aux quattre elemēs/printēps a lelemēt du feu. este a lair autōpne a la terre/ ⁊ yuer a leaue Desqlz quattre elemēs tout hōe ⁊ fēme sōt formez ⁊ faitz: ⁊ sans lesquelz nul ne peut viure: Le feu est chaut ⁊ sec. lair est chault ⁊ moyte leaue est moyte ⁊ froide ⁊ la t̄re est seche ⁊ froide. Si dient entre eulx bergiers que la personne sur qui le feu a seigneurie est de la complexion colerique/ cest a dire chault ⁊

ser/celuy sur qui lair a seigneurie est de cõplexion sanguine, cest a dire chauld ⁊ moyste. Celuy sur qui leaue a seigneurie est de cõplexion fleumatique/moyste ⁊ froit. Lesquelles cõplexiõs congnoissẽt ⁊ discernent lune des autres par les signes qui icy apres sont ditz

Le colerique a nature de feu/chauld ⁊ sec. naturellemẽt mesgre ⁊ gresle/couuoiteux/ireux/hatif/mouuãt esceruele large malicieux deceuãt ⁊ subtil ou il applique son sens. Il a vin de lyon/car quant il a bien beu tousiours veult tenser/noyser/ ⁊ battre/ ⁊ voulentiers ayme a estre vestu de moyenne couleur comme de drap gris.

¶ Le sanguin a nature de lair/moyste ⁊ chauld/ ⁊ est large/plantureux/attrẽpe/amyable/abũdant en nature/ioyeux/vermeil/chiere gracieuse. ⁊ a vin de cinge/tãt plus il a beu ⁊ plus il est ioyeux/ se tire pres des dames/ ⁊ naturellement ayme robe de haulte couleur.

¶ Le fleumatique a nature deaue froit ⁊ moyste/ ⁊ est triste/pensif/paresceux/endormy/cault ingenieux/abũdant en fleumes/visage gras. ⁊ a vin de mouton. car tãt plus a beu ⁊ plus semble estre sage en ses besongnes: ⁊ naturellement ayme verte couleur.

¶ Le melẽcolique a nature de terre. sec ⁊ froit: ⁊ est triste pesant couuoiteux. eschars medisant malicieux. Vin de pourceau. quãt a bien beu nequiert que a dormir: naturellemẽt ayme noyre couleur.

Ainsi pour venir au ꝓpos a ꝑler des signes visibles cõmencerons a ceulx du chief. premieremẽt nous avertissons que on se doit garder de toutes personnes qui ont deffault de mẽbres naturelz en eulx cõme de piedz de mais: doeil ou daultres membres ⁊ quoy quil soit de boiteux ⁊ especiallemẽt de hõe q̇ na poĩt de barbe / car telz sõt enclis a plusieurs vices ⁊ mauuaistiez ⁊ sẽ doit on garder cõe de sõ ennemi mortel / apres ce bergiers dyẽt que les cheueulx plais ⁊ souefz signifient ꝑsõne piteuse ⁊ debõnaire: ceulx q̇ ont cheueux roux sõt voletiers ireux ⁊ ont faulte de sẽs ⁊ sõt ꝺ petite loyaulte. persõne qui a les cheueux noirs bon visage ⁊ bõne couleur signifiẽt droicte amour de iustice. Les fors cheueulx signifiẽt q̃ la persõne ayme paix ⁊ cõcorde ⁊ est de bon engin ⁊ soubtil. personne qui a les cheueulx noirs ⁊ la barbe rousse signifie estre luxurieux: mesdisant desloyal ⁊ vanteur ⁊ ne se fault poĩt fier en lui: les cheueulx crespes blõs signifiẽt hõe riãt ioyeux luxurieulx ⁊ decepuãt: les cheueulx noirs ⁊ crespes signifiẽt hõme merẽcolieux luxurieux mal pensãt ⁊ fort large / les cheueulx pendãs signifiẽt sẽs avec malice. grant plãte de cheueulx en fẽme signifie robuste ⁊ auarice: persõne q̇ a les yeulx fort grãs est paresseux peu hõteux inobediẽt. ⁊ cuide plꝰ sauoir q̃l ne scait / mais quãt les yeulx sõt moyens ⁊ ne sõt trop grãs ne trop petis ⁊ q̃ ne sõt fort noirs ne fort vers telle persõne est de grãt engĩ courtoise ⁊ loyalle persõne. Qui a le yeulx esuillez gastez ⁊ estãdus signifie malice vẽgeãce ou trahisõ. Les yeulx q̇ sõt grãs ⁊ ont grãdes paupieres ⁊ lõgues signifiẽt folie: dur engĩ ⁊ mauuaise nature loeil q̃ se meut tost ⁊ sa veue est ague signifie fraude larcin ⁊ est de petie loyaulte. les yeulx q̇ sõt noirs ⁊ goutelettes ꝑmi clers ⁊ lui sãs sõt les meilleurs ⁊ les plꝰ certais ⁊ signifiẽt sẽs discretiõ ⁊ telle ꝑsõne est a aymer / car elle est plaine de loyaulte ⁊ de bõnes cõdicions les yeulx q̃ sõt ardãs ⁊ esticelãs, signifiẽt ꝑsõne encline a vice. a luxure ⁊ plaine de fraude / bergiers diẽt q̃ quãt vne ꝑsõne regarde souuẽt cõe esbahi hõteux ⁊ paoureux en regardant sẽble q̃l souspire ⁊ si a goutelettes appatãs en ses yeulx lors telles ꝑ sõnes aymẽt ⁊ desirẽt le prouffit de ceulx quilz regardent. Mais quant aucun regarde en gettant les yeulx par acoste aĩsi que par mignotise telle personne est decepuante ⁊ pourchasse a vergongner ⁊ sont telles gens pour deshonnorer femmes se elles chroyent en leurs mains ⁊ sen doiuẽt garder / tel regard

eſt faulx luxurieux ⁊ decepuãt. Ceulx q̄ ont yeulx petis rouſſelles ⁊
agus ſignifiẽt perſõne melẽcolieuſe hardie/ meſdiſãte/ ⁊ cruelle. Et
ſe vne petite vaine delle appert entre loeil ⁊ le nez de fẽme diẽt q̄lle ſi
gnifie virginite: ⁊ en hõe ſubtilite dẽtendemẽt. ⁊ ſe elle eſt groſſe ⁊
noire ſignifie corruptiõ/ chaleur/ melẽcolie en fẽme/ ⁊ en hõe rudeſ
ſe/ ⁊ deffaulte de ſens: mais celle vaine nappert pas touſiours/ les
yeulx q̄ ſõt iaulnes ⁊ nõt poit d paupieres ſignifie meſellerie ⁊ mau
uaiſe diſpoſitiõ de corps grãs paupieres ⁊ lõgues ſignifiẽt rudeſſe
dur engin ⁊ luxure: les ſourcilz q̄ ſõt grãs ⁊ ioignẽt enſẽble p deſſ9
le nez ſignifie malice/ cruaulte luxure ⁊ enuie. Et quãt les ſourcilz
ſõt deliez ⁊ lõgs ſignifiẽt ſubtilite dẽgin: ſẽs ⁊ loyaute/ les yeulx en
fõcez ⁊ grãs ſourcilz par deſſus ſignifiẽt perſõne meſdiſãt mal pẽ-
ſãt q̄ boit trop ⁊ voluntiers/ appliq̄ ſõ engĩ a malice/ le viſage q̄ eſt petit ⁊ court ⁊ q̄ a greſle col ⁊ le nez greſle lõg ⁊ delie ſignifie pſonne
de grãt cueur haſtyve ⁊ ireux le nez lõg ⁊ hault par nature ſignifie
pueſſe hardemẽt le nez cam9 ſignifie haſtiuete/ luxure/ hardement
⁊ eſtre entrepreneur le nez begue q̄ deſcẽd iuſq̄s a la leure de deſſus
ſignifie malice deceuãce/ deſloyaulte ⁊ luxure/ le nez gros ⁊ hault
au melieu ſignifie hõe ſage ⁊ en parle/ le nez q̄ a grandes narines ⁊
ouuertes ſignifie glotõnie ⁊ ire: viſage q̄ eſt court ⁊ roux ſignifie p
ſõne riote ⁊ debat ⁊ loyalle/ viſage ne trop court ne trop lõg ⁊ q̄ na
pas grãt greſſe ⁊ a bõne couleur veritable/ amyable/ ſage ⁊ de bõ en
gin/ ſeruiable/ debõnayre ⁊ biẽ ordõnee en toutes ſes choſes/ viſage
gras ⁊ plain/ de chair rude ſignifie gloutõnie/ peu ſõgneux negli-
gẽt/ rudeſſe de ſẽs ⁊ dẽgin/ viſage greſle ⁊ lõguet ſignifie perſõne
auiſee par meſure en toutes ſes choſes viſage qui eſt petit ⁊ court ⁊ a
iaulne couleur ſignifie perſonne decepuant peu loyalle ⁊ malicieu-
ſe: plaine de vergongne: viſage long ⁊ beau ſignifie perſonne cui-
ſante: peu loyalle/ deſpiteuſe: plainne de ire: ceulx qui ont la bouche grãde ⁊ fẽdue eſt ſigne de ire hardemẽt: petite bouche ſignifie me
rencolie peſãte: dur engin mal penſãt: celui q̄ a groſſes leures ceſt ſi
gne de grant rudeſſe ⁊ de faulte de ſens: les leures tenures ſignifie
lecheries ⁊ menſonges: les dens ſerrees ⁊ tenures ſiguiſient perſon
ne qui ayme loyalment/ luxurieuſe ⁊ de bõne complexion: dentz lõgues ⁊ grandes ſiginifiẽt haſtiue ⁊ ire/ perſonne qui a grans oreilles ſignifie follie/ mais il eſt de bonne memoire/ petites oreilles ſignifie luxure ⁊ larcin/ ⁊ perſonne qui a bonne voix ⁊ ſonnãte eſt biẽ
hardi/ ſage/ ⁊ biẽ parlãt/ la voix moyenne ſignifie ſẽs ⁊ pourueãce

Verite ⁊ droicture: personne q̃ p̃le hastiuemẽt ⁊ q̃ a gresle voix est de
value Grosse voix en fẽme est mauuais signe/ doulce voix: p̃sõne
plaine dẽuie ⁊ suspection ⁊ mensonge Voix trop delyee signifie fo
lye ⁊ gros cueur Grosse voix signifie hastiuete ⁊ ire/ persõne qui se
remue en parlant ⁊ mue voix est ẽuieuse yurongne ⁊ mal condicionnee
p̃sõne q̃ parle attrẽpeement sãs soy mouuoir est de p̃fait entẽdemẽt
⁊ de bõne cõdicion ⁊ de loyal conseil: personne q̃ a visage roux et les
yeulx chacieux/ les dẽs iaunes est p̃sonne peu loyal/ triste puant al
laine: persõne q̃ a lõg col ⁊ gresle est cruelle sãs pitie hastiue escerue
lee/ p̃sõne q̃ a court col est plai de fraulde barat deceuãce de malice/
⁊ ne se doit on fyer en celle p̃sõne/ p̃sõe qui a lõg col ⁊ gros signifie
glotõnie force ⁊ grãt luxure fẽme qui est hõmace ⁊ de grãs mẽbres
⁊ rudes est par nature merẽcolieuse variãte luxurieuse/ p̃sõne qui a
gros vẽtre ⁊ lõg signifie peu de sẽs orgueil ⁊ luxure/ persõe qui a pe
tit vẽtre ⁊ larges piedz signifie bõ entẽdemẽt bõ cõseil ⁊ loyal/ persõne q̃ a les piedz larges haultes espaules ⁊ courbes denote proesse
hardemẽt hastiuete loyaulte sẽs. Espaules agues ⁊ lõgues denotẽt
tricherie desloyaute barat ⁊ p̃sõne desnaturee: quãt le bras est si lõg
quil se peust estẽdre iusqs a la ioincture du genoil il signifie p̃esse lar
gesse loyaute hõneur bõ sens entẽdemẽt/ quãt le bras est court cest si
gne dignorãce de mauuaise nature ⁊ p̃sõne q̃ ayme debat Longues
mains ⁊ lõgz doys ⁊ gresle signifie subtilite ⁊ personne q̃ a desir de
scauoir plusieurs choses/ petites mais cours doys ⁊ gros signẽt fo
lye ⁊ legerete de courage. Grosses mains ⁊ larges ⁊ gros doys est
force hastiuete hardemẽt ⁊ sẽs Ongles clers ⁊ luysãt de bonne couleur signifiẽt sẽs ⁊ croissemẽt dhõneur. Ongles haulz ⁊ lõgz signifiẽt p̃sõne q̃ a assez peine ⁊ trauail. Ongles cours rẽgrõnez signifiẽt p̃sõne auaricieuse luxurieuse orgueilleuse ⁊ de cueur gros plai
de sẽs ⁊ de malice/ le pie gros ⁊ plain de chair signifie p̃sõne oultra
geuse vigoreuse ⁊ de petit sẽs: petis piedz ⁊ legers signifiẽt durte de
ẽtẽdement ⁊ peu de loyaute / piedz platz ⁊ gros signifiẽt persõne an
goisseuse peu sage ⁊ mal courtoyse: p̃sõne q̃ va grãt pas est grosse de
cueur ⁊ despiteuse: persõne q̃ va grãt pas ⁊ lentement signifie bien
p̃sperer en toutes choses/ persõne q̃ va a petit pas ⁊ tost est suspiciõ-
neuse plaine dẽuie ⁊ mauuaise volẽte/ persõne q̃ a petit pied ⁊ plat ⁊
les gette cõe vng enfãt signifie hardiesse ⁊ sẽs/ mais celle persõne a
mõlt de diuerses pẽsees/ persõne qui a molle chair ne trop froide ne
trop chaulde signifie persõne bien disposee de bõ entẽdement subtil

engin plal de loyaute & accroissemēt dhōneur. Qui rit volētiers & a yeulx verdz est debōnaire/de bō engin/loyal/sage/& luxurieux per sōne qui rit enuis est paresseuse/melencolieuse/suspectiōneuse mali cieuse/ & subtille. Bergiers dyēt: car pource ql ya diuers signes en lhōe & en fēme & q sōt aucunesfois cōtraires lū a lautre on doit iuger pl9 cōmunemēt selō les signes du visage. Et pmieremēt des yeulx car ce sōt les pl9 vrais & les pl9 puuables. Et dyēt aussi que dieu ne forma oncqs creature pour habiter en ce mōde pl9 sage q lhōe/car il nest cōdicion ne maniere en nulle beste q ne soit trouuee en hōme Naturellemēt lhōme est hardy cōme le lyon/preux cōe le beuf large cōe le coq/auaricieux cōe le chien/dur & aspre cōe le cerf/debōnaire cōe la teurterelle/malicieux cōe le lyepard/priue cōme le coulomb dou loureux & barateux cōe le cheual/lent & piteux cōe lours/chier & precieux cōe lolifāt vil & paresseux cōme lasne/rebelle & inobediēt cōe le rossignol/humble cōme le pigeon/fel & sot cōe lostrusse/pfitable cōe le formy/dissolu & vague cōe la chieure/despiteux & orgueilleux cōme le faisāt/souef & doulx cōe le poisson/luxurieux cōe le pourceau/fort & puissāt cōme le chameau/aduise cōme la souris/raisōnable cōe les anges. Et pource est il appelle le petit monde ou toute creature/car cōe dit est il participe & a condicion de toutes cratures

Qui du tout met son cueur en dieu.
Il a son cueur & si a dieu
Et qui le met en autre lieu
Il pert son cueur & si pert dieu

Hūble maintiē ioyeux & asseure Langage meur amoureux veritable Habit moyē/hōneste/assai sōne Froit en sō fait/cōstāt & raisōnable. Six choses sōt q au mōde nōt mestier. Prestre hardy/ne couart cheualier. Myre piteux ne rongneux boulengier. Juge couuoyteux ne puant barbier

Hanter les bons/sages & preux Refection sobre a heure/breue table. Font lhomme sage & a to9 gracieux

Plante parler/peu dire voir
Plante despendre & peu auoir
Plante cuyder & peu scauoir
Sont trois signes de riē valoir

¶ Bergieres praticquent leur cadran de nuit comme vous voyes par figure

¶ Par la figure cy apres peut on cognoistre les heures p nuyt cõe sensuit. Soit cogneue lestoille q̃ no9 appellõs le põmeau des cieulx / droit soubz elle est le soleil a heure de minuyt & le droit de lestoille sur la terre no9 appellõs angle de la tre / quãt voulõs veoir a loeil regardõs nostre pommeau cõe ie faiz soubz ceste corde & le bout du bas de ma corde est angle de la tre & le soleil est droit dessoubz. Les grãdes lignes q̃ trauersẽt lestoille de la figure q̃ est le põmeau des cieulx seruẽt pour deux heures & les petites pour vne heure Mais encore seruent les lignes au chãgemẽt de lestoille q̃ signifie la minuyt / & cõsequemment les autres heures / car les grãdes heures seruẽt a vn moys & les petites a .xv.iours ¶ La corde soit tẽdue quãd la voye droit sur le põmeau notez aucune estoille soubz la corde quon puisse tousiours congnoistre & se sera celle qui tout temps no9 enseignera les heures p nuyt. Apres ymagine vn cercle entour le põmeau & la distãce de lestoille notee: auql cercle soyẽt ymaginees les lignes sẽblables distãces cõe sõt en la figure autant de distãces cõe lestoile notee sera deuãt la corde autãt serõt dheures deuant minuyt & autãt cõe sera apres la corde autãt dheures apres minuyt. Il fault scauoir q̃ lestoille notee changera son lieu en .xv.iours de la distance dune heure en vng moys de deux / pour quoy cõuient prẽdre minuyt en .xv. iours plus auãt de la distãce de vne heure & en vng moys de deux / en deux moys de quattre en troys moys de .vi. tant que en .vi. moys lestoille notee q̃ estoit droit soubz le põmeau est droit dessus / & en autres .vi. moys reuiẽt au point ou fut premieremẽt notee. Et ne doibt pas chãger celle estoille notee mais la doibt on changer entre plusieurs la plus congnoissable & la plus facile a trouuer entre les autres

Bergiers congnoissent par ceste figure de nuyu aux champs en tous temps quelle heure il est / soit deuant minuyt ou apres

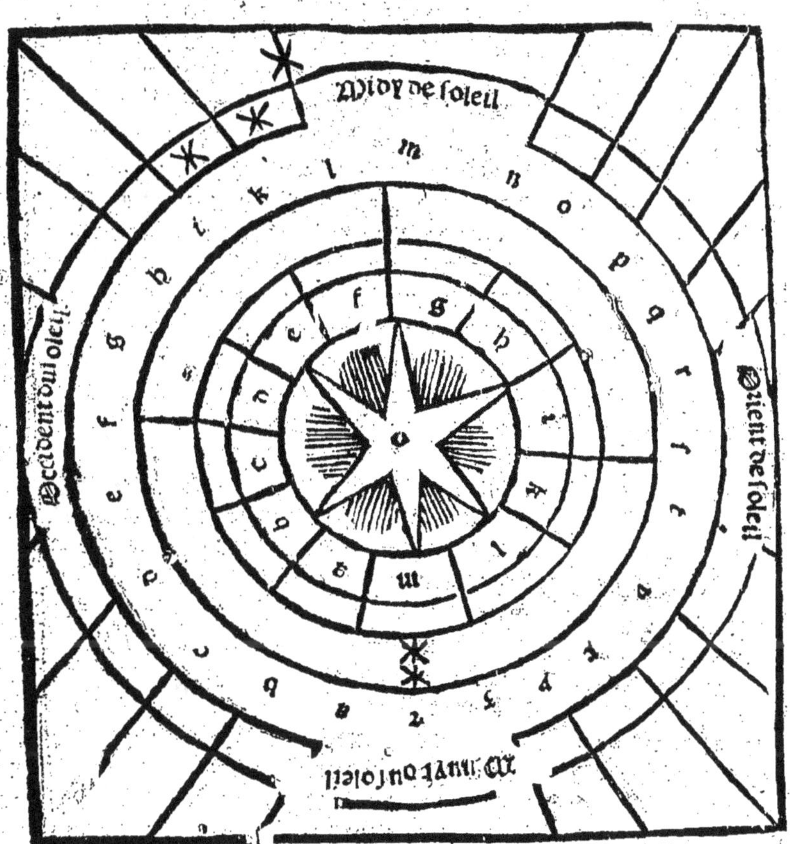

Les xxiiii: lettres hors la figure sont pour xxiiii. heures du iour naturel / & les douze dedēs sōt pour xii moys Lestoille au mylieu est le pōmeau des cieulx / auec laquelle cōuient congnoistre Vne qui soit ꝓchaine qui sera estoille notee / & celle par laq̄lle cōgnoistrōs les heures en la maniere que deuant est ditte en prenant minuyt en quinze iours plus auant que la distance de Vne heure

¶ Pour cõgnoistre par nuyt lẽdroit de midy cõe celui ꝺ mynuit / le hault orient ⁊ le hault occident: le bas oriẽt ⁊ le bas ocidẽt ⁊ lẽdroit au ciel q̃ chascũ signe lieue: bergiers vsẽt de ceste pratiq̃. Soit tendue vne corde qui tienne ferme ꝑ hault ⁊ ꝑ bas puis vne autre a plõb qui obeisse iusques soit tẽps de larrester quelles soyent vn peu distãtes lune de lautre tellemẽt dressees quõ voye lestoille du põmeau droit dessoubz deux cordes ensẽble puis soit arrestee la corde a plõb par hault ⁊ ꝑ bas qui vouldra. Maitenãt q̃ veult veoir midy droictemẽt soit nuit ou iour mette de lautre ꝑtie des cordes ⁊ verra lẽdroit de midy / se remette cõe ꝓmier verra le droit de mynuit cõbien q̃l soit iour pour le pl⁹ hault poĩt du zodiaq̃ Au pl⁹ lõg iour deste soit veu le soleil soubz les deux cordes a heure de midy ⁊ on soit si ꝓres quõ touche les cordes ⁊ note en la corde de vers le soleil la haulteur ou on la veu apˢ par nuit soyẽt notees aucunes estoilles q̃ on puisse touiours cõnoistre vne ou plusieurs en celuy endroit cest le passage du solsticial ⁊ quãt les iours sõt au pl⁹ court les estoilles quõ voit a mynuit en celui poĩt de midy sõt droictemẽt celles q̃ sõt ꝓchaines du solticial deste leq̃l a signe ꝓchain deuers orient ⁊ cancer le signe prochai deuers occidẽt gemini / ⁊ cõe est dit du hault solticial deste on pourra pratiquer le bas solticial dyuer lequel on voit sur le midy quant les iours sõt cours sur lẽdroit de mynuit ⁊ sõ ꝓchain signe deuers orient est capricorn⁹ ⁊ celui vers occidẽt sagittarius. On pourra noter le hault oriẽt ou le bas mais cõuiedroit q̃ fust quãt les iours sõt pl⁹ lõgs ⁊ pl⁹ petis ⁊ distãce des deux oriens diuisez en six parties egalles / ꝑ chascune lieuent deux signes par la prochaine partie du hault oriẽt lieuẽt gemini ⁊ cãcer ꝑ la deuziesme / taur⁹ ⁊ leo par la troiziesme / aries ⁊ vgo ꝑ la quatriesme / pisces ⁊ libra par la cinquiesme / aquari⁹ ⁊ scorpi⁹ par la sixieme / pl⁹ pres est doccidẽt capricorn⁹ ⁊ sagitari⁹ ⁊ ꝑplusieurs autres choses q̃ on peut pratiquer auciel

Bergiers qui couchẽt par nuyt aux chãps voyẽt plusieurs ĩpressiõs en lair & sur terre q̃ ne voyẽt pas ceulx qui couchẽt en lict. aucũefoys ont veu en lair vne maniere de comette en facon de dragõ gettãt feu par la gorge/ lautre ont veu du feu saillir en forme de chieure saul-tãt sãs cesser/ et autre fois vne impression blãche laq̃lle appert tout tẽps p̄ nuit & a toutes heures/ laq̃lle appellẽt le grãt chemin de saĩct iacques en galice.

Le dragon vollãt. Chieures de feu saillãtes. Le chemin sait. Jacq̃s

Autres impressiõs sõt cõe feu flamblant q̃ mõte / les autres cõe feu flãbãt q̃ va de coste lautre cõe feu arreste & ceste dure lõguemẽt dau tres qui sõt grãt flãbe & ne dure pas lõguemẽt. dautres sõt cõe chan delles/ aucũefoys grosses/ aucũefoys petites & ceste cy voyãt en lair & sur la t̃re: vne autre comette voyãt cheoir du ciel/ vne lance ardãt

Chandelle ardant Lance de feu

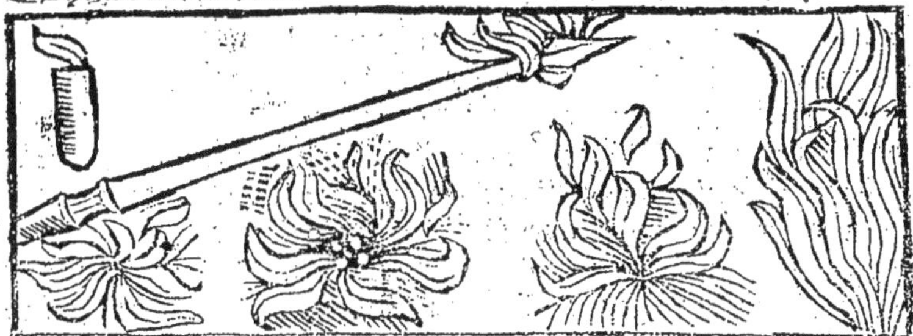

Feu q̃ est fol. Buchettes brulãtes Etincelles ardãtes. Feu mõtant

Encore voyent bergiers des comettes en autres manieres/ cestassa uoir en facõ dũe colõne ardãt cõe vn pillier & dure lõgemẽt. Vne au tre en facõ dune estoille vollãt & tãtost est passee/ mais la troisiesme est comette couee celle q̄ dure plꝰ de toutes. Ilz voyēt cinq estoille erraticques qui ne vōt pas cōe les autres/ ⁊ sont celles quilz appellēt planettes/ mais ont forme destoilles: ⁊ sont saturne: iupiter: mars venus ⁊ mercure/ ⁊ si voyēt des estoilles q̄lz appellēt/ lune estoille barbue/ ⁊ lautre cheuelue/ ⁊ lautre estoylle a queue.

Estoilles artatiq̄s. Comette couee. Estoille volāt. Coulōpne ardāt

Estoille couee. Estoille chueluc. Estoille barbue

Quatuor bis casibus sine dubio cadit adulter
Aut hic pauper erit/ aut subito morietur
Aut cadet in causam qua debet iudice vinci
Aut aliquod membrum casu: vel crimine perdet

¶ Combien q̄ les impressiōs cy dessꝰ semblēt choses merueilleuses a gēs qui ne les ont veues parquoy aucūs dyēt q̄ soyent en partie impossibles. Sachēt iceulx autres que lan quon disoit mil quatre cens quattre vingtz ⁊ douze le septiesme iour de nouembre chose plꝰ merueilleuse aduit en la cōte d̄ ferrare de la duche dautriche p̄s dūe ville nōmee ensechei ou celui iour faisoit tōnoirre horible/ en plais chāps pres de la ditte ville cheut vne pierre d̄ fouldre q̄ pesoit deux cēs cinquatre liures ⁊ plus/ laq̄lle pierre est de p̄sēt gardee en la ditte ville ⁊ la voit on qui veult/ de laq̄lle ensuit lepitaphe cy dessoubz escripte.

¶ Perlegat antiquis miracula facta sub annis
Qui volet ⁊ nostros comparet inde dies

Visa licet fuerunt potenta horrendaqz monstra.
Lucere celo flamma corona trabes
Astra diurna faces tremor ⁊ telluris
Et bollides: thiphon sanguineusqz polus
Circulus: ⁊ lumen nocturno tempore visum
Ardentes clipei. et nubigeneqz fere
Montibus ⁊ visi quondam concurrere montes
Armorum et trepitus ⁊ tuba terribilis
Lac pluere in celo visum est: frugesqz calibsqz
Ferrum etiam ⁊ lateres/et caro luna cruor
Et sexenta aliis: ostenta ascripta libellis
Prodigiis ausum vix simulare nouis
Visio dira quidem frederici tempore primi
Et tremor in terris: lunaqz solqz triplex
Hinc cruce signatus. Frederico rege secundo
Excedit in scriptis gramate ab imbre lapis
Austria quem genuit senior. Fredericus in agros
Tercius hunc proprios ⁊ cadere aurea videt
Nempe quadringentos post mille peregerat annos.
Sol nouiesqz decem significat atqz duos
Septem preterea dat ydus metuenda nouembris.
Ad medium cursum tenderat illa dies
Cum tonat horrendum crepuitqz per aera fulcem
Multinosum hec ingens condidit atqz lapis
Cui species delthe est ariesqz trangula: obustus
Est color ⁊ terre formam methalligere
Missus est obliquo fertur visusqz sub auras
Saturni qualem mittere sydus habet
Sen serat hunc ensem sunt gandia sensit in agros
Illic insiluit depopulatus humum
Qui licet in partes fuerit distractus vbiqz
Pondus adhuc tamen hoc cõtinet ecce vides
Qui mirum est potuisse hyemis cecidisse diebus
Aut fieri in tanto frigore congeries
Et nisi anaxagore referant monimenta molarem
Casurum lapidem/credere ⁊ ista negem
Hic tamen auditus fragor vndiqz lithore rheni
Audit hunc vri proximus alpicola

Il est vray quen .xii. saisons
Se chãge douze fois li homs
Ainsi que les douze moys
Se chãgent en lan douze fois
Et chacun p cours de nature.
Tous ensuit la creature
Et chãge de six ans en six ans.
Par douze fois ses douze temps
Ce sont .lxxii. ans par nombre
Adonc sen va gesir a lombre
De viellesse ou il fault venir
Ou il fault donc ieune mourir.

Janvier.

Premier dois prẽdre & cõmẽcer.
Six ans pour le moys de iãuier
Qui na ne force ne vertu.
Quant lenfant a six ans vescu
Tel est il sans nul bien scauoir.
Ne force ... vertu auoir

Les autres six ans fõt croistre
adõc sapprẽt vn peu a cõgnoistre
Et est tresdoulx & amiable
A plusieurs gracieux & uiable
Ainsi fait feurier tous les ans
Quen sa fin se prẽt le printẽps

Mars

Mais quant des ans a dixhuit
Adonc se change en tel deduit
Quil cuyde valoir mille marcz
Ainsi comme le moys de mars
En beaulte chãge & prẽt valour

Auril

Lors vient auril a ce beau iour
Que toute chose sesiouyt
Lherbe croist larbre florit
les oyseaux reprẽnẽt leurs chãtz
Et ainsi a .xxiiii. ans
Deuient lhõe fort vertueux
Joly gentil & amoureureux
Et se change en maint estat gay

May

A trente ans va regnant en may
Le plus plaisãt des douze moys
Sur tous les autres nõme roy
Ainsi deuient il homme fort
A trente ans est ferme de corps
Pour bien tenir lespee au poing
Puis va venir au moys de iuing

Juing

Trentesix ans ne pl9 ne moins
Cest vng moys de grant chaleur
Et ainsi est qua trentesix ans
Deuiẽt ly hõs chauld & bouillãs
Et commence fort a meurer
A cuillir sens & soy auiser

Juillet

Et quāt vient regner en iuillet.
On ne lappelle plus varlet
Quil a des ans quarātedeux.
Ce moys a passe toultes fleurs.
Et se cōmence a deliurer
Aussi se commence a passer
La beaulte dune creature.

Aoust

Apres viēt aoust: leql tout mure
Que lhōme a quarātehuit ans
Or a mal employe sō temps
Se a quarātehuit ans daage.
Ne se chāge a maniere sage
Car adonc se doit auiser
Combiē a des biens amasse
Pour auoir repos en viellesse
Car en ce temps est il de ieunesse
Et se chāge en couleur mabre
Ainsi cōme bled fait ꝗ lye arbre:
Se changent en ce moys daoust
En grant folye vse sō goust
Qui de bō sens ne se remēbre.

Septembre

Et quāt viēt regner ē septembre
Il a des ans cinquāte quattre
On seul oꝗ nē pourroit rabatre:
Septembre ie vo⁹ signifie:
Est vne saisō riche ꝗ iolie
Car elle fait les bledz soyer
Et cōmence len a vendenger
Qui des biens a si les arrennge
Se lhōe na riēs en sa grāge
Quāt il a cinquāte quattre ans
Jamais il ny viendra a tēps

Octobre

A soixante ans est riche hōe
Aussi est riche fort la saison
Du moys ꝗ viēt apres septēbre
On lappelle le moys doctobre
Il a soixāte ans ꝗ non plus
Lon deuiēt vieulx ꝗ tout chanuz
Sil est riche cest a bonne heure
Sil est poure se plaint et pleure.
Le temps ꝗl a mal dispence
Lors sesbahit par pourete
Dampne le corps ꝗ gaste lame.
Et auec ce chascun le blasme
Pour les oultrages ꝗl a faict

Nouembre

Or viēt nouembre qui le trait
Jusques au soixāte six
Que lors en voit deuestir
Les abres si que tout entour
Ny demeure fueille ne flour
Toute verdure meurt ꝗ cesse
Toute beaulte pert sa noblesse.

Celuy qui soixante ans a
Appercoit bien / car il sen va
Et peut bien scavoir sil na tort.
Que ses hoirs desirēt sa mort
Soit en ce tēps ou poure ou riche.
Car sil est poure il est dit nice
Et sil ne peut gaigner navoir
Mais sil a grāt plante davoir
On le vouldroit biē voir mort
Affin quon peust son biē ꝑtir

Decembre

Autant que vienne en decembre
Tous lui appeticent les membres
Car il a soixante ꝛ douze ans
En ce moys tout se meurt le tēps
Toute verdure pert sa puissance
Tous esbatz sōt en desplaisance
Et tous enseignemēs cest la sōe
Quil nya plus puissāce ē lhōme
Puis quil a soixāte douze ans
Il aimeroit mieulx .ii. chaulx
flans

Que lamour dune damoyselle
Mol lict / ꝛ parfonde escuelle
Avoir est toute sa voulente
Passe a maint yver ꝛ este
Et si vault pis ouen quantan
Ainsi ne vit lhomme qun an

¶ Lacteur

Par les douze moys figurez
Et leurs natures raportez
Selon que chascun a son regne
Tout hōe na pas fort grāt regne
Au mōde / ꝛ biē peu de deduit
Car la moytie sen va par nuit
Que lhōme dort et ꝑt sō temps
Jusqs a .xv. ans est en mourant
Autres cinq ans pert de saison
Par malladie ou ꝑ poyson
Demy le tēps sen va par nuit
Que lhōe dort nest dit quil vit.

Trēte six ans que dormir mōte
Quinze ꝛ cinq rabatez du cōpte
Saize en ya de demourant
Ne plus ne va lhōe regnāt
Se follement il se marie
Jamais naura bien en sa vie
Quāt il a eus tous ses souhaitz
En fin na gaigne que ses faitz

Cy apres sont les ditz des oyse aux car pasteurs en gardant les brebis les oyēt chāter ꝛ parler

¶ Plusieurs sōt q ont veus les ditz des oyseaulx / mais nōpas en la forme de ceulx q sensuyuent car aucūs bergiers sōt pl9 sages les vngs q les autres cōme des autres gēs / dōt on cōgnoist que le bergier q a fais ceulx q sensuiuent auoit pl9 cōgnu doyseaulx que tous autres bergiers

¶ Laigle

De tous oyseaux ie suis le roy
Voller ie puis en si hault lieu
Que le soleil de pres ie voy
Eureux sōt ceulx q voyent dieu

¶ Le chahuan

Chascun oyseau si me deboute
Pourtāt me fault voller de nuit
De mes yeulx de iour ne voy gou
Qui fait peche: peche lui nuist / te

¶ La caille

Charnalite est tant en moy
Que ie ne men puis abstenir
Je fais ce que faire ne doy
Luxurieux doit dieu cremir

¶ La huppe

Menger ne veulx sinon ordure
Car en punaisie ie me tiens
Se ie suis de belle figure
Beaulte sās bōte ne vault riēs

¶ Le faulcon

On mappelle faulcon gentil
Aucunesfois ie suis ramage
Jayme les grans & les petis
Ainsi fist dieu lhumain lignage

¶ Le butort

Quant ie veulx en leaue crier
Je fais vn tres horrible son
Nul ne doit son mal publier
Ne dautrui blasmer le renom

¶ Le rossignol sauuage

Quāt vient a ce beau tēps de may
Je suis iolis & amoureux
Et si nay soulcy ne esmay
Qui craint il est bien eureux

¶ Le rossignol priue

Se ie voy gens melencolieux
Ou triste & donloureux
Chāter veulx pour les faire rire
Resiouyr & mettre hors de yre
Rossignol doit estre ioyeux

¶ La turterelle

Chastete garde nettement
Quāt ie nay poit de compagnie
Viure veulx solitairement
Cueur deuot ayme nette vie

¶ Le gros bec

Se tu veulx biē garder ta terre
Garde que nētreprennes guerre
A nulli de ta voulente
Tel est souuēt bien hault mōte
Qui apres sō pai lui voit on grēe

La grue
Ma compaignie aymer ie vueil
Doulce suis ⁊ debonnaire.
A la garder iay tousiours loeil
Le bon pasteur doit ainsi faire

le verdier
Sans faire nul tort ne dõmge
A voysins que iaye nullemẽt
Je vifz sãs faire aucũ oultrage
Biẽs viennẽt on ne scait cõmẽt

la cygoigne
A viure mieulx a ma plaisãce
Jayme moult le peuple humain
Des miẽs nourrir ay souuenãce
Chascun doit aymer son ꝓchain

le pinson
Le tẽps dyuer mest fort ꝯtraire
Car il me fait grant froit auoir
pour men garder q̃ doys ie faire
Ne scay / dieu le vuielle scauoir

le fenix
Seul ie vifz moult longuement
Et puis ie meurs par drot diuin
Viure reuiens hastiuement
Les bons auront ioye sans fin

la pye
Qui sõ segret vouldra celer
De chascun ⁊ en tous endroitz
Si se garde d̃ trop parler
Trop parler nuist aucunesfois

le faisant
Je suis pour creature humaine
Bon a menger ⁊ sauoureux
Qui viande veult plus certaine
Dieu donne biens delicieux

le corbeau
Souuent ie pense en funeraille
A cela cest tout mon remors
Il ne men chault cõmẽt q̃l aille
De lame mais que iaye le corps

le houlier
Je voys hault ⁊ bas pourchasser
ou ie prẽdray ma nourriture
quãt ie voy les chasseurs chasser
Je men tiens pres a ladventure.

le cormorant
Sage nest pas la creature.
Qui vit au dommage dautrui
A chascun dieu fera droicture
Nul mal ne demeure impugni

larondelle
Je gueris mes petis des yeulx.
Et les fais veoir tout clerement
q̃ vouldra veoir le roy des cieulx
Il fault quil viue loyaument.

la corneille noire.
Ne vueilles poures escouter
tousiours tu les doys debouter
Son te dit rien pour ton proffit
Prens le bien tost sãscontredict
Les riches on doit honorer

le caladrins
Jamais ie ne vouldroys mẽtir.
Mais ma promesse accomplir
Et porter honneur a autrui
Sãs prẽdre aucũs biẽs de nully
Tousiours mõ hõneur agrãdir

lestourneau
Je ne voys pas en normendie
pour ce quil ny croist nulz raisins
Il nest riẽs si bon quoy quõ dye
Que destre pres de bons voysins

Le paon
Quant ie voy ma belle figure.
orgueilleux ie suis hault ⁊ fyer
Mais telle beaulte peu me dure
on ne doit nully despriser

Lalouette.

Lors que le temps est pluuieulx
Et ql se veult tourner en chault
Je chāte vn chant tresgracieux
Et remercie le dieu denhault.

le loriol

Quant cerises sōt en saison
Je dis confiteor deo
Mais riens ne vault confession
Qui ne fait satisffaction

le signe

Je scay bien chanter en ma vie
Chant qui est moult melodieux
Quant ie meurs pas ne loublie
Qui biē vit doit mourir ioyeux

le coq

Hardy suis & liberal
me maitiēs tousiours en ce mō/de
Amoureux suis & cordial
Charite en tous biens abunde

la poulle

Tousiours ie suis enbesongnee
Pour le proffit de la maison
Je faitz des oeufz mais en lennee
Et des poulletz en la saison

loye

iaime mō maistre & ma maistresse
sur ma plume dormēt en leur lict
Aps aurōt ma chair & ma gresse
De leur sera tresgrant proffit

le canard

Jay tousiours le bec en lordure
Je my plōge iusques aux yeulx
Ainsi fait qui vit en luxure.
Aueugle est qui ne craint dieux

la canette

Je voys ie viens p ces ruisseux
Et barbote comment quil aille
Lon y laue trippes boyaulx
Men demeure quelque vitaille

la pyuoyne

Je suis en tous tēps par nature
Simple & de belle maniere.
de noir est tousiours ma vesture
Simples gēs sōt tousiours grāt /chiere

le chardōneret

ma robe est d plusieurs couleurs
Mais mō bonnet est descarlette
Je suis de ma femme ialeux
Et ne la laisse point seullete

le chardōneret en cage

En dieu dois auoir ma fiance
Et mettre en luy toute esperāce.
Car quāt les hōmes te fauldrōt
Les dōs de dieu te ayderont
A bien auoir ta gouuernāce.

le passerat

Je suis priue de ma maniere
Car ie me tiens entour les gens
De poure maisnie nay cure
On ne prise rien poures gens

le heron fauue

Je me tiēs en lieux aquatiques.
Cest le plus beau de mon deduit
Je y treuue tousiours pratiques
Et si nen maine pas grant bruit

le petit orfraye

Je prens au poil & a la plume
Il ne men chault mais q ien aye
Prēdre & rauir cest ma coustume
Mais fol est qui prēt sil ne paye.

le morillon

Tant que mon auoir peut durer
Je ne veulx mes subietz greuer
Viure du sien cest grāt noblesse.
q autrmēt fait les autres blesse
Et leur fait sans cause endurer

la cheuesche

Tout long du iour ie me repose

En vng trou la suis a deliure
Des oyseaulx quāt est nuit close
ie men volle sercher pour viure.

la perdrix

Je me metz souuent en danger
Pour garantir ma compaignie.
ien laisse a boire et menger
Qui biē vit dieu ne loublie mye.

la troye

Je chante et mayne bonne vie
Quāt ie sens le doulx tēps venir
De faire mon nid ie mapprestre
Car ie ne men puis plus tenir

lassee

Quāt autres oiseaulx vont coucher
Adonc il me cōuient vestir
Pour aller ma vie pourchasser
Comme fait la chauue souris

la becasse

Je ne repose ne iour ne nuyt
En nul tēps ne suis oyseuse
Si est sage celuy qui fuyt
Paresse car elle est perilleuse

le ralle noir

Je me tiens dessus la riuiere
Cest le plus de mon passe temps
Oy viure ie treuue maniere
qui bien vit doit mourir content

le pellican

Je suis dune telle maniere
que vueil mourir pour les miēs
La vie leur rendz par ma morsure
Aussi fist ihesucrist aux siens

le hūa

En mō tēps iay pris mait pous
Ou ie nauoye nulle droicture/sin
Ceulx qui viuent de larcin
Mettēt leur ame en auanture

le lanier

Je suis semblant aux aduocas
Riens ne fais sil nya a boyre
Pour neāt me conte len son cas.
Car telz ont beau crier et braire

la chouette

Je suis tenue tant larōnesse
que chascū fuit ma compaignie.
Ainsi est lame pecheresse
Par peche de dieu forbanie.

lespreuier

Par dess⁹ to⁹ oyseaulx de proye.
Je suis du plus gentil lignage
Pourneant plus me priseroye
qui moins se prise plus est sage.

le pyuart

Je suis bon astrologien
Car quāt le tēps se veult chāger.
Incōtinent ie le sens bien
Le corps me prent a fremier

le papegauld

Je suis verd en toutes saisons.
ie ne change point ma liuree
ie ne vestz drap fait de toysōs
Ce monde na point grāde duree.

le pyuart noir

Par mō bec iay des arbres maitz
Fait mourir dont cest dommage
Aussi ont fait plusieurs humais
autres gens par faulx langage

le merle

En to⁹ temps suis vestu de noir
Sur moy na aucune diuise
qui vouldra robe blanche auoir.
Serue dieu et ayme leglise

la mauuis

Je suis dune grant diligence
Pour prochasser mu poure vie
ie ne demande or ne cheuance.
Tel est huy qui demain desuie

Le cocu.
Las ie suis de mauuaise sorte:
Car quāt de mēger iay enuie
Je mengeuz celuy qui maporte.
Et ma nourri toute ma vie.

Le cocu priue.
Se tu entreprens rien a tort
Plus tost q̄ peulx fay tō acord
En paix viure cest vne ioye:
a ioye viure to⁹iours vouldroie
Qui q̄ert noyse il quiert sa mort

Le chapon.
a plusieurs gēs il vausist mieux
Que fussēt chastrez cōme moy.
meilleurs seroiēt: mais vicieux
Et pl⁹ en grace du grant roy

La grant orfraye
Je semble aux enfans de tours
Je mēge chair & poisson
Mais il me fault faire mains
Auāt qu ayeuia puisiō /tours
Auāt quaye ma prouisiō.

Le gay du boys
Len noyt q̄ moy au verd bocage
Braire & crier/mō bec narreste
Celuy q̄ trop a de lāgage
En lieu de biē ne deust poit estre

Le gay en cage..
Dieu vo⁹ gard mes petis enfās
Ne scait q̄l voit q̄ voit enfans
Nully nest qui soit sur heure
Car en peu de tēps dieu labeure.

La kalendre.
Cousine suis du roussignol
q̄ est tenu tant gracieux.
Cousins assez amis biē pol.
cousis ne sont bons q̄ pour eulx

Le perdrieux
Les vngz mappellēt le pdrieux.
Les autres loyseau saint martin
En nul temps ie ne suis oyseux
Ma iournee cōmence au matin.

Le tercelet.
Je prens souuent ou ie nay rien
Ce nest pas vescu loyaument.
laissez a chacun ce qui est siē
Cest de dieu le commandement.

La mesange
Lescripture dit quon ne doyt
Pas despriser petites gens.
Et que tel est petit qui voit.
En sciēce cōme les grans

Le coulomb.
Ayes le poure en souuenāce.
Et luy secours de ta substance.
Le riche doyt estre aumosnier
Riche qui donne voulentiers.
Acquiert honneur los & cheuāce.

Le pigeon.
Pourtant se nay point de fiel
Je ne laisse point estre preulx.
Tel semble plus doulx q̄ miel
Qui est felon & dangereux.

Le coulomb ramier
Je suis vng sergeant a masse
Car iadiourne to⁹ mes voysins.
Quāt ie voy que lyuer se passe.
Quilz passēt choux p les iardis

La coulombe.
Deuāt to⁹ les oyseaux fus ie.
Mōlt simple & de belle maniere.
Quāt durāt le temps du deluge
Je fus leur bonne messagiere.

Le petit voultour.
Ha iesēs de plus de sept lieues
Sil ya sur les champs des mors
Affin que mes religieux.
Et moy allons querir les corps

Le grant voultour

Combien q̃ iay grant seigneurie
Ne me chault q̃ brait ne qui crie.
Ne se autrui a quelque deffault
Premierement penser me fault
Que ma pẽsee soit bien nourrie

la corneille fauue

Je chante fort pres de musniers
Jamende deulx assez souuent
Sil ya des blez es guerniers
Ilz en auront/ soit pluye ou vẽt

le freu

soubtille ie suis en to⁹ mes faitz
De mal faire souuent maduise
Se iamẽdoye to⁹ mes mal faitz
Je nauroye robe ne chemise

le royteler du boys

seigneurs cõseil vueil demãder
Pour mon royaume gouuerner
Affin quamour puisse cõquerre
Et aussi maintenir ma terre
quẽ paix puisse to⁹ iours regner

le royteler des maisons

En la guerre ie suis hardis
Et courtois en faitz ⁊ en dictz
Du mien donne liberallement
Et suis iuste en iugement
par ce iacquiers honneur ⁊ paix.

le heron blanc

Il nest hõme tãt soit subtil
Qui puisse riẽ prẽdre a mon aire
A ceulx qui estoyent en peril
Dieu leur fut bõ ⁊ debõnaire:

le troullet

Diligence est de si grande vertu
quon dit que passe sapience
Maintes personnes sont vestus
par subtil engin ⁊ scienc[e]

la bergeronnette

Lapostre dit que nous fuyons
les oeuures qui sõt tenebreuses
Et que nous armons ⁊ vestons
Des armes de dieu vertueuses

la frezaye

En tenebres fais ma iournee
Je ne veulx clarte ne lumiere
Celui ou celle est destournee
De dieu qui vit en telle maniere

le moyneau

Nul ne doit sõ corps solacier
Nacoler femme ne baiser
se nost la sienne ⁊ selle desplaist
gãder la fault plaist ou nõ plaist
tousiours nest pas tẽps de dãser

le martinet

Je visite fort sur les eaues
Je y trouue pour viure pasture
Ceulx y ont pffit bons ⁊ beaulx
qui comme moy y mettent cure.

la grosse oustarde

Gueres de gẽs ⁊ moy nõt part.
Sen ya telz a qui trop garde
Souuent on dit matin ⁊ tard.
Il est bien garde q̃ dieu garde

la petite oustarde:

De moy on mẽgeut bien a tard:
le mieulx q̃ ie puis ie men gard[e]
qui bien se ayme bien se gard:
Dieu voit bien cõme on se garde

le pingert:

Musniers ⁊ moy sõmes tout vn
Car no⁹ peschõs verons ⁊ loches
mais de musniers nest de cẽt vn
q̃ volentiers ne prẽne es poches

le hibou

Je fois petis oyseaux trembler
par nuyt tãt fais vn hideux cry
De iour ne me oseroye monstrer
Car par eulx seroye destruit

la chauue souris:

On a veu q̃ iestoye plume:
Mais pour vng cas q̃ ie cōmis.
Les oyseaux mōt tout deplume
Et hors de leur cōpaignie mis.

la grant aigle

Je suis loyseau du roy celeste
Qui me perce sur ma poictrine.
⁊ des segretz de mō cher maistre
ie vis par puissance diuine.
Damour me mōstra grāt signe
Quāt il me voulut declarer.
Sa grāt vertu puissāte ⁊ digne:
A iamais le doys honorer

lautruche.

Je digere fer et acier
sās me douloir de ma poictrine
Qui vouldra escheuer enfer.
Si ensuyue bonne doctrine
ie fais encore chose digne
Quāt p̄ mō reggard seullement:
De mes oeufz faiz yssir ligne.
Sans les toucher aucunement.

Il ny a soubz le firmament
Oyseau de ma condicion.
mais dieu q̃ ne fault seullement
moy ⁊ les miens regracion.

la rabienne

Se dieu faisoit ma requeste
iamais puer ne trouueroit
car pour mēger ne met enqueste
Et si me fait mourir de froit

le papillon

Papillō suis en lair volant
Le vēt me conduit a plaisir.
En volant na petit enfant:
q̃ sur moy nait vng grant desir.

¶ Finissēt les ditz des oyseaux

¶ La femme au hardi courage.

Vuide dicy tres orde beste
q̃ mēgeuz le bourgō des vignes
ie te donray dessus la teste
de ma q̃noille se tu mēgaignes.

les gendarmes:

Limacon pour tes grās cornes:
ne lairrōs le chasteau dassaillir
Et se pouōs te ferōs fouyr.
De ce beau lieu ou tu reposes
Onq̃s lōbart ne te mengeat
A telle saulce que nous ferons
Si te mettrōs en vng grāt plat
au poyure noir ⁊ aux oignōs.
Serre tes cornes si te priōs
Et no⁹ laisse entrer dedens
autrement nous tassaillirōs.
De noz bastons q̃ sōt tranchās.

Le lymacon

Je suis de terrible facon
Et si ne suis que lymacon
Ma maison porte sur mō dos
Et si ne suis de chair ne dos

Jay deux cornes dess⁹ ma teste
Cõme vn beuf quest grosse beste
De ma maison ie suis arme
Et de mes cornes embastonne

De ses gẽsdarmes la mapꝛochẽt
Ilz en aurõt sur leurs caboches.
Mais ie cuide en bõne foy
quilz trẽblent de paour de moy.

Densuyuẽt les meditations de la passion de nostre seigneur que doyuẽt auoir bergiers ꝛ simples gens disãs leurs heures.

Il cõuiẽt pẽser deuãt q̃ cõmẽcer matines a la parolle q̃ iesus disoit au iardi le soir deuãt sa passion Pere sil est possible transporte de moy ce calice/ toutesfois nõ pas ma volũte mais la tiẽne soit faicte ꝛ en disãt ce ẽduroit si grãt peine ql suoit cõe gouttes de sãg q̃ couroiẽt dess⁹ terre. En disãt matines cõuiẽt pẽser cõme iudas sappcha de ies⁹ ꝛ en le baisãt dist. ie te salue maistre ꝛ q̃ le doulx ihesus ne retira pas sa face du traistre/ et cõe il se pmist pꝛẽdꝛe ꝛ lyer cõe vn larrõ ꝛ mettre a terre ꝛ decracher ꝛ estre delaisse par ses disciples. A laudes cõuiẽt pẽser ꝛ cõsiderer q̃ iesus estre en lhostel dãne ꝛ puis de cayphe duremẽt bastu blaspheme ꝛ decrache au visage les yeulx bẽdez ꝛ cõe on le pyle des piedz. A prime fault pẽser cõe ies⁹ fut mene de lostel de cayphe a pylate en le batãt/ ꝛ cõe pylate lexamina de ce dõt on laccusoit a tort: ꝛ cõe fut cruellemẽt batu deuãt grãt nõbꝛe de peuple. A tierce pensez cõe le doulx ihes⁹ fut p̃sente deuãt le peuple auec la courõne despines/ vestu du mãteau de pourpꝛe. ꝛ cõe les iuifz crioyẽt/ crucifige crucifige eũ/ cõe pilate le cõdanna amoꝛt. ꝛ cõe il poꝛtoit sa croix a grãt peine. A midy fault pẽser cõe il fut mene au mõt de caluaire respãdit sõ p̃cieux sãg: ꝛ q̃ plusieurs fois cheoit en poꝛtãt sa croix: puis fut atache a cloux ꝛ esleue en grãt doleur

A none couiet peser en qlle douleur il estoit qu at il disoit. Mo dieu mon dieu pourquoy mas tu delaisse/ quat il eut soif on lui offrit vin aigre & fiel mesle & coe il redit a la mort/ & les souspirs faitz inclina so chief & redit so ame a dieu. Et coe sa mere eut grat douleur. A vespres couiet peser coe iesus eut le coste ouuert dune lace & coe il est en croix mort plain de playes depuis le chief iusqs a la plate des piedz & lui hors d la croix coe sa mere le receut en grat douleur. A coplie pe sez coe ies9 fut ensepuely de ioseph & autres bos iuifz en grade afflicti on & gemissemet & mis en sepulture & garde des mauuais iuifz pour veoir sil ressusciteroit Ces pesemens sot bos & pffitables a ceulx ou celles q netendet pas latin. Ceulx q entendet latin doyuet peser q si gnifiet les parolles qlz dyet/ mais en lieu de ce: deuat qlz comencet les heures est couenable de penser aux choses dessusdictes

¶ Homme mortel cree de terre & fait. Du crateur forme a sa semblance Las recognois le bien q dieu ta fait. Puis q tu es home priue defface Remebre toy & aye souuenace. Cueur dur rempli de trop grat vanite Du hault degre & de dignite Ou dieu ta mis indigne crature Tat riche & noble esleu en blature. Dot tu redras copte quoy ql tar de. Mais scais tu quat/ demain par auature. Ou auiourdhui pourtant donne ten garde.

¶ Puis q vne foys tu as este deffait. Et mis au bas p desobeyssance Et q dieu ta p grace refait Et ta remis en estat dinnocece. Ne rechiez pas par orgueil narrogace. Mais mostre toy miroir dhumilite Car tu scais bie q ta fragilite. Nest q viande a vers & nourriture. Et deuien dras en la fi pourriture Quoy quaprez se ne te gtregarde Mais scais tu quant demain p auature. ou auiourdhuy/ pourtat done ten garde

¶ Cuides tu estre autre hoe ou pl9 pfait. Que tes maieurs de deuat ta naissace: qui tat furet glorieux en leur fait, q dieu & monde en a la cognoissace. Helas neny/ car pour qlque puissance. q tu ayes en gloire en psperite. Come eulx mourras poure/ ou reche herite . Miserable hoe & de fragille nature. & seras mis vng iour en sepulture. Tu nas pouoir ne force qui ten garde. Mais sais tu quat/ demain p auature ou au iourdhuy pourtant donne ten garde

¶ Hoe arme toy cotre lheure future. Forte & dure car mort de sa poin ture. Te piegra d sa cruelle darde Mais scais tu qt demai p auature Ou au iourdhuy pourtant donne ten garde

Puis quaisi est ql no9 fault to9 finir/ & aps fin cote a dieu du tout rendre. Las desormais vueillez vo9 maitenir. si saictemet sas tache

⁊ sans mesprendre/ q̃t l'horrible mort vo⁹ voulдra prēdre vostre poure ame a p̄sēt vicieuse soit de vertus tāt riche ⁊ p̄cieuse que voler puisse en clere cite. Ou est plaisir ioye ⁊ felicite salut vertu aussi paix pardurable. Vie sāte beaulte sans mort auec pouoir ⁊ force isuperable. Qui tousiours dure ⁊ q̃ iamais ne cesse. Las vo⁹ voyez to⁹ les iours mort venir. q̃ est la fī q̃ vo⁹ deuez attēdre. Et ne scauez q̃ peuēt deuenir. Les espritz q̃t les corps sōt en cendre. Les bōs vont sus/ ⁊ mauuais fault descēdre. En chartre obscure ⁊ tenebreuse. Ou est vermine imortelle angoisseuse. Misere ennuy faulte necessite. Fain/ soif/ pleur/ cry/ ⁊ toute aduersite. Horreur/ paour/ frayeur inenarrable. Mort sans mourir desespoir ⁊ tristesse. Feu sans lumiere ⁊ froit intollerable. Qui tousiours dure ⁊ qui iamais ne cesse

O mauuais riche enfle diniq̃te. Rude aux poures/ las q̃ ta proffite. Tō riche abit/ ta plātureuse table. puis q̃ tu es poure pour ta richesse. Et as soif ores ⁊ feu isaciable. q̃ tousiours dure ⁊ iamais ne cesse

Helas pourtāt vueille biē retenir, to⁹ ces poītz cy ⁊ a biē faire entendre q̃ puissez paruenir au hault royaume. Ou vous deuez tous tendre qui est tant riche,
Que nul cueur ne peut comprendre.
On y vit en paix q̃ est chose glorieuse
Et oyt on sōn de voix si melodieuse
La ont les corps impassibilite.
Agilite/ clarte/ subtilite
Et les sainctz sapience admirable.
puissāce/ hōneur/ seurete/ ⁊ lyesse
Concorde/ amour/ ⁊ gloire insupable.
Qui tousiours dure ⁊ iamais ne cesse

¶ Sensuyuēt aucunes oroysons ⁊ autres prieres ⁊ formes de ballades ⁊ rōdeaux. Premieremēt vne deuotiō theologalle sur vne q̃stion. assauoir mon se prieres/ oroysons/ messes/ ⁊ suffrages que on dit pour les ames de purgatoire sont meritoires baillables ⁊ p̄fitables pour leur deliurance.

D Eupte deuot tu doys noter que pour acquerir aulcũ biẽ lequel compaigne lestat daucun/ou est assauoir a celuy estat loeuure daucun peult proffiter non seulemẽt. De congruo. Mais auec ce/de condigno. Ce peult estre en plusieurs manieres. ¶ Premieremẽt pour la cõmunicatiõ laquelle est la racine de loeuure meritoire. Et ainsi de toute personne a esmollument du bien daultruy sil en est charge. Iuxta illud Participes ego sũ ⁊c. Secõdement pour lintention du faisant quãt aucun fait aucunes oeuures affin quelles proffitẽt a aultruy/ ⁊ telles operations appartiennent a ceulx pour q̃ elles sont faictes cõe donnees de celui qui les fait. Et peuent valoir ou pour satiffaire ⁊ accomplir la satiffation daulcun ou a q̃lque autre chose qui ne mue poĩt sõ estat ⁊ en ses deux manieres valẽt les suffrages de leglise nõ pas seullemẽt au vifz/mais aussi aux trespassez/ nõ pas affĩ q̃ lesd̃ suffrages puissẽt muer leur estat: affin q̃lz soyẽt deliures des peines Car cõe dit saĩct augustin ou liure nõme enchiridiõ tãt q̃l ont vescu en ce mõde ilz õt desseruy q̃ les suffrages leur peuẽt ꝓffiter Dũ i hac vita viuerẽt meruerũt vt hec sibi ꝓdessẽt. Lapostre en la.ii. espistre aux corinthiẽs au.v. cha. Quãt a estre dãpne ou sauue. Car chascũ aura parrdis ou enfer pour sõ propre oeuure ⁊ nõ pas pour loeuure daultruy/ ⁊ aĩsi sẽtẽt ce q̃ est escript. Ecclesiastes.ix. Mortui nõ habẽt partẽ i opere q̃d sub sole gerit quod itellige verũ q̃tũ ad mutatione stat9. Ou no9 parlõs de opere operato. Cest a dire du suffrage en soy. Et aĩsi le sacremẽt de lautel ⁊ autres sacrifices ont efficace a vtu de eulx mesmes sãs q̃ loperatiõ d̃ celui q̃ les fait accroist ou diminue leur effect/mais sõt faitz egallement p vng chascũ bõ ou mauuaiz Mais se no9 p̃lõs de ope operãtis il cõuiẽt distinguer/car aucũ sacrifice peut estre fait p vn mauuais hõe cõe la messe ditte p vng pecheur Et ce peut estre en.ii.manieres: p̃mieremẽt vt p actorẽ Cest a dire q̃ le sacrifice soit fait p le pecheur cõe acteur dicelup sacrifice ⁊ ce ne proffite sinõ accidẽtellemẽt ⁊ cõsequẽmẽt cestassauoir q̃ p les aumosnes dũg mauuais hõme les poures a q̃ ladite aumosne est dõnee sõt excitez a prier dieu pour les trespassez pour lesq̃lz le mauuais les a donnez. Secõdo vt p misteriũ. ⁊ ce peut estre en.ii.manieres. Car ou le sacrifie ou office est fait p le ministre publiq̃ de leglise cõe le pstre q̃ celebre le req̃ de mors ⁊ telz sacrfices ꝓffitẽt/car la malice du mistre ne nuyst pas a loeuure dũg bõ acteur cõe est leglise. Ou lesditz sacrifices sõt faitz p vn ministre daucũe priuee psõne/ ⁊ adõc ilz sõt faitz p le cōmādemēt daulcū estās en charite cōme se tu fais dire vne messe a vng pstre qui soit en pechez tu soyes en grace charite/ce que tu fais dire pffite pour toy ou a celuy pour qui tu le fais dire sil est trespasse Mais se au cōmādemēt de celuy qui nest pas en charite est faicte bōne oeuure telle bōe oeuure ne proffite aux trespassez tāt quil reuiēne en bō estat. Pourtāt est ce grāt bien quant celuy qui dōne laumosne. ou qui fait dire messe: celuy a qui elle est dōne ou la messe cōmise sont en charite. Car se tu dōne au nō de ton pere q̄ est en purgatoire es en grace pour estre participāt en ses suffrages les oeuures sōt meritoires des deux pties/cest assauoir: ex opere opato: ex opere operantis Hec ricard9 in.iiii. distinctione.xlv. articulo.iiii. questione secūda. ¶ Notez q̄ celuy q̄ recoit plusieurs ymo tout le mōde a la pticipacion de ses biēs na pas mois de pffit de ses bōnes oeuures q̄ sil pnoit tout pour luy/mais luy apporte pl9 de pffit quāt a laugmētatiō de gloire quāt satisfatiō de ses pechz diminution de sa peine pour ceulx deue ausquelles choses vault ladite associatiō ainsi comme recite ricardus de media villa au lieu preallegue

Sainct gregoire en la secōde q̄stiō de la.xiii. cause au chapitre Gregori9 dit q̄ les ames d purgatoire sōt biē tost delivrees p quattre manieres/ sōt quattre clefz q̄ chascune deuote psōne doit prēdre a sa ceincture pour ouurir purgatoire quāt il viēt a leglise. La pmiere clef est a loblatiō des pstres/au ppos p figure/par auctorite/ p exēple. De ce no9 figure. Se macha.xii. que iudas machabeus enuoya.xii. M dragmes dargēt en oblatiō offrēde pour les pechez des iuifz q̄ estoyēt trespassez en la bataille pourquoy no9 est dōne a entendre que loblation du pcieux corps de Jhesus. faicte a dieu son pere est bien de pl9 grāt vtilite pour diminuer les peines des trespassez que ledit argent/ est encore escript au liure dessusdit q̄ se iudas machabe9 neust eu esperance que ceulx qui estoyēt occis en bataille ne fussēt vne foys ressuscitez ce lui seroit chose vaine superflue prier pour les trespassez affin q̄lz soyēt deliurez de leurs pechez/ceste raisō est approuuee p lauctorite des docteurs de la saicte escripture cōe de saict augustin sainct gregore au lieu palegue Il est puue p exēple dung euesq̄ q̄ estoit malade d chaulde maladie tāt quō ne lui pouoit reffreschir les piedz. Les pescheurs en este peschierēt vn glacō leq̄l apoterēt a leuesq̄ q̄ lui fut mis aux piedz a certaine heure lors leuesq̄ ouyt vne voix lui dist. Je suis lame Dung pstre q̄ fais cy mō purgatoire. se tu estoys en estat de grace

⁊ disoys cẽt messes pour moy ie seroye sauue ce q̃ fut fait. Or regarde tu nẽ as pas cy cent/mais mille Purgatoire a la loy nest pas ꝑtie dẽfer/mais ꝑ dispẽsatiõ peut estre en chascũ lieu. La.ii. clef est oraisõ ⁊ les prieres faictes ꝑ lesq̃lles sõt deliures les ames des peines de purgatoire/⁊ ce appt ꝑ auctorite a lapocalipse au.vii. chapitre Ascẽdit fum⁹ aromatum/id est orationum/odor de orationib⁹ sctorũ de manu angeli corã deo. Il appt aussi ꝑ lauctorite dessusdicte. Scã ⁊ salubris ⁊c. Il appt ꝑ exẽple de saict martin q̃ cõe dit saict gregoire vn pstre fut q̃ prioit deuotemẽt saict martin le iour d̃ sa feste pour les ames de purgatoire. Il en vit.xx.ꝑ le cornet de lautel qui le remercioyẽt lesq̃lles estoiẽt hors de purgatoire pour la priere de sainct martin. Regarde dõc q̃ ferõt ces saictes icy a la priere d̃ la vierge marie. Tu diras ꝑ auenture: ie ne me apperçoy de leurs prieres nullemẽt Ie te demande/cõt tu dis a peu q̃ ie ne me suis rõpu le col au cheoir de mõ cheual/ou dũg arbre ou q̃ mon enfãt nest mort. q̃ ta garde/croy q̃ ce sõt les prieres des sainctz. Les deux p̃mieres maniers sõt pl⁹ efficasses en tãt q̃lz sõt rapportees en dieu. La.iii. clef est les aumosnes des parẽs ⁊ amys ꝑ lesq̃lz peines de purgatore sõt diminuees. Ecclesiastici.vii. Pauperi porrige manũ tuã ⁊ mortuo nõ ꝓhibeas gratiã. Et ecclesiastici.xxii. Sup mortuũ plora defecit enĩ lux ei⁹. Ruth.i. Faciet de⁹ vobiscũ miam sicut feceritis cũ mortuis. A ce ꝓpos sainct gregoire recite vne exẽple dũg cheualier du roy charles le grant qui par sõ testamẽt laissa a sõ cõpaignõ ses armes ⁊ sõ cheual affin que en dõnast largent aux poures dedẽs.xxx.iours ou autremẽt il le citoit au iugemẽt de dieu. Au bout de.xxx.autres iours il se tailloit de la citatiõ ⁊ differa a faire ce q̃ lui estoit enioict. Il est apparu a sõ cõpaignõ en le regretãt/⁊ tãtost virent.ii.mors q̃ le prindrẽt ⁊ lẽporterẽt par les mõtaignes ⁊ vaulx tãt q̃l fut tout desrõpu. Fais dõc aumosne incontinẽt sãs tarder pour tes amys.

Aumosne doit auoir.iiii.cõdiciõs/p̃mieremẽt elle doit estre faicte ioyeusement cõe dit saict pol. Se. ad cori.ix Hilarem datorem diligit de⁹: elle doit estre faicte habũdãmẽt. Tho iiii. Quõ poteris es misericors Selõ ta faculte ⁊ puissãce/cest assoir peu a peu. Tiercemẽt hastiuemẽt prouẽ.iii. Ne dicas tuo vado ⁊ reuertere cras cũ statim possis dare. Quartemẽt deuotemẽt Danielis.iiii. Elemosinis peccata tua redime. Cest d̃ cueur cõtrit ⁊ deuot. Fais aumosne laq̃lle selõ thobie deliure du dãger de la mort eternelle. Ne fais pas q̃ les ames d̃ tes amis trespassez criēt aps toy ce q̄ est escript. Iob. xix. miseremini mei ⁊c. Et aussi. Derelinquerunt me ppiqui mei ⁊ q̄ me nouerūt obliti sunt mei. Il est escript. Iob. xx. diuitias quas deuorauit euomet: ⁊ de ve tre ei⁹ extrahit illas de⁹ / cest a dire q̄ le executeur ou parēt q̄ retiēt les biēs des trespassez les vomira en enfer en peine ou le dyable les lui arra chera de crocz de fer.

La quate clef est la ieusne des parēs ⁊ amis des trepassez p lesq̄lz quāt ilz sōt faiz p ceulx estās en estat d̄ grace leur valēt la diminutiō de leurs peines. Ce appert p la figure de la bible. xxi. regū. iiii. ou no⁹ lisōs q̄ aps ce q̄ abner eut. este occis en trahison par ioab ce venu a la cōgnoissāce de dauid il dist a tout le peuple q̄ estoit auec lui / ceingnez vous ⁊ vestez de sacz ⁊ pleurez ⁊ ieusnez iusq̄s aux vespres pour ledit abner esperāt q̄l euitast dānatiō / en quoy appert cleremēt p le pphete royal que ieusner ⁊ faict penitence pour les ames de purgatore leur pffite a la diminution de leurs oeuures. Or icy tu as prieres vigilles / ieusnes / ⁊ oraisōs esq̄lles tu peulx rēdre participās tes parēs ⁊ amis ce q̄ ne dois differer faire / car aīsi q̄ tu fais toy estāt en ce mōde: aīsi fera len pour toy aps ta mort. Supra illud prealegatum faciet de⁹ vobiscum misericordiam. ⁊ cetera

Dicte des trespassez en forme de balade ⁊ du iugement.

Venimeux es q̄ porte le corne. To⁹ escornās d̄ escorne cor. Au cōtraire dūe grāt lycorne. Rendant le vieil pl⁹ intoxiq̄ en cor. Encor cornes cornemēs dūg grāt cor. Dōt les cornars sē vōt a la cornee. Tous escornez nayant en leurs corps cor. Auecques toutg cornardie escornee Celle sera biē de corne cornee. Dōt lui fauldra sa grāt cornee Quau monde na pas encornee. Et escoutant le hault son du cor nette. Netz en espitz ⁊ aussi du corps nette Dōt vostre ame ne sera encornee Du grāt cornu q̄ sās cesse cornette. Auec toute cornardie, escornee. Escornee sera du cornement. Dune tant terrible cornation. Fort cornante ⁊ se le cor ne ment. Eschappe nest encor nation. La nation nest qui de ses cornetz. Ainsi cornans en peut estre exemptee. Car la serez infetz ou de corps netz. Auecques toute cornardie

Encor ne nest nul expept du cor nu. Ne de celle grãt cornarderie Et q̃t chascũ sera la du corps nu Gar de naurez q̃ vne cornarderie Cornarderie naura q̃lq̃ cornarde Ne escorne cornard a la iournee Dõc priõs dieu q̃ nos corps nar de. Aucq̃s toute cornardie escor nee. Encores de ce

Peuple mõdain q̃ p ce lieu passez Les hideux corps voyez des tres passez. Ainsi finis par la grieue morsure. De atropos dõt ilz sõt enlacez. Priez pour ceulx q̃ vo⁹ ont amassez Biẽs en leur tẽps p chauld ⁊ p froydure. Car leurs a mes trãsmises en repos. Sont a souffrir trop atroce p̃ssure.
Au grãt lethes priuees de repos Ou demourrõt lõg tẽps ie vous asseure. Se p biens faitz hors ne les en chassez. Et aĩsi q̃ du gref q̃ leur dure Les alleger aurez soul cy ⁊ cure. Par les vr̃es bõs serez pourchassez q̃t au cercueil serez deux enchassez De verite cecy ie vous annuncee
Les biẽs de biẽ mal compensez Vo⁹ serõt pl⁹ iust quau poix de lõce. Quãt mort finalle viẽdra faire sa semonce Rondeau
to⁹ ⁊ toutes mourir il no⁹ q̃uiẽt Foybles ⁊ fors icy le pouez lyre Dauid le dit en psalmiste lyre Souuẽteffois acoup ainsi quon viẽt. Juste raisõ a cela bien con uient. Quen craignãt de larchi tonãt lyre Tous ⁊ toutes

De lathcis ⁊ de cloto lẽpire rõd Dõt mourrõs ⁊ tout cela aduiẽt Souuẽteffoys acoup ainsi quon viẽt Du doulx tulles beau liure cõtiẽt. De vieillesse q̃ len ne peult des dire Que no⁹ auec nos choses sans redire. Non sachãt quant ⁊ tout ainsi quon tient

Tous ⁊ toutes.

Encor du iugement final

¶ Toutes les foys que pense a ceste hystore. Du iugemẽt ie pers sens ⁊ memore. Quãt me souui ent de ce q̃ nous racompte. Saint pol q̃ dit ql no⁹ fault rẽdre cõpte De to⁹ les faitz q̃ no⁹ fismes dõc soit biẽ ou mal or no⁹ auisõs dõc que porterõs deuãt si iuste iuge. a ce grãt iour auql nest le deluge A cõparer / car si espouẽtable Sera pour voir: ⁊ si abhominable Si horrible / si dur / si perilleux si a douter si gref ⁊ merueilleux Que ciel / mer ⁊ terre / bruslerõt. Et les ãges de paour trẽblerõt. la grãt trõpe dira mõlt hautemẽt leuez s⁹ mors. venez au iugemẽt ⁊ a to⁹ ⁊ toutes estre iugez cõuiẽt helas dolẽs biẽ peu no⁹ en souiẽt Le iuge a to⁹ fera leur equite. Par ces deux motz. ite ⁊. venite ⁊ si dira ce q̃ a pour no⁹ souffert: car pour no⁹ to⁹ sest a mort offert Des poures cõ leuãgile touche: peillemẽt no⁹ fera grãt reproche si voulẽtiers ne les auõs portez Nourris. vest⁹. logez ⁊ cõfortez Las q̃ ferõs quãt excusations riẽs ne vauldrõt ne lamẽtatiõs. Biẽ serõs matz tristes ⁊ esgarez Qñt to⁹ nos maulx serõt la decla rez. Deuãt si haulte ⁊ greue com pagnie. De multitude ⁊ puissã- ce infinie. Le iuste a grant peine sauue sera. Or regardez que lin iuste fera Car lors serõt les mau uais deboutez. Dauec les bons: ⁊ en enfer boutez. En feu puant auec les ennemis. Qui de nuyre ne sõt iamais remis. Peines ya plus q̃ nul ne peut dire. Suffisã mẽt ne la griefte descripre. Tor mẽt aurõt la sans redẽption. En corps sãs itermissiõ A tous- iours / las ql horreur a pẽser Cest a iamais vueillez y fort penser. Et priez dieu de cueur deuotemẽt Quẽ ce mõde viuõs saictement. Que oyr puissõs ceste voix clere Venez a moy benis d dieu mõ pe Hõe mortel pẽse q̃ tu porteras Au iugemẽt car la iuge seras.

Inuectiue moralle figure

Pl⁹ esguetãt q̃ vn regnard. Qu darderas to⁹ dardãt dard. Layt lourd / hydeux cõe vne escouffle Qñt sur aucũ metz tõ faulx dard. si beau cors nest q̃ ne faces fetart Le vẽt noth⁹ trescorrũpu te souf fle. Au bas chaos q̃ a la gueulle ouuerte. Lattẽd / sortir nẽ puis- ses q̃ a tard Je te relegue auec tõ bastard. Souille peche ⁊ p sẽtẽce apte. Trop esbrãles le buc a pro serpine. Que iuuenal appelle vr ne de mort. Laisse les bõs / greue la gẽt maline. Qui de biẽ seulle mẽt fait ce remord. To⁹ par tes mais sõt mis a mort. Permet de gẽt croistre lassẽblee Sãs tãt fra per aĩsi a la volee. Tresgrãt biẽ feras / mais au fort. En ort ter- rouer croist a tard belle blee

Jreux lyõ a chef plai de fureur. Licorne au frõt a rebours veni- meuse. Vos azinal souffrant toute sueur. De .iii. renges de grãs dẽs dãgereuse. Piedz caba lins te mõstrẽt curieuse. O tõ p⁹ ler hõam mors a lẽblee. Tõ pied ceruin a nul biẽ ne samuse. Et la raison si est icy prouuee

En ort terroir croist a tart belle blee.

Ballade moralle

Amez les bõs / dõnez es souffret teux. Soyez large ou il apptien dra dur es mauuais ⁊ es poures piteux Et refraignez qñt le cas le reqrra. Sachez a q̃ vostre dõ se fe ra. Et se cil a desseruy pour sa- uoir Du biẽ cõmũ faictes vostre deuoir A ce deuez sur toutes cho- ses tendre. Car to⁹ ces poitz fist iadis assauoir. Aristote au grãt roy alexandre. De dieu soyez en to⁹ tẽps suiteurs. Et en vos be- soingz il vo⁹ aidera. Gardez la loy ⁊ iuste a to⁹ ceulx. Et a celuy q̃ cõtre offencera. Sans espgner chascũ vo⁹ doubtera. Ne conuoi- tez d vos subietz lauoir Vos po les soyẽt trouuees en voir. Faic- tes grãs aux petis leur droit rẽ- dre. Car to⁹ ces pois fist iadis as

sauoir. Aristote au grant roy alexandre. Encor lui dist ne soyez paresseux. Mais diligent quant il cõuiẽdra. Tenez les sages / ⁊ anciens / ⁊ preux. Au p̃s de vous ⁊ ce vous aydera. A gouuerner
ce que nul ne pourra
Vr̃e royaume greuer ne deceuoir
Vo⁹ voz subietz serez richez dauoir
Estre begnin tant au grant que au mendre
Car to⁹ ces poitz fist iadis assauoir
Aritoste au grãt roy alexãdre

Cy ensuiuent aucunes petitions ⁊ demãdes q̃ font bergiers entre eulx a nr̃e dame cõe a leur mere demãdans lung a lautre de leur heritages du royaume de paradis

MA doulce nourrice pucelle
Qui de vostre tẽdre mamelle
Vostre createur allaictastes
Et qui vostre pere enfantastes
Ma dame ⁊ ma loyalle amie
Combien que ie ne soye mye
Digne destre en vostre seruice
Je vous suply que sans office
Saucun demandoit qui ie suis
Je puisse dire que ie suis
de vostre court royne des cieulx
En esperãce dauoir mieulx
Et destre de vostre famille.
Ma doulce / mere de dieu fille
Non mye comme seruiteur
Car ce me seroit trop dhonneur.
Que iay dame de vous seruir
La fait qui ainsi ma oultre
Et quoy quil soit de sa sãte
Le malade: ce scait on dire
Prent voulentiers ce quil desire
pource sil vo⁹ plaist en gre prẽdre
Des maintenãt sãs pl⁹ attẽdre
Je vo⁹ dõne mon corps ⁊ mame
Si fait pareillemẽt ma femme
Et vous faisons foy ⁊ hõmage
De tout nostre petit mesnage
Aussi dame vous nous deuez
Garder / se vous nous receuez
Et se de nous prenez la garde
Nous nauõs de lennemy garde.

Et se vostre filz vouloit dire
Quil est de tout le monde sire
Et qua luy appartient lhõmage
No⁹ sommes de vostre lignage
Et de par pere ⁊ de par mere
Et luy du coste de son pere
Je croy bien quil soit de bon lieu

Bien dit des siés quō recōgneust
Ancoys pour dieu querent le pain
Ainsi que sil mouroit de fain
Et souuēt mesbahis bien
On leur dist dieu vous face biē
Et cest pour lui quilz demandēt
Ainsi fault quē sō nom truādēt
Ce qui na que preste de grace.
Et sil aduiēt q̄ aumosne on face
A ses mēbres ql dit ses poures
Cest de leur reliefz a leurs sobres
Et bref il donne tous ces biens
A ceulx qui ne le prisent riens
Et croy sil est hors de tuteur
Quon lui baillera cōducteur
¶ Et quāt au fief dōt est q̄relle
par dieu ma tresdoulce pucelle
Quāt a moy ie ne doubte mye
Veu vostre genealogie
Et vostre cas bien entendu
Bien assailly bien deffendu
Que tātost la court souueraine
A vous cōme plus prochayne
Adiugera la retenue
Mais dame vo⁹ auez tenue
Tousiours la voye de doulceur
A vostre filz a pour signeur
Vo⁹ lauez tousiours recōgneu
Et la si lōguement tenu
Droit au nō par succession
Quil a la possession
Et comme dire iya ouy
Il en a si long temps iouy
Quil nest memore du cōtraire
Ne lenne vo⁹ vit oncques faire
Riēs: parquoy sa p̄scription
print aucune interruption
Tousiours lauez tel aduoe

Mesmes la veille de noe.
Aussi tost quen fante vo⁹ leustes
pour seigneur vo⁹ le recōneustes
Et lapellastes createur
Donc est il plus que seigneur
Itē quāt vous vous acordastes
A lange/ par luy vo⁹ mādastes
Que vo⁹ estiez sa chambriere
Seruāte nest pas coustumiere
De receuoir ne ne doit estre
la foy des vassaulx de sō maistre
¶ Or pour venir a la rigueur
Sās porter hayne ne faueur
A vous ma dame vostre filz
Lors que lhōmage ie vous feiz
Vo⁹ deux estiez cōmuns en biēs
Dōc sōmes no⁹ vostres a tiens
Ainsi a vous nappartiendroit
Quá chascū la moytie du droit
Mais pour venir a lequite
Et la droicte verite
Onc entre vo⁹ tiēs ne partistes
Ne/ feres/ ne faictes ne fistes
Ains est a perpetuaute
Ferme ceste cōmunaulte
Dōc sōmes a chascun de vous
par indiuis chascun de nous
et tousiours a vo⁹ voulōs estre
Sās autre maistre ne maistresse
Et pource que toute personne
Doit a cil qui a lui dōne
Sa vie/ no⁹ vous requerōs.
Tāt quen ce monde serons
Que cōme a vos poures donnez
des biēs mōdaīs vo⁹ no⁹ dōnez
Sans richesse ne pourete.
Ce qui nous est necessite
pour passer ceste poure vie.

Si que nul de nous ne mendie
Car enuis en mendicite
Treuue len foy ne verite
Et aussi sans que de richesse
Vo⁹ no⁹ dõnez trop grãt largesse
Si ne demandõs fors que assez
Et quãt nous serõs trespassez.
Donnez no⁹/ ma dame marie
Doulce glorieuse vierge marie
Laqlle ottroye par sa puissãce
La treshault: ꝛ diuine essence
Seul dieu regnãt en trinite
par sa grãde benignite

Pour cõgnoistre ꝛ scauoir sur quelle planette on est ne Il est a scauoir que il ya au ciel vii. planettes cestassauoir. Sol Venus/ mars/ mercuri⁹/ iupiter lũa/ saturn⁹. des sept planettes sont denommez les sept iours d la sepmaine. Car chascun est nõme de la planette regnãte au cõmencement du iour Les anciens astrologiẽs dyẽt to⁹ q̃ sol domine le dimenche. la cause est cõme dyẽt les philozophes/ car le soleil entre les planettes si est la pl⁹ digne pourquoy il est attribue au pl⁹ digne iour/ cestassauoir au dimẽche. Lũa domine la ꝑmiere heure du lundi. Mars la ꝑmiere heure du mardi. Mercuri⁹ du mercredi. Jupiter du ieudy. Ven⁹ vẽdredi. saturn⁹ samedy Le iour naturel a xxiiii. heure/ ꝛ en chacũe heure domine vne planette. Il est a noter q̃ quant on cõmence de cõter au dimẽche il fault aussi conter. Sol venus mercuri⁹/ lũa/ saturnus/ iupiter mars. Et quãt le nõbre est failly il fault cõmencer iusq̃s a lheure quõ veult scauoir q̃lle planette regne. Le lũdy on doit cõmẽcer a lũa. Mardy a mars Mercredy mercuri⁹. Et tousiours quãt le nõbre des planettes est failly il fault cõmencer par ordre cõe dit est Il est a noter que les greez cõmencent leur iour au matin/ les iuifz a my iour les xp̃iens a minuit. Et est la ou no⁹ deuons cõmencer a compter. Car vne heure ap̃s minuyt au dimẽche regne sol a ii. heures ven⁹ a iii. mercuri us a iiii. heures lũa a v. saturn⁹ a vi. heures iupiter a vii. heures mars Et recõmẽcer a viii. heures sol a ix. heures ven⁹ a x. heures mercuri⁹. ꝛ cõsequãment des autres par ordre tant quõ sache lheure. Quant lenfant est ne il fault scauoir a quelle heure ꝛ se cest au cõmẽcement de lheure au meillieu ou en la fin Se cest au cõmẽcemẽt il tiẽdra de la planette ou il est ne ꝛ de deuant Se cest au meillieu il tiẽdra d celle ou il est ne ꝛ d celle daps. Mais nõ obstãt la planette ou il sera ne dominera les autres ꝛ sera du roy p dess⁹ ꝛ est cause q̃ vn enfãt tiẽt de plusieurs cõdiciõs Celui q̃ est ne soubz sol prudẽt ꝛ sage grãt pleur ꝛ q̃l que q̃l loue il tient tousiours vertu en soy. Qui est ne soubz venus est ayme de chũ. triste des yeulx bõ en iesucrist ⁊ regulier Qui est ne soubz mercuri⁹ est biẽ barbu soubtil doulx veritable: ⁊ nest pas prudẽt. Qui est ne soubz lũa a grãt frõt coulouré visage ioyeulx religieux. Qui est ne soubz saturne est hardy courtoys ⁊ ne vit gueres nest pas auaricieux. Qui est ne soubz iupiter est hardy beau visage ⁊ vermeil tenãt chaste vacabũt. Qui est ne soubz mars est grãt pleur menteur larrõ decenãt istable gros ⁊ de couleur rouge. Qui pl⁹ a plai en veult scauoir il fault lyre cy dess⁹ au cayer. m. ꝓlogue du trãslateur

Moy cõsiderãt le cours des corps celestes ⁊ la puissãce de dieu oĩpotent qui fait luyre le soleil sur bons ⁊ mauuais qui gouuerne toutes choses q̃ sont au firmamẽt au ciel ⁊ en terre me suis pris a lyre ce petit traicte en latin: ⁊ lay translate en bõ francoys pour endoctriner les gens non litterez / mais q̃ y veult cõprendre q̃lque chose fault scauoir les moys ou est ne / ⁊ le signe du soleil du mesme iour. Il nest pas a dire que la chose aduiegne / mais q̃ les signes ont telles ꝓprietez / ⁊ est la voulente de dieu par dessus selon les poetes ⁊ astrologues. Le signe de aries est le premier. ¶ Les signes assignent les fortunes ⁊ infortunes des hommes ⁊ femmes comme dit ptholomee.

Du signe de aries. chapitre premier.

Je treuue q̃ celuy q̃ est ne au signe de aries puis mymars iusq̃ a my auril sera de grãt industrie ⁊ ne sera ne riche ne poure. Il aura dõmage par ses ꝓchains ⁊ aura puissauce aux choses des mors il se courouffera incontĩet ⁊ aussi tost sappaisera / il aura diuerses fortunes ⁊ discordz / il desirera doctrine ⁊ hãtera gẽs eloquẽs ⁊ expert en plusieurs degretz: il sera mẽteur ⁊ mobile de courage ⁊ predra vẽgẽce ⁊ se treuue mieulx dispose de toutes choses en ieunesse q̃ en vieillesse iusq̃s a. xxviii. ans / il sera grãt fornicateur ⁊ sera marie a xx ãs / ⁊ sil ne se marie il ne sera ia chaste il sera mediateur daucũs de ses amis / il aura des enfãs ⁊ sera espie pour luy nuyre: il aura vn signe en lespaule ⁊ en la teste ⁊ au corps / il sera riche de la mort daultruy Il sera en dãger de bestes a. iiii. piedz Il aura grãde maladie a. xxiiii. ãs. sil eschappe il viura. lxxx. ans par nature. La fille q̃ sera nee en ce tẽps sera ireuse: ⁊ aura d grãs dõmages elle mentira voulẽtiers ⁊ pdra son mary ⁊ en recouurera vng meilleur elle sera biẽ malade a. xv. ãs ⁊ en laage de. xxv. ãs sera en dãger de mort ⁊ selle eschape elle sera en doubte iusq̃s a. xliii. ans / ⁊

suoffrira douleur de teste. Les iour de sol ⁊ de mars leur serōt bons. ⁊ les iours de iupiter mauuais / ⁊ tāt lhōe q̄ la fēme serōt sēblables au mouton q̄ tous les ans pert sa layne ⁊ inōtinēt la recouure.

Du signe de taurus chapitre deux.

Qui est ne soubz taurus depuis my auril iusq̄s a my may sera fort / hardy / noyseux / delicieux ⁊ possedera biēs q̄ lui serōt dōnez par autruy / ce q̄l vouldra faire sera fait incō tinēt ⁊ sefforcera de la mettre a fin. En sa ieunesse despris sera chascū ⁊ sera placōdieux / ⁊ fera pelerinage ⁊ laissera ses parēs ⁊ viura auec estrāgiers / ⁊ puiēdra a office ⁊ lexercera biē. ⁊ sera riche p fēme ⁊ sera ingrat ⁊ viēdra a meilleur estat / il prēdra vēgeāce d ses ennemis ⁊ sera mors dūg chiē / il experimētera plusieurs peines p fē me ⁊ sera en peril a. xxiii. ās / il sera greue p maladie ⁊ viura. lxxx v ans ⁊ iii. moys selō nature La fille q̄ sera nee en ce tēps sera affectu euse / labourieuse / mētercsse ⁊ souffrera īfamete / elle iouyra des biēs de ses parēs / ce q̄lle cōceuera en sō entēdemēt viēdra a effect ⁊ a la me illeure part / elle aura plusieurs maris ⁊ plusieurs enfās / elle sera a saize ās au meilleur estat ⁊ aura au meilieu du corps vn signe: elle se ra maladiue ⁊ viura. lxx vi. ās selō nature / les iours de iupit ⁊ de lu na leur sōt bōs ⁊ les iours de mars mauuais / ⁊ tāt lhōe q̄ la fēme se rōt cōe le torcau q̄ laboure: ⁊ quāt le grain est ferme na q̄ la paille / ilz garderōt le leur ⁊ ne pffitera a eulx ne autrui ⁊ serōt reputez igratz.

Du signe de gemini. chapitre troysiesme

Lhōe q̄ est ne en gemini depuis my may iusq̄s a my iuig au ra plusieurs playes / il sera beau misicordz / il menera vie publiq̄ ⁊ raisonnable / il receuera plusieurs pecunes. il yra en lieux icōgneus ⁊ fera plusieurs pelerinages / il sera van teur ⁊ ne demourera poit au lieu ou aura este ne / il sera sage ⁊ negli gēt en ses negoces / il puiēdra a richsse iusq̄s a xxx vi. ans sa pmiere fēme ne viura gueres: mais prēdra fēmes estrāges. ⁊ sera a tard ma rie / il sera mors dūg chiē ⁊ aura vn signe de fer ou de feu / il sera tour mēte en caue ⁊ passera la mer ⁊ viura cēt ans ⁊ six. moys selō nature La fille q̄ sera nee en ce tēps viēdra a hōneur ⁊ se mettra en auāt des biēs dautruy ⁊ sera arguee de faulx crimes / il la fault marier a xiiii ans selle veult estre chaste ⁊ euitera vn peril ⁊ viura. lxx ās selō na ture ⁊ hōnorera dieu. Les iours de mercure ⁊ sol leur serōt bōs ⁊ les iours de luna ⁊ venus mauuais / ⁊ tāt lhōe que la fēme augmēterōt ⁊ assēblerōt les biēs de leurs sucessturs / mais a grāt peine oserōt ilz user de leurs propres biens tant seront auaricieux.

Du signe de cancer chapitre.iii.

Celui q est ne soubz cãcer depuis my iuig iusqs a my iuillet sera auaricieux & desgalle stature. Il aymera les fẽmes/sera ioyeux:hũble:bõ: sage & bien renõme. Il aura dõmage p enuie & aura en sa puissãce la pecune dautruy il sera conducteur des choses dautruy/ il aura noises & debatz auec ses pchains & vẽgeãce de ses ennemis/ p sõ arrogance plusieurs se mocqrõt de lui/ il aura souuẽt paour es eaues & gardera sõ courage en soy & souffrira douleur de vẽtre/ il trouuera pecunes cachees & labourera fort pour sa fẽme/il verra sõ peril en certain an leql sera cõgneu d dieu sõ auoir descroistra le.xxx.an passera les mers & viura lxx.ãs selõ nature:& lui sera fortũe ioyeuse. La fille q sera nee en ce tẽps sera furieuse incõtinẽt se courroucera & tãtost sappaisera/elle sera allegre:durable:sage:ioyeuse:& souffrira plusieurs perilz qlle endurera:se on lui fait suice elle recõpẽsera biẽ:elle sera labourieuse & prẽdra grãt peine iusqs a trẽte ãs:puis aura repos/elle aura plusieurs filz:il la fault marier a xiiii.ãs:hõneurs & dõs lẽsuyurõt:elle aura des playes dõt guerira & aura peril en leaue & blessee au lieu segret:elle sera morse dũg chiẽ & viura.lxx.ãs selon nature:les iours de iupit:ven9 & lũa leur serõt bõs:& les iours de mars mauuais & tãt lhõme q la fẽme aurõt bõnes fortunes & victoires de leurs ennemis

Du signe de leo.v.

Nous lisõs q celuy qui est ne soubz le signe de leo depuis my iuillet iusqs a my aoust sera beau & hardy/plera publiquemẽt & sera misericordz/il plorera auec les pleurãs & sera arrogãt en parole:il aura vng peril en certai tẽps & a.xxxvi. ans sera espie pour lui porter dõmage:mais il euadera le peril:ses benefices serõt ingratz:il sera honore de bõs & obtiẽdra ce ql cõmencera & sera puissãt.on lui dõnera charge de cõmunite & tãt ql p dra il le recouurera:il prẽdra fortune de trois dames:il sera pelerinages & souffrira douleur de ces yeux. Il cherra & sera craintif Il trouuera pecunes cachees:a.vii.ãs sera malade & aura peril d aucũ seignr a xxxvi.ãs sera mors dũg chiẽ & guerira a grãt peine & viura.lxxviii.ans. La fille q sera nee en ce tẽps sera grãt menteresse belle:biẽ parlãte:misericordieuse:plaisante:& ne pourra souffrir ne veoir plorer les hões:elle sera fecõde:sõ pmier mary ne viura gueres & aura douleur d lestomach:elle sera guettee de ses pchains a faize ans ⁊ viura en grãt richesse/elle aura des enfãs de troys seigñrs elle sera amiable ⁊ aura flux de sãg ⁊ sera morse dũg chien/elle cherra de hault ⁊ viura .lxxvii. ans selon sa nature. Les iours de mercure sol ⁊ mars leur sõt bons. les iours de saturne mauuais/ ⁊ tãt lhõe q̃ la fẽme serõt hardis ⁊ grns querelleux ⁊ seront misericordz.

Du signe de Virgo chapitre sixiesme

Du signe de vĝo ie treuue que qui est ne depuis my aoust iusq̃s a la my septẽbre cõmãdera voulẽtiers a sa fẽme. Il sera grãt mesnagier ⁊ igenieux/ hõteux/ ⁊ couuoytera en sõ courage tout ce quil verra/il se couroucera incontinẽt ⁊ sourmõtera ses ennemis. A grãt peine sera il gueres auec sa p̃miere fẽme/il sera fortune a .xxxvi. an/il ne celera pas se ql aura ⁊ sera en peril deaue/il aura vne plope de fer ⁊ viura lxx. ans selõ nature. La fille q̃ sera nee en ce tẽps sera hõteuse/ingenieuse ⁊ predra grãt peine. On la doit marier a .xii. ãs/ ⁊ ne sera gueres auec sõ p̃mier mary Sõ secõd sera de lõgue vie ⁊ aura plusieurs biens p vne autre fẽme elle cherra de hault/sa vie sera en peril ⁊ mourra biẽ tost elle souffrira douleur a .x. ans/ ⁊ selle eschappe elle viura .lxx. ans selõ nat̃e. elle aura germe vtueux ⁊ toutes choses luy fauoriserõt elle sesiouyra en diuerses fortũes/les iours de mercure ⁊ de sol leur serõt bõs: ⁊ les iours ď mars serõt mauuais ⁊ tãt lhõe q̃ la fẽme souffirra plusieurs temptatiõs tant q̃ a grãt peine y pourrõt resister/ilz se delecteront de viure en chastete: mais ilz souffrirõt beaucop ou quilz soyent

Du signe de libra chapitre septiesme

Celuy q̃ est ne depuis my septembre iusq̃s a my octobre sera puissãt/ ⁊ sera prise ⁊ ayme au seruice des capitaines/il cheminera en plusieurs lieux incõgnus ⁊ gaignera en pays estrãges. Il gardera bien le sien sil ne le reuele p vin boyre il ne gardera pas sa pmesse: ⁊ sera euicƚ pour pecunes ⁊ auis biẽs. Il sera marie ⁊ ne se tiendra pas a fẽme/il parlera de legier ⁊ ne aura nul dõmage entre ses pchains/ il aura en sa puissãce des choses des mors ⁊ aura aucũ signe en ses mẽbres. On luy donnera cheuaulx/beufz ⁊ autres bestes/il aura dõmage p iniure/ il sera enrichi p fẽmes ⁊ experimẽtera mauuaises fortunes ⁊ viura .lxx. ãs. La fille q̃ sera nee en ce tẽps sera amyable ⁊ de grãt courage/ el annũcera la mort a ses ennemis ⁊ cheminera en leux incongnue/ elle sera ioyeuse: ⁊ se esiouyra par sõ mari/selle nest mariee a .xiii. ans elle ne sera pas chaste ⁊ naura nulz filz de son p̃mier mary/elle fera plusieurs pelerinages aps trente ans: elle ꝓspera en mieulx aura grãt hõneur ⁊ lõg e puis apres sera griefuemẽt malade: ⁊ sera blessee ⁊ bruslee aux piedz enuirõ douze ans: ⁊ viura .lx. ans selõ nature. Les iours de venꝰ ⁊ de luna leur serõt bõs: ⁊ les iours de mercure mauuais/ ⁊ tant lhõme q̃ la femme seront en doubte iusq̃s a la mort/ ⁊ ya doubte en la fin

Du signe de scorpius chapitre. viii.

On list q̃ celui q̇ est ne au signe de scorpius depuis my octobre iusq̃s a my nouẽbre aura bõne fortune/ il sera grãt fornicateur/ la premiere fẽme q̇l aimera pour auoir en mariage sera religieuse/ il suira voulẽtiers aux ymages/ il souffrira douleur aux mẽbres genitoires a .xv. ans/ il sera hardi cõe vn lyõ: ⁊ sera amyable de forme/ plusieurs facultez luy serõt dõnees/ il sera grãt chemineur visitãt plusieurs contrees pour scauoir les coustumes ⁊ status de plusieurs citez/ ⁊ aura victoire de ses ennemis: ilz ne luy pourrõt nuyre en q̃lque faczõ que ce soit/ par sa fẽme il aura pecunes: ⁊ souffrira plusieurs fois douleur destomach/ ⁊ sera ioyeulx ⁊ aymera se trouuer auec gẽs ioyeux. En lespaule dextre il aura vn signet/ ꝑ doulces parolles ⁊ adulatiõs il sera deceu/ il dira souuent lũg ⁊ fera lautre/ il aura playe de ferremẽt/ il sera mors dũg chiẽ ou dautre beste/ il sera en doubte ⁊ si aura plusieurs ennemis a .xxviii. ans: ⁊ viura .iiiixx. ⁊ .iiii. ans selõ nature. La fille qui sera nee en ce temps sera aymable ⁊ belle: ⁊ ne sera pas lõguemẽt auec son p̃mier mary. ⁊ se esiouyra auec vn autre par son bõ loyal seruice/ elle aura honneur ⁊ victoire de ses ennemis/ elle souffrira douleur destomach ⁊ sera sage ⁊ des playes en espaulles/ elle doit craindre sa fin qui sera doubteuse ꝑ venin ⁊ viura .lxx ans selõ nature/ les iours de mars ⁊ de saturne leur sont bõs ⁊ les iours de iupiter mauuais/ ilz seront doulx de parolle ⁊ poingnãt de la queue: ⁊ murmureront detractãt autrui en disant ce quil ne vouldroyent quon dist deulx

Du signe de sagitarius chapitre. ix

Celuy q̇ est ne soubz sagitariꝰ depuis my nouẽbre iusq̃s my decẽbre aura bõ effect ⁊ aura misericorde de chascun ce q̇l viura obtẽdra par reuelatiõ/ il cheminera es lieux desers/ il vra croistre sa fortũe de iour en iour ⁊ ne celesta pas ce quil aura/ il aura aucũs signes aux mais ou aux piedz/ il sera paoureux a .xxii. ãs/ il aura peril/ il passera les mers ⁊ y gaignera ⁊ viura .lxxvii. ãs. viii. moys selõ nature La fille q̇ sera nee en ce tẽps sera laboureuse/ ⁊ aura plusieurs pẽsees pour noises estrãges ⁊

ne pourra veoir plourer/elle aura victoire de ses ennemis. desp͏̄dra beaucoup de pecune p̄ mauuaise cōpaignie. ⁊ sera appellee mere des filz ⁊ aura plusieurs aguetz. elle p̄dra grāt peine pour auoir les biēs de ses parēs. On la doit marier a xii. ās. elle aura mal es yeulx a xii. ās. ⁊ aura p̄ enuie grāt ioye a xviii. ās. souffrira douleur p̄ enuie ⁊ sera separee de ioye/⁊ viura lxxii. ās selō nature. les iours de ven⁹ ⁊ lūa sōt tresbōs. les iours de saturne ⁊ mars mauuais/⁊ tāt lhōe q̄ la fēme serōt incōstās ⁊ īstables. ilz serōt de bōne conscience ⁊ misericors/meilleurs aux estranges que a eulx. ilz aymerōt dieu.

Du signe de capricornus. Chapitre. x.

Celuy qui est ne soubz capricorn⁹: depuis la my decembre iusq̄s a my iāuier sera fornicateur/ mēteur/⁊ labourieux: il sera nourri des choses estranges/il aura plusieurs crimes/⁊ sera gouuerneur de bestes a. iiii. piedz. il ne sera pas lōguemēt auec sa fēme. ⁊ aura plusieurs tristesses en sa ieunesse. il abādōnera plusieurs biēs ⁊ aura peril a xvi ās. il aura g̃rāt courage/hātera gēs hōnestes. sera riche p̄ fēmes/et sera cōducteur de pucelles/ses freres serōt grās espiemēs sur luy. il viura lxx. ās ⁊ iiii. moys selō nat̄e. La fille q̄ sera nee en ce tēps sera hōneste. surmōtera ses ennemis/⁊ aura enfās de. iii. hōes. ⁊ fera mōlt de pelerinages ⁊ ap̄s aura grāt fēs ⁊ des biēs. ⁊ aura mal aux yeulx. ⁊ viura lxx. ans. ⁊. iii. moys. les iours de mars ⁊ de saturne leur serōt bōs/les iours de sol mauuais/⁊ tāt lhōe q̄ la fēme seront raisōnables/mais serōt enuieux

Du signe de aquari⁹. Ch. xi

Nous trouōs q̄ celui qui est ne au signe de aquari⁹ depuis la my iāuier iusques a la my feurier sera amiable ⁊ facond il ne cropra pas en vain on lui dōnera pecunes a. xviii. ans il sera en sō estat. il gaignera ou il yra. il sera blesse de ferremēt il aura paour en eaue ⁊ ap̄s aura bōne fortūe ⁊ yra en lieux estrāges La fille q̄ sera nee en ce tēps sera delicieuse: ⁊ aura noyses pour ses enfās/elle sera en grāt peril en laage de. xiii ans sera en felicite elle souffrira dōmage de bestes a. iiii. piedz elle viura. lxxvii. ans selō nature. Les iours de ven⁹ ⁊ de lūa leur serōt bons: les iours de mars ⁊ de saturne leur sōt mauuais: ⁊ tāt lhōe q̄ la fēme serōt raisōnables ⁊ ne serōt pas trop riches

Du signe de pisces chapitre. xii.

Celui q̄ sera ne soubz pisces: depuis my feurier iusq̄s a my mars traictera lart ⁊ science subtile il cheminera p̄ plusieurs pays: il sera grant fornicateur mocqur couuoiteux

il dira lung et fera lautre/il trouuera des pecunes et se fiera en sa sciēce et aura bōne fortune/ il sera deffēseur des orphelis et fēmes veufues il sera craitif es eaues/il passera legier ses aduersitez et viura.lxviii ans ¶ La fille qui sera nee en ce tēps sera delicieuse/ familiere en gestes plaisāte de courage: seruāte et aura douleur aux yeulx. et ser[illegible]o lēte p īfamete sō mary la lairra et aura grāt peine auec les estrāgers elle naura pas ce q̄ sera sié/elle aura douleur destomach de la marry et viura.lxxvii.ans selō nature/les iours de mars et de saturne leur sōt mauuais: et tant lhōme que la fēme viurōt fidelement

¶ Cy finissēt les natiuitez des hōes et fēmes selō les.xii.signes

Ensuyuent les dix nations crestiennes.

Et premierement.

En la nation des latins pour les superieurs est le pape et lēperur et plusieurs roys/ cestassauoir le trescrestiē puissant et redoubte Roy de france en gaule. et plusieurs nobles:ducz:contes:Vidasmes:barons: et senechaux et est la nation la plus florissante et redoubtee des aultres en hōneur:force:vaillance: et cheualerie: En la nation despaigne sont les roys de castille/darragon/de portingal/de nauarre/ et plusieurs ducz et contes/ et sont petis royaumes. En la natiō dytalie est le roy de cecile le roy de naples/ et plusieurs marquis et contes comme Venise/florence/senne/gennes. En la nation terre et seigneurie dallemaigne sans lēpereur sont plusieurs roys. Cestassauoir dāgleterre escosse/hongrie/de boheme/de pollouic/ de acie/de frise/ de suiche/ de hornegie/de dalmace/ et de croace. Et aussi plusieurs marq̄s ducz et contes/ et sont les dessusditz obediens a leglise rommaine

La deuxiesme nation qui est des grecz.

hrace parlant de ceste nation de grece la plainct pour les vexatiōs quelle a portees au temps passe. Les grecz ont le patriarche de constantinoble arceuesques et abbez aux choses spirituelles/ et pour les tēporelles ilz ōt lempereur ducz et contes. Ilz sont maitenāt petit nōbre pource que les agarantes auec les turcz y ont occupe et mene la guerre ont prins violentemēt et a grāt force la plus grāde partie de grece laquelle partie nobeyst point a leglise rōmaine. ilz ont plusieurs erreurs. Ilz sont cōdampnez par leglise pource q̄lz veullēt dire q̄ spiritussanctus non p̄cedit a filio/ et q̄ non est purgatorium.

La .iii. nation est la terre prestre iehan en ynde

Apres est pays de ynde dont prestre iehan est le price & seigneur sa puissāce & si merueilleuse & grāde quelle excede toute crestiente. Cestui prestre iehā a dessoubz lui .lxx. roys lesq̄lz lui rendent obeissance & hōmage. Quāt il cheuauche par ses pays il fait porter deuāt lui vne croix de bois. ¶ Et quant il veult aller en bataille il en faict porter deux dont lune est dor & lautre de pierres precieuses. En celle terre est le corps sainct thomas apostre de iesucrist

¶ La quattriesme nation des iacobites

Nous parlerōs de la nation des iacobites lesq̄lz furēt ditz de iaques leretiq̄ disciple du patriarche alexādre. Car iacobites ont occupe & prins vne grāt ptie dasie aux pties orientalles & la terre de mabre q̄ est ps degipte en la terre dethiopiens iusq̄s a yndes a plus de .xx. royaulmes. Les enfās dicelui pays sōt circōcis & baptisez du fer chault / car on leur īprime la caractere de la croix au frōt & en autres pties du corps cōe au bras & en la poictrine. Ilz se cōfessēt a dieu seullemēt & nō aux pstres. En ceste puīce les yndoys & agarenoures diēt q̄ iesucrist na seullemēt q̄ nature diuine. Aucūs dētre eulx plēt la lāgue de caldee: les aultres darabie / & plusieurs plēt autres lāgues selō les diuersitez des natiōs. Ilz furēt cōdāpnez au cōsile de calcedoine

La cinquiesme nation des nescoriens

De nescorian⁹ heretique q̄ fut de cōstātinoble a este fait ce nom de nescorides. Lesditz nescoriēs mettēt en iesucrist deux personnes vne diuine & lautre humaine. & nyent la vierge marie estre mere de dieu / mais dyent bien ihūcrist estre hōme. Ilz parlēt la lāgue de caldee & sacrifiēt le corps de ihūcrst de pain leue. Ilz habitēt en tartarie & en ynde la grāt. Ilz sōt grāt nōbre. leur pays cōtiēt enuirō autāt q̄ almaigne & ytalie. les heretiq̄s furēt cōdāpnez au cōsile de ephesme & furēt diuisez de leglise rōmaine & sōt demourez en leur pertinacite

La .vi. nation des moroniens.

Honneste est la natiō des moroniens ditz de vng heretiq̄ de marone. Iceulx mettēt en ihūcrist vng entendemēt & vne volente ilz habitēt en libie: en la puince de fenice: & sont grant nombre ilz vsent de arcz & de flecches. ilz ont des cloches: leurs euesques ont aneaulx mittres / & crosse cōe les latins. ilz vsent en escripture diuine de lettre caldeiq̄ & en escripture vulgaire de lettre arabique. ilz ōt este soubz lobedience & seigneurie d leglise rōmaine leur patriarche est au cōsile general de sait iehā de latrā celebre a rōe soubz le pape inocēt .iii. mais depuis ilz sõt retournez. ilz furẽt premieremẽt cõdãpnez au cõcille de constãtinoble: ⁊ depuis sõt retournez a lobediẽce de leglise rõmaine ⁊ depuis sont retournez a leur mauuaise opiniõ: en laquelle perseuerẽt

¶ La vii. nation des armeniens

On lyst q̃ ceste natiõ des armeniens est pres dantioche. ilz vsẽt tousiours dung langage en la saincte escripture ⁊ au seruice de leglise cõme qui chanteroit en leglise en francoys. Et entẽdent les hões ⁊ les femmes tout. Ilz ont leur primat auql̃ ilz obeyssẽt cõe nous au pape p grãt deuotiõ. ⁊ sappellẽt catholique. ilz ieunẽt le karesme ⁊ ne mẽgẽt point de poissõ. ⁊ ne boyuẽt poĩt de vin / mais mẽgẽt chair au samedy.

La viii. nation des georgiens

Vous deuez scauoir que ceste natiõ est dicte georgiẽs de sait george duquel ilz portẽt lymage en bataille. ⁊ en font leur patrõ. ilz sont aux parties orientales. ⁊ est vng peuple fort delicat. demy psiẽs ⁊ demy assuriẽs. Ilz parlẽt sõt langage ⁊ fõt les sacrifices des grecz Les pstres ont les couronnes rõdes rasees en la teste ⁊ les clers les ont carees. Quãt ilz vont au sainct sepulchre ilz ne poyẽt point de tribut aux sarrazins. Ilz entrẽt en ihrlm leurs estãdars desployez pource q̃ les sarrazis les craignẽt les fẽmes vsẽt darmes cõe les hõmes. Quãt ilz escripuẽt au souldõ en incõtinẽt tout ce q̃lz demandẽt leur est ottroye.

La ix. nation des suriens

Lettreuue q̃ la natiõ des suriens a prins nõ de vne cite nõmee sur laq̃lle est la pl9 eminẽte entre les autres du pays de surie ceste gẽt pour lãgage vulgaire plent sarrazin: leurs sainctes escriptures ⁊ office de la messe est en grec. Ilz ont eueṡq̃s ⁊ gardẽt les constitucions des grecz ⁊ leur obeissẽt en toutes choses. Ilz sacrifiẽt de pai leue ⁊ ont les opiniõs des grecz cõe les latins. Il y a aucũs crestiẽs en la terre saicte qui les suiuẽt ⁊ sõt appellez samaritais q̃ furẽt cõuertis au tẽps des apostres / mais ilz ne sõt pas trop bõs crestiẽs

La x. nation des morozabiens

Nous ferons fin des morozabiens lesq̃lz estoient beaucop le temps passe au pays daffrie q̃ despaigne / mais maĩtenãt ilz sõt peu. Ilz sõt ditz morozabiẽs pource q̃ en plusieurs choses ilz tenoiẽt les modes des crestiens estãt en arabie / ilz vsẽt de lãgage latin es offices diuines ⁊ obeissẽt a leglise de rõme ⁊ aux prelatz des latins. Ilz se confessent en lãgue azimonienne ou en latin. Ilz sõt differẽs aux latins pource que en leurs diuins offices ilz ont les heures trop lõgues ⁊ pource q̃ le iour est diuise en xxiiii. heur. de iour et nuyt autant ont ilz office/ heures/ pseaulmes/ hymnes et toutes autres oraisons longues lesqlles ne dient pas selo la coustume des latins/ car ce que les latins dient au commecemet ilz dict a la fin ou au milieu aucus diuiset le sainct sacrement en sept parties et les autres en dix/ cest vne natio tres deuote. ilz ne conioingnet nulz par mariage silz ne sont natifz de leur pays les estranges ne sot pas receus en mariage. et qt lhoe perd sa feme par mort iamais ne se remarie/ mais vit en chastete. La cause de tant grant diuisio entre les crestiens fut pource au teps passe les crestiens furent cotrainctz et empeschez de ne poit celebrer cotile general a ceste cause se sot eleuez aucus heretiques en diuerses parties/ car il nestoit qui y mist remede. Increper dissolus Discipliner rebelles. pugnir mauuais. Soustenir les bos. Bos en tutelle. Innocence purite Memore. Intelligece pitie. Crainte. prouidece. Chastete. Continence. Virginite. Esperace. Soyes magnanime. Ne fais trahiso Ne ne parle point trop. Iure peu. Garde toy de iurer. Iure droictemet Ne desire les dos. prometz peu. Acoplis ta promesse. Foy. Ayme leglise. Croy les sacremens. Croy en dieu. Honore leuangille. Garde les comandemes. Honore les sacremens de baptesme tiens promesse Garde foy de mariage. Recoy en ta fin la saicte vnctio. Misericorde Vestir nudz/ done meger/ done boire. Visite malades. Coforte prisoniers. Recoy pelerins Sepulture les mors. Clemece discretio ayme to pchai soye doulx. Religio. Garde to ame. qers paix. deuotio. ne fais discorde pacifie discors Coteplatio. ayme beau langatge Costace fais droit Mesprise les vices. Euite orgueil. Fuis enuie. Laisse ire mesprise paresse/ laisse auarice/ ne soys gloto/ nayme luxure. Nettete/ soyes de vie sobre/ ne soye gouliard/ ne teplis de vi. Ne soye e[illegible]cheur/ escoute sobremet/ regarde moderemet. Ne te delecte en odeurs atrepe toy Ne qers tes aises/ reuerece Honore les gras/ honore les aciens/ aime les ieunes/ aime to seblable/ ne mespse les poures/ reuerentes peus. soyes auec les bos. saictete/ desire padis/ fay a autruy ce tu veux quo te face/ aime tes enemis. copassio/ soye ioyeux auec ioyeux/ ne soyes moqur ne iiurieux/ ne iuge autruy/ ne pres lautruy Honestete/ fais le bie laisse le mal/ fuis paresse ne sois tropeur/ ne porte rancune/ ne sois flateur/ soyes benig/ ne soyes bateur/ parle honestemet/ ne dys chose deshoeste/ Aime preudhomie/ fuys mauuaise compaignie/ oy les sermos/ aime les vtus/ soyes large/ ne soyes vsurier/ fuy symonie/ soyes deuot/ craigs dieu/ mesprise le mode/ honor

www.ingramcontent.com/pod-product-compliance
Lightning Source LLC
Chambersburg PA
CBHW072236270326
41930CB00010B/2150
9782012527430